Adrian & Bridget Plass

Unser Andachtsbuch

Brendow
Buch · Kunst · Verlag

Die Deutsche Bibliothek – CIP-Einheitsaufnahme

Plass, Adrian u. Bridget:
Unser Andachtsbuch / Adrian u. Bridget Plass.
[Aus dem Engl. von Christian Rendel]. - Moers:
Brendow, 2000
(Edition C : M ; 252)
Enth.: Gesprengte Mauern, Er steht auf deiner Seite
ISBN 3-87067-808-9

ISBN 3-87067-808-9
Edition C, M 525

Einbandgestaltung: Nicola S. Weinnoldt, Münster
Druck und Bindung: Clausen & Bosse, Leck
Printed in Germany

Adrian Plass

Gesprengte Mauern

Andachten bis zur Auferstehung

Aus dem Englischen
von Christian Rendel

Dieses Buch ist meinem Freund Daidie Wincott,
der viel Furcht erlitten und viel Mut bewiesen hat,
liebevoll zugeeignet.

Original: The Unlocking
Published by The Bible Reading Fellowship, Oxford.
First edition 1994.

Inhalt

Einleitung

Ich freue mich sehr, daß dieses Buch nun im deutschsprachigen Raum zugänglich ist. Ich bete darum, daß es alten Freunden und neuen Lesern in einem Teil Europas, für den ich allmählich eine große Vorliebe entwickle, zum Segen werden wird. Ob Sie es für tägliche Lesungen verwenden oder einfach als ein Buch, das Sie von Anfang bis Ende durchlesen, oder ob Sie hier und dort etwas nachschlagen, Sie sollten wissen, daß viel Persönliches in diese Seiten eingeflossen ist. Bitte begegnen Sie mir dort.

Dieses Buch handelt von Ängsten, und meine Qualifikation, es schreiben zu können, ist, daß ich selbst ein ängstlicher Mensch bin. Gott begann vor vielen Jahren, die Mauern der Angst in mir zu sprengen, und dieser Prozeß ist heute noch im Gang. Ich sage das, weil ich nicht möchte, daß potentielle Leser den Eindruck gewinnen, ich wäre ein von aller Furcht befreiter Experte, der eines jener Patentrezept-Bücher geschrieben hat. Falls jemand gehofft haben sollte, mit dem Finger einen Index der Ängste hinabzufahren, diejenige Angst herauszufinden, die ihm zu schaffen macht, und auf der entsprechenden Seite eine leichte Lösung nachzuschlagen, so wird er wohl enttäuscht werden, fürchte ich. Dieses Buch bietet keine Patentrezepte, sondern eher die Anregung: «Schauen wir uns ehrlich an, wo wir in diesem Moment stehen, und reden wir mit Gott darüber, wie wir woanders hinkommen.»

Wissen Sie, das Problem ist, daß es keine in allen Fällen wirksame Formel für die Beseitigung von Angst gibt. Außerdem machen viele Leute wie ich die Erfahrung, daß es sich mit Ängsten so verhält wie mit Papierservietten in gefederten Serviettenspendern, die man in Schnellimbissen findet: Man nimmt sechs heraus, und der ganze restliche Stapel wird nachgeschoben, um den Spender wieder bis zum Rand zu füllen.

Trotz alledem bin ich absolut sicher, daß Gott die Ängste anpacken möchte, die uns in unserem Leben lähmen. Die Auferstehung Jesu hat alle Dinge möglich gemacht, und der Heilige Geist arbeitet in unserem Leben mit all dem Erfindungsreichtum, den wir von einem Schöpfergott erwarten dürfen. In gewisser Hinsicht wird es dadurch freilich keineswegs leichter, bestimmte Methoden oder Techniken festzulegen. Ich möchte Ihnen zeigen, was ich damit meine.

Viele Jahre lang war es für mich schwer, ja schier unmöglich, irgend jemanden außer meinen engsten Angehörigen zu berühren – und selbst von denen nur wenige. Ich konnte es einfach nicht. Ich haßte es, bei anderen unterzuhaken, sie beim Ellbogen zu packen, Mitchristen zu umarmen und Leute in die Wange zu zwicken. Ich weiß nicht, warum ich solche Angst vor körperlichem Kontakt hatte – es war einfach so. Es war ein echtes Problem für mich, und ich wünschte mir sehr, daß sich daran etwas änderte, aber lange Zeit tat sich nichts. Dann saß ich eines Tages in meinem Büro auf der Schreibtischkante und hörte mit halbem Ohr meinem Kollegen Ian zu, der gerade mit seiner Frau Sue telefonierte. Plötzlich merkte ich, daß sich sein Tonfall verändert hatte, und dann fing er an zu weinen. Sue hatte an jenem Morgen ihr geliebtes Kätzchen zum Tierarzt gebracht, und die Aussichten auf eine Gesundung waren schlecht. Das kleine Tier würde wahrscheinlich nicht mehr lange leben. Ian und Sue hatten damals noch keine Kinder, und diese kleine Katze bedeutete ihnen sehr viel.

Mir war klar, daß ich jetzt neben Ian treten und ihm tröstend meine Hand auf die Schulter legen sollte – oder irgend etwas dergleichen. Ich glaubte nicht, daß ich dazu in der Lage wäre, aber ich tat es, und diese ganz schlichte und doch unendlich schwere Geste war der Anfang einer neuen Freiheit. Gott sei Dank dafür.

Also, die Sache ist eigentlich ganz klar, oder? Wenn Sie ein ähnliches Problem mit Körperkontakt haben, brauchen Sie nur jemanden zu finden, der gerade wegen der Krankheit seiner Katze am Telefon weint, und Ihr Problem wird gelöst sein! Sehen Sie die Schwierigkeit? Gott hat so viele Lösungen, wie es Menschen mit Ängsten gibt, und sie werden alle unterschiedlich ausfallen.

Was können wir also tun? Was werden diese unterschiedlichen Lösungen gemeinsam haben? Wie sieht Gottes Plan für ängstliche Menschen aus?

Ich glaube, der erste Teil der Antwort ist, daß die Glieder des Leibes Christi lernen müssen, sich viel stärker aufeinander zu stützen, als das in diesen letzten Jahren des fieberhaft erstrebten individuellen geistlichen Erfolges der Fall gewesen ist. Davon ist in diesem Buch einiges zu lesen.

Zweitens (und das ist der wichtigste Aspekt) ist in jedem mir bekannten Fall, wo Angst überwunden wurde, eine wichtige Wahrheit stärker geworden als jene Angst. Jesus bringt das im achten Kapitel des Johannesevangeliums auf den Punkt:

«Dann werdet ihr die Wahrheit erkennen, und die Wahrheit wird euch befreien.»

Das ist also der Kerngedanke, um den es geht. Doch Kerngedanken sind nun einmal sehr komprimiert und deshalb meist schwer verständlich. Dennoch werden wir uns daran versuchen, und wir werden folgendermaßen vorgehen:

Jeder Tag beginnt von nun an mit einem Blick auf die Wahrheit, wie sie uns von Gott in der Bibel übermittelt wird. Sodann werde ich so ehrlich, wie ich kann, auf den Abschnitt reagieren, und hoffen, daß so viele Leser wie möglich sich mit meinem irren Gerede identifizieren können! (Lachen oder weinen Sie, wie Sie wollen.) Dann werde ich Sie einladen, aus tiefstem Herzen mit mir über die Fragen zu beten, die sich aus meinen Betrachtungen ergeben haben, und natürlich ist es mein größter Wunsch, daß Sie mich dann völlig vergessen und einfach unserem wunderbaren Gott nahekommen.

Ich muß hinzufügen, daß eine wesentliche Voraussetzung für unser gemeinsames Unterfangen Gehorsam ist. Wenn Gott Ihnen, nachdem Sie zu ihm gesprochen haben, sagt, daß Sie etwas tun sollen, dann tun Sie es um Himmels willen! Machen Sie sich keine Gedanken, wenn es etwas seltsam oder «nicht ganz Ihr Stil» ist – tun Sie es einfach!

Da ich kein Theologe oder Akademiker bin, wird das, was Sie gleich lesen werden, sicherlich hie und da etwas schrullig wirken, aber ich liebe Gott, und die Wahrheit liegt mir am Herzen. Ich habe viel an Sie gedacht, während ich mit rauchendem Kopf vor meinem Computer saß. Möge Gott Sie segnen, wenn Sie sich mir nun anschließen, und ich bete aus tiefstem Herzen, daß hier für Sie die Befreiung von Ihren Ängsten anfange. Möge die Sprengung der Mauern beginnen.

Wo wir beginnen

Die Wüste und der Teufel

Dann wurde Jesus vom Geist in die Wüste geführt; dort sollte er vom Teufel in Versuchung geführt werden. Als er vierzig Tage und vierzig Nächte gefastet hatte, bekam er Hunger. Da trat der Versucher an ihn heran und sagte: Wenn du Gottes Sohn bist, so befiehl, daß aus diesen Steinen Brot wird.

Er aber antwortete: In der Schrift heißt es: Der Mensch lebt nicht vom Brot allein, sondern von jedem Wort, das aus Gottes Mund kommt.

Darauf nahm ihn der Teufel mit sich in die Heilige Stadt, stellte ihn oben auf den Tempel und sagte zu ihm: Wenn du Gottes Sohn bist, so stürz dich hinab; denn es heißt in der Schrift:

Seinen Engeln befiehlt er,
dich auf ihren Händen zu tragen,
damit dein Fuß nicht an einen Stein stößt.

Jesus antwortete ihm: In der Schrift heißt es auch: Du sollst den Herrn, deinen Gott, nicht auf die Probe stellen.

Wieder nahm ihn der Teufel mit sich und führte ihn auf einen sehr hohen Berg; er zeigte ihm alle Reiche der Welt mit ihrer Pracht und sagte zu ihm: Das alles will ich dir geben, wenn du dich vor mir niederwirfst und mich anbetest.

Jesus sagte zu ihm: Weg mit dir, Satan! Denn in der Schrift steht: Vor dem Herrn, deinem Gott, sollst du dich niederwerfen und ihm allein dienen.

Darauf ließ der Teufel von ihm ab, und es kamen Engel und dienten ihm. Matthäus 4,1–11

Für die unter uns, die wir unsere Erlösung für kostbar erachten (und es sind einige unter uns, die immer noch den Jurassic Park des Christentums durchstreifen), lohnt es sich, uns heute daran zu erinnern, daß es eine Spanne von vierzig Tagen gab, in denen der ganze Erlösungsplan vollkommen hätte scheitern können. Jesus war wahrer Mensch und muß deshalb auch in der Lage gewesen sein, der Versuchung nachzugeben. Wäre das nicht der Fall, so wären sein ganzer Dienst im allgemeinen und diese vierzig Tage im besonderen unsinnig.

Die Berichte in den Evangelien über dieses entscheidende Ereignis sind recht kurz. Sie versuchen gar nicht erst, die körperlichen, geistigen und geistlichen Qualen zu schildern, die Jesus erduldet haben muß, als er mit den Versuchungen rang, die unglaubliche Macht, die ihn nun durchflutete, selbstsüchtig zu gebrauchen. Die Vorstellung von einem hochgewachsenen, edlen, klaräugigen, blonden Helden, dem ein gezähmter Cherub wie ein dicker Papagei auf der Schulter sitzt und der den Satan mit einer leichten Handbewegung davonschickt, können wir getrost vergessen. Nach fast sechs langen Wochen des Fastens in der Hitze der Wüste, in denen er immer wieder die tödliche Tragweite der totalen Hingabe an seinen Vater überdachte, muß Jesus gefährlich nahe daran gewesen sein, den Weg der Welt und des Teufels zu gehen. Materieller Besitz, persönliche Sicherheit und unumschränkte Macht wurden ihm wie eine dreisprossige Leiter zum irdischen Glück präsentiert. In seinem geschwächten Zustand muß ihm dieses Angebot sehr attraktiv erschienen sein, verglichen mit drei Jahren eines Lebens im Zölibat, Konflikten und Ablehnung, gefolgt von einer der schmerzhaftesten Formen der Hinrichtung, die der Mensch je erdacht hat. Jesus gab der Versuchung nicht nach. Er schleuderte dem Teufel biblische Wahrheiten entgegen wie David dem Goliath Steine. Und dieser Vergleich ist nicht unpassend. Jesus mußte diese Schlacht als ein wirklicher Mensch mit der Unterstützung Gottes gewinnen, obwohl er ja auch Gott war, damit es ihm möglich sein konnte, zu gewöhnlichen Männern und Frauen zu sagen: «Seid vollkommen, wie ich vollkommen bin.» Das ist ein undurchdringliches Geheimnis, doch wie so viele Geheimnisse findet es ganz leicht eine Heimat im geheimen Herzen unseres Verstehens.

In vielen Christen steckt eine tiefe Angst, sie könnten in ihrer eigenen Wüstenerfahrung versagen. Irgendwann ist jeder von uns einmal gefordert, in die Wüste zu gehen und sich der Frage zu stellen, wo seine Hingabe letztendlich liegt. Es ist ein schrecklich finsteres Gefühl, die Welt und alles, was sie vielleicht zu bieten hat, dahinzugeben, aber das ist der Beginn jedes Dienstes für Gott. Jesus war mit der Kenntnis der Schrift gewappnet, und das sollten wir auch sein (solange wir uns nichts darauf einbilden). Zudem ging er *freiwillig* in diese Wüste. Gott treibt niemanden in die Wildnis, aber wenn wir dorthin geraten sind, dann kann es durchaus sein, daß er es nun für angebracht hält, daß wir unsere grundlegendste Wahl treffen.

Habe ich diese Wahl getroffen? Nun, ich bin gewiß schon ein- oder zweimal in der Wüste gewesen und habe die Wahlmöglichkeiten recht deutlich vor mir aufgereiht gesehen. Ich habe versucht, den Teufel abzuweisen, mit nur geringem Erfolg, doch immer noch werden mir großzügigerweise von Gott Gelegenheiten geboten. Außerdem ist Jesus gestorben, um die

Lücke zwischen dem, was ich bin, und dem, was ich sein sollte, zu überbrücken; also bleibe ich optimistisch.

Worauf ich mich wirklich freue, wenn ich endlich tatsächlich dem Satan widerstanden habe, ist die Stelle, an der die Engel mit einer Flasche Limonade und einer Tüte mit Butterbroten erscheinen.

Beten Sie mit mir

Vater, Wüsten sind keine schönen Orte, aber wir brauchen sie, weil die fruchtbaren, üppig grünenden Gegenden uns so sehr ablenken. Ein Teil von uns möchte wirklich dem Teufel widerstehen und sich dir hingeben, aber wir fürchten uns davor. Die Welt beschäftigt uns so sehr. Sie erscheint uns sicher und vertraut und viel attraktiver als ein riskantes Leben mit dir. Danke für Jesus, der all das empfunden hat und sich doch für dich und für uns zum Sieg durchkämpfte. Wenn wir während der nächsten Wochen deinem Sohn durch die Wüste unserer eigenen Ängste folgen, hilf uns, stark in dir zu sein. Laß uns der Stimme Satans widerstehen, der uns glauben machen will, daß sich niemals wirklich etwas zum Besseren verändert. Amen.

Wie wir waren

Ich sage euch: Wer sich vor den Menschen zu mir bekennt, zu dem wird sich auch der Menschensohn vor den Engeln Gottes bekennen. Wer mich aber vor den Menschen verleugnet, der wird auch vor den Engeln Gottes verleugnet werden. Lukas 12,8–9

Als ich mit sechzehn Jahren Christ wurde, benahm ich mich manchmal ziemlich lächerlich. In einer christlichen Jugendgruppe, ein paar Meilen von meinem Zuhause entfernt, nötigte ich einmal buchstäblich einen armen, braven Nichtchristen in ein Hinterzimmer und auf die Knie. Dort konnte er mit Hilfe eines von meiner Wenigkeit diktierten Gebetes sein Leben Christus übergeben. Ich sehe jetzt noch seine wild starrenden Augen vor mir, als er von einem großen, mageren (ja, ich sagte mageren) Fanatiker, der kein «Nein» akzeptieren wollte, ins Reich Gottes gescheucht wurde. Falls er durch ein Wunder der Gnade Gottes heute Christ sein und dies lesen sollte – ich entschuldige mich. Ich würde so etwas heute nicht mehr tun.

Die Gäste in den Kneipen von Tunbridge Wells müssen ebenfalls die Nase reichlich voll von mir gehabt haben. Gewappnet mit meiner vorschriftsmäßigen Bibel und einem brennenden Enthusiasmus schwallte ich allen die Ohren voll über die Notwendigkeit, «mit Gott ins reine» zu kommen. Einfühlungsvermögen war mir ein Fremdwort. Ich erzählte ihnen von Jesus, ob sie es nun hören wollten oder nicht. Natürlich würde ich es jetzt nicht mehr so machen.

Später, als ich achtzehn oder neunzehn war, ging ich auf die Theaterschule in Bristol, begleitet von derselben Bibel und derselben Einstellung. Ich hielt diese Bibel umklammert wie Linus seine Schmusedecke. Die armen Leute in Bristol. Der lotterige Evangelist war unter ihnen, trieb immer noch in Bars, Cafés und öffentlichen Verkehrsmitteln Leute in die Enge und fragte sie nach dem Zustand ihrer Seelen. Natürlich würde ich heute ganz anders an die Sache herangehen.

Noch später arbeitete ich mit schwer erziehbaren Kindern in einem Internat in Gloucestershire. Mein Eifer hatte sich etwas gelegt, doch ich hätte den Job beinahe nicht bekommen, weil ich auf das Bewerbungsformular geschrieben hatte, ich sei ein «wiedergeborener Christ».

Eines Tages spielte ich an einem Übungsnetz mit einem der Jungen Kricket. Er schlug den Ball aus dem Netz hinaus in die Büsche. Wir suchten eine Ewigkeit, doch wir fanden ihn nicht. Schließlich sagte ich zu ihm: «Weißt du was? Laß uns dafür beten.»

«Häh?» sagte der Junge.

«Ich werde Gott bitten, den Ball für uns zu finden.»

«Häh?»

«Vater, wir wissen, daß du dich auch für kleine Dinge interessierst; also, würdest du uns bitte helfen, unseren Ball zu finden?»

Als ich meine Augen öffnete, blickte ich hinab und sah, daß der Ball auf dem Boden zwischen den Füßen des Jungen lag. Ihm fielen beinahe die Augen aus dem Kopf. Ich war hocherfreut, den Ball zu sehen, aber natürlich würde ich mich heute in einer ähnlichen Situation nicht mehr so naiv verhalten.

Letzte Woche versuchte ich, einem Freund zu helfen, den Kofferraum an seinem Auto aufzubekommen. Wir zerrten und fummelten und stemmten und zogen und schoben, aber nichts rührte sich. Als ich hinter dem Wagen kniete und mir einfach nichts mehr einfiel, kam mir der Gedanke, ich könnte Gott bitten, uns zu helfen. Ich bat ihn im stillen, aber etwas sagte mir, daß nur ein «lautes» Gebet hier etwas bewirken könne. Ich drückte mich. In der Öffentlichkeit bekenne ich mich dauernd zu Jesus, aber auf dem privaten Sektor bin ich etwas aus der Übung.

Ich stellte eine Menge wirklich alberner Dinge an, als ich ein junger Christ war, und ich bin sicher, daß ich vielen Leuten mächtig auf die Nerven gegangen bin. Doch ich werde traurig, wenn ich meine damalige Bereitschaft, allen zu erzählen, daß mein Leben Jesus gehört und daß sie ihres auch Jesus geben sollten, mit der Art und Weise vergleiche, wie ich heute mit den Leuten rede. Ich glaube, ich bin ein wenig ängstlich geworden, in alltäglichen Situationen ganz schlicht mit meinem Glauben umzugehen, und nachdem ich jetzt diese Verse wieder gelesen habe, meine ich, daß ich etwas dagegen tun sollte.

Beten Sie mit mir

Vater, ich komme mir ziemlich albern vor, wenn ich auf diese ersten Jahre zurückblicke, aber damals war so eine Art kindlicher Leidenschaft in mir, die einfach ständig überfloß. Ich möchte wirklich nicht wieder ein solcher Idiot werden, aber ich hätte nichts dagegen, jetzt eine andere Art von Idiot zu sein. Ich möchte bereit sein, mich im richtigen Augenblick offen und begeistert zu dir zu bekennen, und einfühlsam genug sein, zu wissen, wenn es der falsche Augenblick ist. Es ist lachhaft, daß ich mich nach all diesen Jahren davor fürchte, den Namen deines Sohnes zu nennen. Vielleicht muß ich ihn ganz neu lieben lernen. Schenk mir einen frischen Eindruck deiner Liebe, Herr, eine neue Begeisterung, die nicht anders kann, als sich anderen mitzuteilen. Danke. Amen.

Servolenkung

Doch was mir damals ein Gewinn war, das habe ich um Christi willen als Verlust erkannt. Ja noch mehr: ich sehe alles als Verlust an, weil die Erkenntnis Christi Jesu, meines Herrn, alles übertrifft. Seinetwegen habe ich alles aufgegeben und halte es für Unrat, um Christus zu gewinnen und in ihm zu sein. Nicht meine eigene Gerechtigkeit suche ich, die aus dem Gesetz hervorgeht, sondern jene, die durch den Glauben an Christus kommt, die Gerechtigkeit, die Gott aufgrund des Glaubens schenkt. Christus will ich erkennen und die Macht seiner Auferstehung und die Gemeinschaft mit seinen Leiden; sein Tod soll mich prägen. So hoffe ich, auch zur Auferstehung von den Toten zu gelangen.

Philipper 3,7–11

Ich beneide Paulus um die Kühnheit und den Enthusiasmus seiner Aussagen über Jesus. Er ist wirklich Feuer und Flamme, nicht wahr? Nichts ist es wert, es festzuhalten, wenn es nicht Christus ist. Alles ist Müll verglichen damit, ihn zu kennen. Wenn Leiden ein Teil der Abmachung ist, dann heißt er es willkommen, weil er das Leiden seines Meisters teilen möchte. Sein Lebenswerk besteht aus frontalem, vollblütigem, evangelistischem Zugehen auf jeden, der bereit ist, sich die gute Nachricht von der Errettung anzuhören. Ich wünschte, ich wäre wie er, aber ich bin es nicht.

Es ist nicht nur, daß ich nicht dieselbe Art Zutrauen zu Gott habe, wenn das auch sicherlich ein bedeutender Unterschied zwischen Paulus und mir ist (hin und wieder habe ich heiße Aufwallungen totalen Zweifels). Es ist auch so, daß ich große Bedenken habe, wenn jemand, der geistlich und moralisch so anfällig ist wie ich, anderen zu sagen versucht, was sie über Jesus denken oder fühlen sollten. Zwischen den erwähnten heißen Aufwallungen des Zweifels habe ich eine echte Leidenschaft für Gott, und wie ein kleiner Jeremia würde ich mir ernsthaft die Knochen verbrennen, wenn ich sie nicht hinausließe, aber im gleichen Moment fürchte ich meine eigene Anmaßung, wenn ich das tue. Viele meiner Mitlieferanten geistlicher «Ware» werden genau wissen, was ich meine. Glücklicherweise bin ich durch den Heiligen Geist erst ganz kürzlich auf eine Metapher gestoßen, die Paulus nicht zur Verfügung stand und die ich sehr hilfreich finde. (Ich wollte gerade bei «den Heiligen Geist» die Löschtaste drücken und statt dessen «sehr gründliches Nachdenken» schreiben, aber dann tat ich Buße und ließ es, wie es war.) Für all diejenigen, die fürchten, es sehe aus wie Stolz, wenn man evangelisiert, gebe ich also den Gedanken weiter, daß wir nur so etwas wie «Chauffeure» sind. Im Folgenden gebe ich den Erfahrungsbericht eines «Chauffeurs» weiter:

«Ja, den Job habe ich seit acht Jahren – habe irgendwo davon gelesen. Hätte nicht gedacht, daß ich ihn kriege, aber ich hab' ihn doch gekriegt. Ausbildung am Arbeitsplatz – alle Materialien wurden gestellt. Lange Arbeitszeit, aber ein Tag in der Woche ist frei. Er hat darauf bestanden. Normalerweise ist es ein Wochentag – einen Sonntag habe ich seit Jahren nicht mehr frei gehabt. Der Lohn? Na ja, das ist ein bißchen komisch. Alle Kosten werden getragen, aber der Rest kommt auf einen Schlag am Ende. Ich traue ihm. Er wird bezahlen.

Pflichten? Na ja, eigentlich den Chef überall hinzufahren, wohin er will. Kleine Konferenzen, große Konferenzen, Leute in Häusern, Leute auf der Straße; er sagt, wohin, und ich fahre ihn. Guter Mann, der Chef. Inzwischen mehr wie ein Verwandter. Er ist sehr gut zu mir gewesen, in vieler Hinsicht. Lacht gerne über einen Scherz, aber ich sage Ihnen – man sollte ihm nicht quer kommen. Die Uniform muß picobello sein, das Auto sauber, zuverlässig und immer einsatzbereit. Ich darf nicht zu langsam fahren, ich darf nicht das Tempolimit überschreiten, aber ich *muß* ihn rechtzeitig hinbringen. Und noch etwas: *Er* entscheidet über die Fahrtroute und das Ziel, und damit hat es sich. Einmal bin ich woanders entlang gefahren, weil mir die Route besser erschien, und als wir ankamen, drehte ich mich um, und er war ausgestiegen! Keine Ahnung, wann oder wo, aber er war einfach weg. Aber kein Grund, verlegen zu sein! Alle warteten auf ihn, weil er in diesem Saal sprechen sollte, also mußte ich so tun, als wäre ich er. Sehr beeindruckt waren sie nicht. Habe es nie wieder versucht.

Gefährlich? Ja, manchmal waren wir in ziemlich wilden Gegenden – natürlich nur, wenn er es so wollte, aber bisweilen war es ganz schön gruselig. In manchen von diesen Gegenden war ich froh, nur der Chauffeur zu sein. Solange der Chef in der Nähe ist, fühlt man sich aber irgendwie sicher – schwer vorzustellen, daß er einmal mit etwas nicht klarkommt. Er hat dieses gewisse Etwas an sich. Kann gut mit Leuten umgehen.

Ob ich stolz auf meinen Job bin? Ja, ich denke eigentlich schon – na ja, stolz darauf, beteiligt zu sein an dem, was er tut, selbst wenn ich ihn nur fahre. Ich sage Ihnen, es ist ein tolles Gefühl, die Tür zu öffnen, wenn wir irgendwo hinkommen, und zu sehen, wie begeistert die Leute sind, wenn er aussteigt. Eine Art Abglanz, verstehen Sie. Ich halte mich immer schön im Hintergrund, damit alle ihn sofort gut sehen können. Dann empfinde ich Stolz. Stolz auf ihn, meine ich. Ja, *sehr* stolz auf ihn…«

Beten Sie mit mir

Herr Jesus, du hast eine riesige Zahl von Leuten wie uns, die für dich und mit dir arbeiten. Wir haben verschiedene Jobs, verschiedene Probleme und Verantwortungen, doch am Ende legen wir dir alle Rechenschaft ab. Was immer unsere jeweilige Arbeit ist, hilf uns zu begreifen, daß wir gemeinsam an der dringenden Aufgabe beteiligt sind, dich und die Erlösung, die du für uns erwirkt hast, in eine verlorene Welt hineinzutragen. Wir wollen dir nicht im Weg sein, aber wir wollen auch nicht so weit *aus* dem Weg sein, daß wir überhaupt nichts mehr tun. Wir sind ängstliche Leute und lassen uns oft von unserer Unzulänglichkeit und Unwürdigkeit lähmen. Laß uns erkennen und begreifen, was für einen Beitrag du von uns erwartest, wie bescheiden er auch sein mag; und laß uns wie dein Diener Paulus einen angemessenen Stolz darauf empfinden, mit dir zu tun zu haben – dem Chef. Amen.

Tod, du mußt sterben

Jesus erwiderte ihr: Ich bin die Auferstehung und das Leben. Wer an mich glaubt, wird leben, auch wenn er stirbt, und jeder, der lebt und an mich glaubt, wird auf ewig nicht sterben. Glaubst du das?

Marta antwortete ihm: Ja, Herr, ich glaube, daß du der Messias bist, der Sohn Gottes, der in die Welt kommen soll.

Als sie das hörten, waren sie aufs äußerste über ihn empört und knirschten mit den Zähnen. Er aber, erfüllt vom Heiligen Geist, blickte zum Himmel empor, sah die Herrlichkeit Gottes und Jesus zur Rechten Gottes stehen und rief: Ich sehe den Himmel offen und den Menschensohn zur Rechten Gottes stehen.

Da erhoben sie ein lautes Geschrei, hielten sich die Ohren zu, stürmten gemeinsam auf ihn los, trieben ihn zur Stadt hinaus und steinigten ihn. Die Zeugen legten ihre Kleider zu Füßen eines jungen Mannes nieder, der Saulus hieß.

So steinigten sie Stephanus; er aber betete und rief: Herr Jesus, nimm meinen Geist auf! Dann sank er in die Knie und schrie laut: Herr, rechne ihnen diese Sünde nicht an! Nach diesen Worten starb er.

Als wir am ersten Wochentag versammelt waren, um das Brot zu brechen, redete Paulus zu ihnen, denn er wollte am folgenden Tag abreisen; und er dehnte seine Rede bis Mitternacht aus. In dem Obergemach, in dem wir versammelt waren, brannten viele Lampen. Ein junger Mann namens Eutychus saß im offenen Fenster und sank, als die Predigt des Paulus sich länger hinzog, in tiefen Schlaf. Und er fiel im Schlaf aus dem dritten Stock hinunter; als man ihn aufhob, war er tot. Paulus lief hinab, warf sich über ihn, umfaßte ihn und sagte: Beunruhigt euch nicht: Er lebt! Dann stieg er wieder hinauf, brach das Brot und aß und redete mit ihnen bis zum Morgengrauen. So verließ er sie. Den jungen Mann aber führten sie lebend von dort weg. Und sie wurden voll Zuversicht.

Johannes 11,25–27; Apostelgeschichte 7,54–60;
Apostelgeschichte 20,7–12

Ich hatte immer Angst vor dem Tod. Als kleines Kind von sieben Jahren lag ich nachts im Bett und fragte mich, wie ich jemals zurechtkommen sollte, wenn meine Eltern sterben sollten. Daß Menschen starben, wußte ich schon, denn meine geliebte Großmutter war gestorben, als ich sechs war, und ich spürte immer noch das kalte, schwere Gewicht der Trauer in meinem Bauch, wann immer ich an sie dachte. Meine Mutter sagte, sie sei im Himmel, und ich würde sie eines Tages wiedersehen; das tröstete mich, aber den Gedanken, daß sonst noch jemand ohne mich vorausgehen würde, konnte ich nicht ertragen. Manchmal konnte ich vor lauter Sorge darum nicht schlafen, und dann rief ich nach meiner Mutter, damit sie sich auf meine Bettkante setzte und mir sagte, daß alles in Ordnung sei. Am Morgen *war* immer alles in Ordnung – der Morgen und der Tod passen einfach nicht zusammen –, aber sobald die Nacht wieder hereinbrach, kehrten auch die Sorgen zurück, und in meinem Inneren wurde es noch finsterer als in meinem Zimmer. Ich *haßte* den Tod. Was sollte das ganze Leben, wenn wir am Ende doch alle starben? Meine kleine Seele *wütete* gegen den Tod. Klein, wie ich war, hatte ich doch schon so tiefgründige Gedanken wie der Lyriker Dylan Thomas.

Diese Furcht hat mich auch nicht verlassen, als ich älter wurde. Sie wurde sogar schlimmer, denn das mit dem Himmel erschien mir nicht mehr sehr überzeugend. Die unvermeidliche Tatsache des Todes war eine schwere Decke, die jede Chance erstickte, mich restlos der Freude zu überlassen. Kennen Sie das Gefühl?

Die Botschaft dieser Worte Jesu im elften Kapitel des Johannesevangeliums waren der erste Hoffnungsstrahl in der Düsternis meiner Seele. Die Stimme, die sie sprach, hatte eine natürliche Autorität, trotz der Tatsache, daß ich sie nur auf dem Umweg über eine gedruckte Seite hörte. Ich entdeckte, daß durch das Kommen Jesu der Tod am Schlafittchen gepackt, wie eine Ratte geschüttelt und durch Jesu Kreuzigung und Auferstehung vollkommen besiegt worden war. Nun, wie der zweite und dritte Abschnitt oben zeigen (ich hätte viele Beispiele auswählen können), war die Bewegung zwischen Leben und Sterben fließend, umkehrbar und aus der Sicht der Ewigkeit belanglos geworden. Die Apostelgeschichte ist voll von einer unermeßlichen Begeisterung jener ersten Anhänger Christi, als sie die Macht dieses neuen Prinzips in ihrem eigenen Leben erprobten und beobachteten. Lesen Sie einmal die Apostelgeschichte wie einen Roman – es ist wunderbar!

Noch immer hasse ich den Tod und wüte gegen ihn. Ich hasse ihn, weil er so verheerenden Kummer verursacht und solche Einsamkeit hinterläßt und weil er den Menschen manchmal so große körperliche Schmerzen zufügt. Ich kann an offenen Gräbern keine Choräle singen, und ich glaube auch nicht, daß Jesus das gekonnt hätte. Dazu war er zu sehr bei Verstand. Doch heute weiß ich in meinem tiefsten Herzen, daß es in diesem wichtigen Bereich keinen Grund zur Furcht mehr gibt. Der Mann, der für meine Sünden gestorben ist, hat den Tod überwunden, und Gott hat alles in der Hand.

Was würde ich sagen, wenn einem meiner Kinder etwas Furchtbares passieren würde? Die Antwort ist, daß ich es nicht weiß. Ich *weiß* nicht, warum er manchmal solch schreckliche Dinge geschehen läßt, aber ich weiß, daß er denselben Schmerz darüber empfindet wie wir, und ich werde solche Dinge nicht mit wohlklingenden Platitüden abtun. Jesus hat das nie getan. Er steckt mit uns im Schlamassel.

Beten Sie mit mir

Jesus, viele von uns haben durch den Tod von Menschen, die wir liebten, großen Schmerz erlitten.

Einige von uns hadern deswegen. Wir wollen es nicht, aber wir tun es. Wir wollen wissen, warum du nichts dagegen getan hast, obwohl wir doch so lange, so eindringlich gebetet haben. Wo lag der Sinn, Herr? Wo lag der *Sinn*? Du sagst, daß du uns liebst, und dann brichst du uns das Herz, indem du uns jemanden nimmst, der uns alles bedeutete. Wo lag der Sinn dabei?

Einige von uns sind immer noch sehr unsicher, was den Himmel und die Erlösung und all das betrifft. Steht es denn absolut fest, daß alles gut wird? Ist alles, was in der Bibel steht, wahr? Wirst du auf uns warten, wenn wir dorthin kommen? Ist es wahr, Herr?

Einige von uns haben große Angst vor dem Schmerz des Sterbens, Jesus. Manchmal wachen wir in kaltem Schweiß auf, erfüllt von Furcht vor einer langen, schmerzhaften Krankheit. Wirst du bei uns sein, wenn das passiert, Herr? Wir werden wieder auf deine ruhige, starke Stimme hören, Herr, und Mut fassen:

«Ich bin die Auferstehung und das Leben. Wer an mich glaubt, wird leben, auch wenn er stirbt, und jeder, der lebt und an mich glaubt, wird auf ewig nicht sterben. Glaubst du das?»

Herr Jesus, danke, daß du für uns gestorben bist. Höre und vergib unsere Rufe des Zorns, der Schmerzen, der Verwirrung und der Furcht. Wir glauben – hilf unserem Unglauben. Amen.

Rut antwortete: Dränge mich nicht, dich zu verlassen und umzukehren. Wohin du gehst, dahin gehe auch ich, und wo du bleibst, da bleibe auch ich. Dein Volk ist mein Volk, und dein Gott ist mein Gott. Wo du stirbst, da sterbe auch ich, da will ich begraben sein. Der Herr soll mir dies und das antun – nur der Tod wird mich von dir scheiden. Als sie sah, daß Rut darauf bestand, mit ihr zu gehen, redete sie nicht länger auf sie ein.

So zogen sie miteinander bis Betlehem. Als sie in Betlehem ankamen, geriet die ganze Stadt ihretwegen in Bewegung. Die Frauen sagten: Ist das nicht Noomi?

Doch sie erwiderte: Nennt mich nicht mehr Noomi (Liebliche), sondern Mara (Bittere), denn viel Bitteres hat der Allmächtige mir getan. Rut 1,16–20

Das Buch Rut ist eine frische, belebende Brise inmitten der dramatischen, turbulenten Stürme des Alten Testaments. Die Figuren sind einfach *nette* Leute. Ich hätte Rut und Noomi und Boas liebend gern gekannt. Aber sie sind auch sehr gewöhnliche, menschliche Leute, und in diesem Abschnitt sehen wir, wie Noomi sich beinahe einer ganz illusorischen Angst ergibt, Gott hätte sie in dieser Welt ganz und gar im Stich gelassen.

Freilich *hatte* sie sehr, sehr viel verloren. Der Tod eines Ehemannes und zweier Söhne wäre in jedem Zeitalter eine Tragödie gewesen, doch in jenem Land, zu jener Zeit war es eine vernichtende Katastrophe. Dennoch war es eine Tatsache, daß der Herr Noomi nicht «leer» zurück in ihre Heimatstadt Betlehem geführt hatte. Neben ihr stand, selbst während sie diese Worte sagte, eine Schwiegertochter, wie sie anhänglicher und liebevoller nicht hätte sein können. Rut hätte zurück nach Moab gehen können, wo sie bei ihren Verwandten sicher gewesen wäre, doch statt dessen blieb sie bei ihrer Schwiegermutter. Ich frage mich, ob die junge Witwe über Noomis totale Verzweiflung ein wenig verletzt war.

Vor einigen Monaten erhielt meine Frau einen Anruf von einem uralten Freund von uns, der mit seiner Frau und seinen zwei Kindern in Schottland lebt. Sie sind eine wunderbare Familie. Sowohl Ted als auch Sally arbeiten seit Jahren hauptberuflich in der Jugendarbeit und sind in diesem Bereich ungemein begabt. Hin und wieder kommt es jedoch vor, daß sich in ihrem Leben die Krisen wie Gift unter der Haut ansammeln, und wenn dann der «Ausbruch» kommt, dann machen sie sich meistens auf den Weg nach Süden und besuchen uns. Auf dieselbe Art haben auch wir sie manchmal «benutzt». Diesmal waren sie wirklich der Verzweiflung nahe, und als wir um den Küchentisch saßen und den Kindern zusahen, die draußen im Garten spielten, war Ted in einer finsteren Stimmung.

«Wir haben als Familie das Gefühl, daß Gott uns im Stich gelassen hat», sagte er düster. «Wir sind allein und hilflos.»

Ich hatte schon zu meiner routinemäßigen Reaktion angesetzt, mitfühlend zu nicken und zu sagen: «Ich weiß genau, was du meinst», als mir plötzlich aufging, daß Ted kompletten Blödsinn redete. Hier saßen wir alle, Ted, Sally, Bridget und ich, eine kleines Segment des Leibes Christi, und griffen uns gegenseitig unter die Arme, wie wir es seit Jahren taten. Dies war nur möglich, weil Gott uns vor langer Zeit zu genau diesem Zweck zusammengestellt hatte. Der arme alte Ted brauchte natürlich eine Weile, bis er diesen Gedanken zu würdigen wußte. Es ist immer ein bißchen ärgerlich, wenn einem gesagt wird, daß sein Elend nicht unbedingt ganz so schrecklich ist, wie man dachte!

Wenn wir diese Tiefpunkte in unserem Leben erreichen, dann lohnt es sich, einen Moment lang darüber nachzudenken, wieviel Gott uns in Form von engen, hilfsbereiten Freunden und Angehörigen geschenkt hat. Manchmal ist gerade die Person, der wir unsere Verzweiflung klagen, das größte Geschenk, das wir je empfangen haben. Es ist ein ehrfurchtgebietender Gedanke, daß wir mit der Hand eines Mitchristen in Wirklichkeit den Leib Jesu auf der Erde berühren.

Was Noomi angeht – nun, durch Rut fand sie eine neue Familie, neue Hoffnung und ein kleines Kind namens Obed, das sie lieben und um das sie sich kümmern konnte. Später würde dieses Kind der Großvater Davids sein, des Königs von Israel, eines Mannes nach Gottes Herzen. Gott hatte sie nicht leer zurückgeführt, oder?

Beten Sie mit mir

Vater, heute werde ich mir ein paar Minuten Zeit nehmen, um die Namen von Leuten Revue passieren zu lassen, die mir im Lauf der Jahre nahegestanden haben. Ich weiß, ich nehme manche von ihnen für selbstverständlich und bringe sie oft überhaupt nicht mit dir in Zusammenhang. Danke für ihre Liebe und für deine Freundlichkeit, daß du sie mir geschenkt hast. Vergib mir, wenn ich dir manchmal vorwerfe, du hättest mich im Stich gelassen, wenn du doch in ihnen immer gegenwärtig warst. Das muß dir sehr weh tun.

Ich weiß, Vater, daß manche Leute wirklich keine echten Freunde in ihrem Leben haben. Sie haben Angst, dir gleichgültig zu sein. Ich möchte dir versprechen, daß ich versuchen werde, feinfühlig für die Stimme des Geistes zu sein, wenn er mich auf einen anderen Teil des Leibes Christi aufmerksam macht, der deine Gegenwart durch mich braucht. Amen.

Furcht vor dem Versagen

Öffnen wir uns

Das ist die Botschaft, die wir von ihm gehört haben und euch verkünden: Gott ist Licht, und keine Finsternis ist in ihm. Wenn wir sagen, daß wir Gemeinschaft mit ihm haben, und doch in der Finsternis leben, lügen wir und tun nicht die Wahrheit. Wenn wir aber im Licht leben, wie er im Licht ist, haben wir Gemeinschaft miteinander, und das Blut seines Sohnes Jesus reinigt uns von aller Sünde. 1. Johannes 1,5–7

Wenn ich vor einer Gruppe von Leuten spreche, beginne ich recht oft mit ein paar Bemerkungen über mich selbst.

«Zunächst einmal», sage ich manchmal, «bin ich ein gescheiterter Christ. Sind hier noch andere gescheiterte Christen?»

In solchen Gemeinden, wo an die Mitglieder der Anspruch gestellt wird, eine triumphierende Armee auf dem Weg zum Sieg zu sein, tritt an dieser Stelle ein kleine Pause ein. Doch sobald sich eine oder zwei tapfere, ehrliche Hände gehoben haben, merken alle, daß Verwundbarkeit nichts Lebensgefährliches ist.

«Geben wir es doch zu», füge ich dann meistens hinzu, «wir sind alle ein Haufen Lumpen, wenn man es recht betrachtet, oder?»

Nur ganz gelegentlich kommt es vor, daß sich einem höchst ehrenwerten Kirchgänger angesichts der Erniedrigung, so bezeichnet zu werden, die Nackenhaare sträuben. Im allgemeinen aber zieht eine sanfte Welle der Entspannung und Erleichterung über die Versammlung der Heiligen hinweg. Sie merken, das wird nicht wieder einer von *diesen* Abenden.

Wohlgemerkt, es kann eine schrecklich schmerzhafte Erfahrung sein, wenn wir unsere Schwächen ans Licht bringen. Ich erinnere mich nur zu gut an einen Abend vor einigen Jahren, nicht lange, nachdem ich an einer neuen Arbeitsstelle begonnen hatte, wo ich mit Kindern arbeitete, die sich in der Obhut der örtlichen Behörden befanden. Damals war unübersehbar deutlich geworden, daß die meisten Mitglieder des Mitarbeiterstabes, den ich leiten sollte, ganz und gar nicht glücklich über die Art und Weise waren, wie ich meine Arbeit tat. Ihre Unzufriedenheit war vermutlich in vieler Hinsicht berechtigt, aber darum ging es eigentlich nicht. Es ging darum, daß die Kritik (soweit sie mich betraf) nicht ausgesprochen wurde und daß dadurch allmählich die Atmosphäre an unserem gemeinsamen Arbeitsplatz vergiftet wurde.

Es erschien dringend geraten, eine Gelegenheit zu schaffen, damit das Unausgesprochene ausgesprochen werden konnte. Also lud ich die ganze Gruppe eines Abends zu mir nach Hause ein, gab jedem von ihnen etwas zu trinken und forderte sie auf, mir genau zu sagen, was ich ihrer Meinung nach falsch machte. Und das taten sie dann auch – wenigstens die meisten von ihnen –, ausführlich und in allen Einzelheiten. Hinterher, als alle gegangen waren, weinte ich. Es war vermutlich höchst unklug gewesen, ein solches Sperrfeuer persönlicher Angriffe herauszufordern, doch es zeigte sich, daß es von jenem Tag an besser wurde. Das offene Aussprechen von Kritik hat etwas an sich, das die Kritiker dazu zwingt, auch ihre eigenen Schwächen genauer in den Blick zu nehmen.

Wir sind alle Lumpen, und davon spricht dieser Abschnitt. Natürlich ist auch das gewohnheitsmäßige und bewußte Tun des Bösen eine Komponente des Lebens in der Finsternis, doch bei den meisten von uns kommt es dann zu Problemen, wenn wir nicht zulassen, daß das Licht in unsere ganz gewöhnlichen Probleme, Sünden und Unzulänglichkeiten hineinleuchtet. Wenn wir als Glieder des Leibes Christi mit Reue, Humor und manchmal mit Tränen ehrlich zueinander sind, dann liegt Vergebung in der Luft.

Als ich vor zwei Jahren im Ausland war, traf ich einen Christen, der sein ganzes Leben lang mit einer ausgesprochen perversen sexuellen Versuchung zu kämpfen gehabt hatte. Ich war der erste neben seinen engsten Angehörigen und Seelsorgern, dem er sein Problem offenbarte. Nie zuvor habe ich einen solchen Schmelztiegel voller geistiger, geistlicher und körperlicher Not gesehen, wie ihn dieser Mann in diesem Akt der Selbstoffenbarung erlitt. Es tat ihm weh, und mich forderte es heraus. Doch in jenem Moment des Bekennens brach das Licht herein, und wir erlebten echte Gemeinschaft.

Beten Sie mit mir

Herr, ich würde mich gerne verwundbarer zeigen, aber ich werde dir sagen, was mich wirklich beunruhigt. Wenn ich mich öffne und über mich selbst spreche, werden dann andere dasselbe tun, oder werden sie die Nerven verlieren und mich ansehen, als ob ich von einem anderen Planeten käme? Woher soll ich wissen, wem ich etwas sagen kann? Angenommen, sie tratschen über mich – das könnte ich nicht ertragen. Könntest du bitte ein oder vielleicht zwei Leute finden, an denen ich «üben» kann? Wenn du das tust, werde ich es versuchen, aber in meinem Kopf schwirren ein paar Dinge herum, die bestimmt noch in keinem Gottesdienst vorgekommen sind, den ich je besucht habe. Ich hoffe, es wird gutgehen. Paß auf mich auf, wenn ich mich öffne, Vater. Es wäre solch eine Erleichterung, wenigstens einmal einfach der zu sein, der ich bin. Amen.

Schuldig geboren

Wenn wir sagen, daß wir keine Sünde haben, führen wir uns selbst in die Irre, und die Wahrheit ist nicht in uns. Wenn wir unsere Sünden bekennen, ist er treu und gerecht; er vergibt uns die Sünden und reinigt uns von allem Unrecht. Wenn wir sagen, daß wir nicht gesündigt haben, machen wir ihn zum Lügner, und sein Wort ist nicht in uns. 1. Johannes 1,8–10

Ich kannte einmal einen Mann, der eine Zeitlang mit der Bewegung für «Gesundheit, Wohlstand und Sündlosigkeit» sympathisierte. Als seine Augen schlechter wurden, weigerte er sich, eine Brille zu tragen, denn damit hätte er ja einen Mangel an Glauben an Gottes Heilungsverheißung offenbart. Unglücklicherweise fuhr er weiterhin Auto, während er auf ein Heilungswunder wartete, und eine Anzahl ortsansässiger Bürger wurden durch die Beinahe-Zusammenstöße, die sich daraus ergaben, zu Sünden des Fluchens und des Zorns verführt. Mit dem Wohlstand klappte es auch nicht allzu gut, wie ich mich zu erinnern glaube, und falls er es angesichts all dessen geschafft haben sollte, sündlos zu bleiben, dann gehört er wirklich nicht in diese Welt.

Abgesehen von diesem Mann glaube ich nicht, daß ich schon jemals jemanden getroffen habe, der ernsthaft behauptete, ohne Sünde zu sein. Freilich sind mir zwei andere Arten von Leuten durchaus begegnet.

Da sind zuerst diejenigen, die freimütig zugeben, Fehler und Laster zu haben, aber keinen Zusammenhang zwischen menschlichen Unzulänglichkeiten und einem Gott sehen, an den sie vermutlich sowieso nicht glauben. Ihre Sünden, würden sie sagen, unterscheiden sich nicht sehr von denen anderer Leute, und damit haben sie natürlich recht. Was sie nicht sehen, ist die möglicherweise katastrophale Kluft zwischen ihnen selbst und Gott, die durch die Sünde der Menschheit (im Gegensatz zu der Sünde eines einzelnen) entsteht. Gott helfe uns, wirksamere Wege zu finden, um diese dringliche Wahrheit mitzuteilen, als die oft kostspieligen und unwirksamen Wege, die wir in der Vergangenheit beschritten haben.

Die andere Art von Leuten sind diejenigen, die sich jeden Morgen ihre Schuld überziehen wie einen Anzug. Das hat nichts mit unserer Überführung von der Sünde und Buße zu tun. Es geht darum, so besessen von der Wahrscheinlichkeit des Versagens zu sein, daß wir die Tatsache aus dem Blick verlieren, daß Jesus ja gerade eben darum gestorben ist, damit wir Frieden finden. Ich fürchte, manche christlichen Gruppen können in diesem Bereich alles andere als eine Hilfe sein. Hier ist eine *leicht* übertriebene Version dessen, was sich dort bisweilen abspielt:

Leiter: (*triefäugig bekümmert*) Ich dachte, wir könnten diesen Abend, falls es dem Herrn gefällt, uns bis zweiundzwanzig Uhr zu verschonen, damit verbringen, uns gegenseitig an unsere traurige Sündhaftigkeit zu erinnern. Beginnen wir, indem wir einander Einsichten in unsere verderbte Natur offenbaren, die wir in der vergangenen Woche erkennen durften. Mona, vielleicht möchtest du den Anfang machen?

Mona: Nein, ich bin nicht würdig.

Leiter: Henry, vielleicht könntest du...?

Henry: Ich bin noch unwürdiger.

Leiter: Elsbeth?

Elsbeth: Ich bin ein Greuel.

Leiter: Jerome?

Jerome: Ich hätte es verdient, mit einem Gewicht an den Füßen ins Meer geworfen zu werden. (*Pause*)

Leiter: Vielleicht der Allerunwürdigste...? (*alle rufen im Chor «Ich! Ich! Ich sollte den Anfang machen! Laßt mich anfangen!» etc.*)

Jerome: Ich bin im Besitz einer kleinen, selbstverdammenden Anekdote.

Leiter: Nur zu.

Jerome: Am Montag gewahrte ich eine arme, kleine Nacktschnecke, die von einem achtlosen Stiefel auf dem Wege zermalmt worden war, und ich dachte darüber nach, daß dieses verstorbene Geschöpf viel mehr zum Werk des Reiches Gottes beizutragen hatte als ein solcher Abschaum, wie ich es je sein werde.

Leiter: Hast du für deine Selbstversenkung Buße getan?

Jerome: Allerdings, mit Freudigkeit.

Mona: Wie können nur diejenigen das Leben ertragen, die nicht solche Freude kennen wie wir?

Henry: Mit Leichtigkeit, verglichen mit unseren armseligen Bemühungen, wenn wir in ihrer Lage wären, nehme ich an...

Was für ein Unsinn, aber dort, wo nicht erkannt wird, daß Gott nett ist, werden Sie Leute finden, die durch Schuldgefühle regelrecht gelähmt sind. Ich glaube, daß Gott diesen Leuten freundlich sagen möchte: «Ich kann verstehen, wie du dich fühlst, aber deine Weigerung, mein Geschenk anzunehmen, macht mir mehr Sorgen als die Dinge, über die du jeden Tag grübelst. Lest von dem verlorenen Sohn, Kinder – und entspannt euch.»

Beten Sie mit mir

Ich habe die Geschichte von dem verlorenen Sohn gelesen, Vater, und ich merke, daß bei dir die Buße eine fröhliche Sache ist. Wir bekennen unsere Sünden, und du schließt uns in die Arme. Und dann wird gefeiert! Aber Herr, manche von uns sind regelrecht krank vor Schuldgefühlen. Wir sind damit aufgewachsen, wir werden davon heruntergezogen, wir werden sie nicht los. Obwohl wir weit davon entfernt sind, zu sagen, wir hätten *keine* Sünde, können wir doch die Vergebung nicht akzeptieren, wenn sie uns angeboten wird. Wir müssen in den Lichtkreis deiner Zuneigung kommen, Vater – wir müssen spüren, daß du uns wirklich haben willst. Wir müssen uns gereinigt *fühlen*, nicht nur gereinigt *sein*. Danke, daß du so nett bist. Bitte tu ein kleines Wunder, damit wir so etwas nicht nur sagen, sondern auch glauben können. Dann werden wir auch denen etwas zu sagen haben, die ihre Sünde überhaupt nicht mit dir in Verbindung bringen. Amen.

Schrei aus dem Herzen

Herr, du Gott meines Heils,
zu dir schreie ich am Tag und bei Nacht.
Laß mein Gebet zu dir dringen,
wende dein Ohr meinem Flehen zu.

Denn meine Seele ist gesättigt mit Leid,
mein Leben ist dem Totenreich nahe.
Schon zähle ich zu denen, die hinabsinken ins Grab,
bin wie ein Mann, dem alle Kraft genommen ist.
Ich bin zu den Toten hinweggerafft,
wie Erschlagene, die im Grabe ruhen;
an sie denkst du nicht mehr,
denn sie sind deiner Hand entzogen.

Du hast mich ins tiefste Grab gebracht,
tief hinab in finstere Nacht.
Schwer lastet dein Grimm auf mir,
all deine Wogen stürzen über mir zusammen.

Psalm 88,2–8

Anders als die meisten Psalmen beginnt und endet dieser Schmerzensschrei in Dunkelheit. Der einzige Anflug von Optimismus liegt in der Überzeugung des Schreibers, daß es einen Sinn hat, diese verzweifelten Gefühle vor einem Gott auszubreiten, der sein Heil in der Hand hält und vielleicht zuhören wird – oder gar etwas *tun* wird, wenn er es für richtig hält.

Wir scheinen in dieser Zeit vergessen zu haben, was es bedeutet, gegen die Tore des Himmels zu hämmern. Depressionen, schlechte Gesundheit und ständige Schicksalsschläge können die Kommunikation mit Gott austrocknen lassen. Das geschieht vielleicht deshalb, weil man heutzutage allgemein annimmt, daß höfliche Begeisterung und Selbstermahnung die einzig legitimen Gebetsformen seien.

Der Mensch, der diesen Psalm schrieb, wandte sich von seinem Krankenbett oder anderen traurigen Umständen zum Himmel, um die Aufmerksamkeit Gottes (den er in einem ganz praktischen Sinne respektierte) zu erhaschen und auf einen Ausbruch von Klagegeschrei zu lenken, der von keinerlei Religiosität verwässert ist. Es ist wirklich nichts Falsches daran, Gott genau zu sagen, wie Sie sich fühlen.

Einmal hatte ich mitten in einer Versammlung den Eindruck, es wäre für einige Leute hilfreich, sich ein paar Minuten Zeit zu nehmen, um «Gott zu vergeben» für das, was er in ihrem Leben getan oder nicht getan hat. Natürlich, fügte ich hinzu, hat er nicht wirklich irgend etwas Falsches getan, aber das ist ja gerade das Problem. Groll und Enttäuschung beginnen zu faulen, wenn sie keinen Ausdruck finden, und der Gott, den ich kenne, ist durchaus in der Lage, mit den Verletzungen fertigzuwerden, die wir empfinden, besonders wenn wir unsere Klagen an ihn richten. Ein Jahr später traf ich eine Frau, die mir schilderte, wie diese paar Minuten Offenheit gegenüber Gott ihre Beziehung zu ihm revolutioniert haben.

Es gibt nur eine Regel für das Reden mit Gott, besonders wenn unser Leben ganz und gar gescheitert zu sein scheint. Sprechen Sie aus dem Herzen – wie ein Kind...

Ich bin noch nicht einmal ein Jahr alt.

Gerade eben, als es mir ganz schlecht ging, kamen ein paar Leute zu uns nach Hause und trugen mich nach draußen in einen weißen Lieferwagen. Mein Papa *gab* mich ihnen, obwohl es mir wirklich ganz elend ging. Er half ihnen, mich in den Lieferwagen zu legen, und dann stieg er selbst auch ein. Nach einer holperigen Fahrt sind wir an einem sehr großen Haus voll mit Leuten in weißer Kleidung angekommen. Papa ließ mich bei einer Frau, die ich nicht kannte, und die machte Sachen mit mir, die mir nicht gefielen. Papa *ließ* sie einfach! Dann kam Papa zurück, aber nur ganz kurz, und er nahm mich nicht einmal in die Arme oder sah mich an, denn er hatte die Hände vor seinem Gesicht. Dauernd kommen andere Leute herein und starren mich an. Ich bin sehr hungrig, aber Papa hat mir nichts zu essen mitgebracht. Jetzt geht es mir noch schlechter als vorhin, als Papa mich diesen Männern gegeben hat. *Warum* hat er das getan? Ich weiß nicht, was als nächstes passieren wird. Mir gefällt es hier nicht, und mein Kopf fühlt sich komisch an, und ich verstehe nicht, warum Papa mich nicht nach Hause holt und macht, daß es nicht mehr weh tut. Warum hat er mich nicht mehr lieb? Wenn er wieder hereinkommt, werde ich weinen und weinen und weinen und weinen...

Beten Sie mit mir

Vater, viele von uns halten seit langer Zeit sehr heftige Gefühle in sich verschlossen. Wir waren nicht sicher, wie du reagieren würdest, wenn wir das alles herauslassen. Wenn es wirklich stimmt, daß du nichts dagegen hast, daß wir vollkommen offen zu dir sind, dann hilf uns, den Mund aufzumachen und den Zorn, die Unzufriedenheit, den Groll oder was auch immer in deine Richtung loszulassen. Manche von uns wollen auf deinen Schoß klettern und gegen deine Brust hämmern wie kleine Kinder und vielleicht sogar sagen: «Ich hasse dich! Ich hasse dich! Ich hasse dich!» Kleine Kinder weinen meistens, wenn sie das getan haben, und dann schlafen sie ein, eingerollt auf dem Schoß der Person, die sie eben noch angeschrien haben. Oh, Vater! Manche von uns haben genau das so nötig. Willst du uns jetzt helfen, bitte? Amen.

Den Hilflosen helfen

Herr, darum schreie ich zu dir,
früh am Morgen tritt mein Gebet vor dich hin.
Warum, o Herr, verwirfst du mich,
warum verbirgst du dein Gesicht vor mir?
Gebeugt bin ich und todkrank von früher Jugend an,
deine Schrecken lasten auf mir, und ich bin zerquält.
Über mich fuhr die Glut deines Zorns dahin,
deine Schrecken vernichten mich.
Sie umfluten mich allzeit wie Wasser
und dringen auf mich ein von allen Seiten.
Du hast mir die Freunde und Gefährten entfremdet;
mein Vertrauter ist nur noch die Finsternis.

Psalm 88,14–19

Wie wird man mit jemandem fertig, der in solcher Finsternis steckt? Ich glaube kaum, daß das Problem dieses Burschen mit einem Traktat, einem einschlägigen Bibelvers oder auch einem christlichen Taschenbuch zu lösen ist, oder?

Seine überflutende Verzweiflung ist mir nicht fremd, und ich bin keineswegs überrascht, daß seine Freunde und Nachbarn ihm aus dem Weg gehen. Ich kann Ihnen aus persönlicher Erfahrung sagen, daß nicht das zählt, was die Leute sagen, auch nicht das, was sie materiell geben, nicht einmal das, was sie genau tun, sondern was sie *sind*. Man findet sehr schnell heraus, was der Glaube einer Person bedeutet, wenn er oder sie mit der völligen Verzweiflung eines anderen konfrontiert wird.

Manche Leute geraten in Panik. Sie möchten das Problem so schnell wie möglich gelöst, geklärt und abgehakt haben, weil tiefe Verzweiflung eine Bedrohung für das künstlich geordnete religiöse Gerüst ist, das ihnen hilft, sich sicher zu fühlen. Wer Schwerverletzten Pflaster aufklebt, nur damit er selbst sich besser fühlt, verhält sich nicht besonders hilfreich.

Andere sind entschlossen, die tiefere Ursache des Problems herauszufinden, in der Überzeugung, wenn sie nur genau bestimmen könnten, wo sie ihre Hände auflegen, was sie austreiben oder wofür sie einen Gebetskampf bis zum Sieg ausfechten müßten, dann würde alles gut. Suchen ist natürlich nie ein Fehler, aber was ist, wenn man nichts findet?

Die Freunde, die mir die größte Hilfe waren, sind diejenigen gewesen, die nicht darauf angewiesen waren, daß alle losen Enden verknotet wurden; diejenigen, die mit einem Mysterium leben konnten; diejenigen, die nicht durch meine Wiederherstellung irgendein eigenes Problem zu lösen versuchten; diejenigen, die zufrieden damit waren, die Hände Gottes zu sein, ohne darauf zu bestehen, sich auch noch aktiv in sein Gehirn einzumischen; diejenigen, die einfach an meiner Seite waren, als ich sie brauchte.

Gott sei Dank für sein bereitwilliges Fußvolk.

Beten Sie mit mir

Herr, hilf uns, unseren scheiternden, fallenden Freunden dieselbe selbstlose, nicht richtende Barmherzigkeit zuzuwenden, die Mutter Teresa und ihre Schwestern jenen hungernden Bettlern entgegenbringen, in denen sie Jesus sehen.

Wir müssen lernen, die Panik zu beherrschen, die in uns aufsteigt, wenn wir mit Schmerz und Unsicherheit bei unserem Gegenüber konfrontiert werden. Wir wissen, daß sie nicht so sehr Religion, sondern Liebe brauchen. Doch manchmal beeinträchtigt ihre Dunkelheit das Licht in uns, und wir wollen ihnen die Tür vor der Nase zuschlagen, nachdem wir einen Vers, eine Ermahnung, eine Warnung oder ein »Gott segne dich« in ihre Richtung geschleudert haben. Vater, wir möchten Jesus ähnlicher sein, dessen Liebe immer auf individuelle Bedürfnisse zugeschnitten war. Es wird uns viel kosten. Das wissen wir. Hilf uns, nicht geizig und feige zu sein. Amen.

Plädoyer für schönere Musik

Wir müssen als die Starken die Schwäche derer tragen, die schwach sind, und dürfen nicht für uns selbst leben. Jeder von uns soll Rücksicht auf den Nächsten nehmen, um Gutes zu tun und (die Gemeinde) aufzubauen. Denn auch Christus hat nicht für sich selbst gelebt; in der Schrift heißt es vielmehr: Die Schmähungen derer, die dich schmähen, haben mich getroffen. Und alles, was einst geschrieben worden ist, ist zu unserer Belehrung geschrieben, damit wir durch Geduld und durch den Trost der Schrift Hoffnung haben.

Der Gott der Geduld und des Trostes schenke euch die Einmütigkeit, die Christus Jesus entspricht, damit ihr Gott, den Vater unseres Herrn Jesus Christus, einträchtig und mit einem Munde preist. Römer 15,1–6

Als ich diesen Abschnitt gelesen hatte, kratzte ich mich am Kopf und stellte mir die folgenden Fragen: Bin ich einer der Schwachen, deren Schwäche getragen werden muß, oder bin ich einer der Starken, der die Schwäche der Schwachen tragen muß? Deutet die Bibel nicht darauf hin, daß ich, wenn ich mich für stark halte, fast mit Sicherheit schwach bin, und daß ich wahrscheinlich stark bin, wenn ich glaube, ich sei schwach? Und wenn ich mich für stark halte, sollten dann die anderen nicht meine Schwäche tragen, da ich ja in Wirklichkeit schwach bin? Sollte ich nicht am besten meinen Kopf in einen Betonkübel stecken und Kinderreime an den Mond singen?

Verwickeln Sie sich auch manchmal in solche geistlichen Knoten? Ich habe ein besonderes Talent dafür. Doch wie so viele dieser scheinbaren Verwicklungen läßt sich auch diese lösen, sobald wir das vernachlässigte Konzept der «Freundlichkeit» ins Spiel bringen. Ich bin sowohl schwach als auch stark (wie die meisten von uns), und ich brauche das freundliche Erdulden meiner Brüder und Schwestern, wenn ich meine Überzeugung verbreite, nur Leute in Bacchus-Kostümen dürften in den Himmel, oder was immer der derzeitige Fimmel sein mag. Ich hoffe, daß meine Freunde mir die verrücktesten Ideen behutsam ausreden, doch jede Phase kann einem zu der jeweiligen Zeit schrecklich wichtig erscheinen.

Umgekehrt muß gerade ich persönlich lernen, die Empfindlichkeit der Prinzipien und Abstinenzen anderer Leute zu respektieren, besonders dann, wenn sie eher eine einengende als eine befreiende Wirkung zu haben scheinen. Man kann die Leute nicht dazu nötigen, anders zu sein, als sie sind (freilich gelingt es manchmal, sie durch Lachen in eine etwas andere Form zu bringen).

Beten Sie mit mir

Dies ist eine schwere Lektion, Herr. Was du offenbar sagen willst, ist, daß alles, was ich tue, wie großartig oder bedeutsam ich oder sonst jemand es auch finden mag, unnütz ist, wenn es nicht zu der Harmonie beiträgt, die zwischen den Gliedern des Leibes Christi bestehen sollte. Es macht mir nichts aus, theoretisch zuzugeben, daß ich schwach bin, aber ich muß bekennen, daß ich große Angst davor habe, in bestimmten Situationen schwach zu *erscheinen.* Ich muß auch bekennen, daß ich mich oft dabei ertappe, daß ich abfällig über Mitchristen rede, weil das, was sie tun oder sagen, mir schwach und töricht erscheint und nicht zu meiner Vorstellung paßt, wie die Gemeinde sein sollte. Vergib uns, wenn wir solche Bemerkungen machen, die fast immer unkonstruktiv sind und den Heiligen Geist betrüben. Vergib uns unsere Arroganz gegenüber Leuten, die du liebst. Wir wünschen uns sehr, daß die eine Stimme deiner Gemeinde fröhlich und harmonisch klingt. Amen.

Bis an die Grenzen

Auch der Leib besteht nicht nur aus einem Glied, sondern aus vielen Gliedern. Wenn der Fuß sagt: Ich bin keine Hand, ich gehöre nicht zum Leib!, so gehört er doch zum Leib. Und wenn das Ohr sagt: Ich bin kein Auge, ich gehöre nicht zum Leib!, so gehört es doch zum Leib. Wenn der ganze Leib nur Auge wäre, wo bliebe dann das Gehör? Wenn er nur Gehör wäre, wo bliebe dann der Geruchssinn? Nun aber hat Gott jedes einzelne Glied so in den Leib eingefügt, wie es seiner Absicht entsprach. Wären alle zusammen nur ein Glied, wo bliebe dann der Leib? So aber gibt es viele Glieder und doch nur einen Leib.

1. Korinther 12,14–20

Es kann eine Befreiung sein, wenn wir unsere individuellen, echten Begrenzungen akzeptieren. Ich sage «echte» Grenzen, weil ich keinesfalls damit meine, daß wir den Gedanken aufgeben sollten, in Bereichen der Schwäche dazuzulernen oder uns zu verbessern. Was ich jedoch meine, ist, daß wir gut daran tun, sobald wir wie der verlorene Sohn «zu uns selbst gekommen sind», genau diese Erkenntnis Gott als unseren Beitrag zum Leib fröhlich anzubieten. Es hat keinen Sinn, zu versuchen, etwas zu sein, was wir nicht sind.

Manchmal ist es notwendig, sich so verwundbar zu zeigen, daß es schmerzt.

Als ich zum ersten Mal gebeten wurde, einen Beitrag zu der

«Gedankenpause» um neun Uhr fünfzehn im zweiten Radioprogramm der BBC beizusteuern, war ich mit großem Eifer, aber auch mit großer Sorge bei der Sache. Mit Eifer, weil dieser Einschub mitten in einer sehr beliebten säkularen Sendung zu hören ist, und ich einigermaßen zuversichtlich war, daß mein Rede- und Schreibstil zu diesem speziellen Publikum passen würde.

Die Sorge rührte aus meinem Bewußtsein, daß ich angesichts von Kritik hoffnungslos auf Abwehr schalte. Negative Bemerkungen höhlen mein Selbstvertrauen so drastisch aus, daß mein Vortrag aller Wahrscheinlichkeit nach zu einem blassen, stotternden, schwächlichen Abklatsch dessen verkommt, was er hätte sein können. Damit will ich nicht sagen, daß ich keine Kritik nötig hätte, aber ich muß wissen, daß die Person, die mich kritisiert, zunächst einmal mich oder meine Arbeit zu schätzen weiß. Erbärmlich, nicht wahr? Aber das war meine größte Sorge, als ich zum ersten Mal Michael Wakelin (seinerzeit Produzent der «Gedankenpause») in seinem Londoner Büro traf.

Als wir uns zusammensetzten und über meinen Beitrag zu der Sendung sprachen, kam mir der Gedanke, ich könnte einmal versuchen, mich vollkommen verwundbar zu zeigen. Es war mir unbehaglich dabei – etwa so, wie wenn man jemandem, der gerade vorgeschlagen hat, zusammen einen Dauerlauf zu machen, sein Holzbein zeigt (stelle ich mir vor).

«Ich sage Ihnen lieber gleich», fing ich an, «daß die Qualität der zweiten Sendung, die ich mache, fast völlig davon abhängt, wie Sie auf die erste reagieren.»

Michael, der ein sehr netter Kerl ist, sah mich verwundert an. «Wie meinen Sie das?»

«Sagen Sie mir, daß es wunderbar war.»

«Selbst wenn das nicht stimmt?»

«Sagen Sie mir, es war wunderbar, ob es stimmt oder nicht, dann wird die nächste Sendung mit großer Sicherheit wirklich wunderbar sein. Wenn Sie die erste in Stücke reißen, werde ich innerlich sterben und in allen weiteren Sendungen nur noch Müll zustande bringen.»

Und genauso machten wir es. Nach meiner ersten «Gedankenpause»-Sendung sagte mir Michael, es sei wunderbar gewesen; durch einen Willensakt glaubte ich ihm, und die zweite Sendung lief sehr gut.

Die Begabungen und Fähigkeiten, die ich habe, stecken in einem äußerst zerbrechlichen Gefäß, und ich bin sehr abhängig von der Hilfe andere Leute, sie zu entwickeln und zu gebrauchen. Eine klare, unaufgeblähte Sicht unserer Stärken, gepaart mit einem ebenso realistischen Bewußtsein für unsere Schwächen und Begrenzungen, kann den Leib Christi nur stärken.

Vielleicht wollen Sie einwenden, daß Gott doch diese Schwächen beseitigen und diese fundamentalen Begrenzungen auflösen könnte. Nun ja, das könnte er, aber das ist seine Sache, und so lange, bis er das tut, müssen die meisten von uns mit dem arbeiten, was sie haben, nämlich mit uns selbst – und miteinander.

Ich frage mich, wie Michael die erste Sendung wirklich fand...

Beten Sie mit mir

Vater, wenn ich an meine Grenzen stoße, dann möchte ich nicht so dumm sein, weiterzulaufen wie diese Zeichentrickfiguren, die plötzlich merken, daß sie nur noch Luft unter den Füßen haben und Hunderte von Metern weit in den Abgrund stürzen. Ich will auf die Anzeichen achten. Hilf mir, mit meinen eigenen Grenzen zurechtzukommen, Herr. Amen.

Eine Stimme aus der Finsternis

Als die sechste Stunde kam, brach über das ganze Land eine Finsternis herein. Sie dauerte bis zur neunten Stunde. Und in der neunten Stunde rief Jesus mit lauter Stimme: *Eloï, Eloï, lema sabachtani?*, das heißt übersetzt: *Mein Gott, mein Gott, warum hast du mich verlassen?* Markus 15,33–34

Dieser Abschnitt gibt uns die Erlaubnis, aus der Finsternis heraus wahrheitsgemäß zu sprechen. Manchmal kann ein Gefühl der Verzweiflung so tief sein, daß unsere Gebete voller Zweifel und Fragen sind. Gerade dann, wenn wir am ängstlichsten und verlorensten sind, sollten wir mit Gott reden. So hat es Jesus auch gemacht.

Beten Sie mit mir

Heute, an diesem Tag, fühle ich mich wie ein Versager.
Was für Fragen darf ich mir stellen, Vater?
Darf ich mich fragen, warum du alles so schwierig machst?
Kaum spreche ich diese Worte aus, stellen sich schon die Schuldgefühle ein.
Vielleicht ist es in Wirklichkeit gar nicht schwierig.

Wahrscheinlich bin nur ich schwierig.
Wahrscheinlich sind mein Hintergrund, mein Temperament und meine Lebensumstände dafür verantwortlich, daß es für mich einfach immer schwierig sein *mußte*.
Aber wenn das nun nur eine Ausflucht ist?
Wenn ich mir nun etwas vormache?
Wenn ich nun tief in meinem Innern weiß, daß es mein eigenes freiwilliges Tun und Lassen war, das es mir immer so schwer *gemacht* hat?
Wenn ich nun einer von denen bin, die zwar berufen sind, aber nicht erwählt?
In dem Falle wäre es nicht schwierig – es wäre unmöglich.
Und wenn du nun überhaupt nicht existierst und der Tod nur ein plötzliches Stolpern in die Stille ist?
(Übrigens, könntest du es mich wissen lassen, falls du nicht existierst – noch vor Freitagabend, wenn es dir nichts ausmacht?)
Es gibt Momente, Vater, da ist alles so leicht, so leicht, daß ich gar nicht mehr weiß, wie es mir je schwierig erscheinen konnte.
Diese Momente gehen vorbei – sie sind kostbar – aber sie gehen vorbei.
Hast du bemerkt, wie ich mich immer von dir abzuwenden versuche, wenn jene Momente verflogen sind, es aber einfach nicht schaffe?
Ich glaube, ich werde dir nachfolgen, selbst wenn du nicht existierst.
Selbst wenn ich nicht erwählt bin.
Selbst wenn es immer wieder schwierig ist...
Hörst du noch zu?
Tut mir leid, daß ich so herumjammere.
Es ist nur, daß ich mich heute, an diesem Tag, wie ein Versager fühle.
Meine Füße und Hände tun weh,
und da ist dieser Schmerz in meiner Seite.

Gideon: Ein ängstlicher Mann mit einer großen Aufgabe

Ärger mit Gott

Die Israeliten taten, was dem Herrn mißfiel. Da gab sie der Herr in die Gewalt Midians, sieben Jahre lang. Als Midian die Oberhand gewann, machten sich die Israeliten die Schluchten in den Bergen und die Höhlen und die Bergnester (als Unterschlupf) vor den Midianitern zurecht. Doch immer, wenn die Israeliten gesät hatten, kamen Midian, die Amalekiter und die Leute aus dem Osten und zogen gegen sie heran. Sie belagerten die Israeliten und vernichteten die Ernte des Landes bis hin in die Gegend von Gaza. Sie ließen in Israel keine Lebensmittel übrig, auch kein Schaf, kein Rind und keine Esel. Denn sie zogen mit ihren Herden und Zelten heran und kamen so zahlreich wie die Heuschrecken herbei. Zahllos waren sie selbst und auch ihre Kamele. Sie kamen und verheerten das Land. So verarmte Israel sehr wegen Midian, und die Israeliten schrien zum Herrn.

Als nun die Israeliten wegen Midian zum Herrn schrien, schickte der Herr einen Propheten zu den Israeliten. Dieser sagte zu ihnen: So spricht der Herr, der Gott Israels: Ich selbst habe euch aus Ägypten heraufgeführt. Ich habe euch aus dem Sklavenhaus herausgeführt. Ich habe euch aus der Gewalt Ägyptens und aus der Gewalt all eurer Unterdrücker befreit. Ich habe sie vor euren Augen vertrieben und euch ihr Land gegeben. Und ich habe euch gesagt: Ich bin der Herr, euer Gott. Fürchtet nicht die Götter der Amoriter, in deren Land ihr wohnt. Aber ihr habt nicht auf meine Stimme gehört.

Der Engel des Herrn kam und setzte sich unter die Eiche bei Ofra, die dem Abiësriter Joasch gehörte. Sein Sohn Gideon war gerade dabei, in der Kelter Weizen zu dreschen, um ihn vor Midian in Sicherheit zu bringen. Richter 6,1–11

Es wäre zutiefst ehrfurchtslos von mir, anzudeuten, wir hätten Gott in irgendeiner Weise in der Hand, also werde ich es nicht tun – aber eigentlich ist es so. Ich weiß, er kann sehr hart sein und ehrfurchtgebietend in seiner Macht und Stärke, aber er gibt uns niemals auf. Er will uns immer wieder zurückhaben, nicht wahr? Im Vorzimmer meines Kopfes habe ich keinen beständigen Glauben an diese wunderbare Wahrheit, aber irgendwo in einem Safe in den hinteren Räumen ist eine schwere alte Akte eingeschlossen, die mit «GOTT LIEBT DICH» beschriftet ist. Gott selbst hat sie dort abgelegt, und er hat den Schlüssel behalten, so daß ich sie nicht loswerden könnte, selbst wenn ich es wollte. Ich habe es schon manchmal gewollt, aber er hat mich nie gelassen, Gott sei Dank.

Dasselbe galt für Gottes Volk, die Israeliten, durch das ganze Alte Testament hindurch. Gott gab sie niemals auf. Hier, als Gideon (eine meiner großen Lieblingsgestalten) sich anschickt, die biblische Bühne zu betreten, hat das Volk sieben Jahre elender Verarmung unter der Hand der mächtigen Midianiter hinter sich. Was für ein Dasein! Wie demütigend für ein einst so stolzes Volk, sich jetzt in Berghöhlen zu verkriechen oder ängstlich über Festungsmauern zu spähen und zu wissen, daß sich ohne Gott niemals etwas ändern würde, wie hart sie auch arbeiten oder kämpfen mochten.

Diese Leute hatten sich selbst in ein Gefängnis der Angst und Bedrückung begeben, indem sie unbedingt den Verrat begehen mußten, die falschen Götter der Amoriter anzubeten, aber nun hatten sie genug. Wie der verlorene Sohn kamen sie zur Besinnung und schrien zu dem einzigen wahren Gott, er möge kommen und sie noch einmal retten. Als Antwort sprach Gott leidenschaftlich zu ihnen über ihren Ungehorsam, und dann entwarf er, weil er nie aufgehört hatte, sie zu lieben, einen Befreiungsplan und schickte einen Engel nach Ofra, um diesen Plan in die Tat umzusetzen.

Ich habe mich selbst im Laufe der Jahre auch schon in ähnliche Situationen verstrickt. Wahrscheinlich geht es Ihnen ebenso. Es ist so leicht, die geistliche Münze, die Gott uns gibt, zu nehmen und für Dinge auszugeben, die ihm nicht gefallen und die schlecht für uns sind. Langsam, beinahe unmerklich verändern sich unsere Prioritäten, wenn die falschen Götter unserer Zeit ihre fetten, zufriedenen Leiber auf die Throne unseres Lebens plazieren.

Die Fäulnis setzt ein. Wir werden ängstlich und unzufrieden. Es sind zu viele Feinde da, und wir sind zu schwach, um ihnen zu widerstehen. Wenn wir den Tiefpunkt erreichen, fangen wir an, uns zu fragen, ob Gott uns überhaupt noch lieben kann, wo wir doch so lange fern von ihm waren. Zögernd strekken wir die Hände nach ihm aus und hoffen verzweifelt, daß er sie ergreifen wird. Ist es möglich, von der Furcht zur Liebe zurückzukehren? Gideons Geschichte besagt, daß die Antwort auf diese Frage «Ja» lautet, aber sie erinnert uns auch daran, daß Gottes Befreiungspläne (einschließlich des wichtigsten von allen) fast immer mit etwas sehr Kleinem beginnen.

Beten Sie mit mir

Vater, eine Menge von deinen alten Freunden haben sich weit von dir entfernt. Einige von ihnen lesen jetzt dieses Buch. Einige davon sind Leute, die wir kennen. Willst du in ihr Leben zurückkehren und ihnen jetzt helfen? Sie sind wirklich sehr unglückliche kleine Israeliten, Herr. Nichts klappt richtig in ihrem Leben – es ist ein einziges Verstecken, Abwehren, Scheitern und Verzweifeln. Es war verrückt von ihnen, die Rechnung ohne dich machen zu wollen. Wir schreien um ihretwillen zu dir, Vater, und könntest du sie bitte ermutigen, auch um ihrer selbst willen zu dir zu schreien? Wir wissen, daß du ihnen vergeben wirst. Wir wissen, daß du dich mit ganzem Herzen danach sehnst, sie wieder in die Arme zu schließen.

Amen.

Wenn es brenzlig wird

Der Engel des Herrn kam und setzte sich unter die Eiche bei Ofra, die dem Abiësriter Joasch gehörte. Sein Sohn Gideon war gerade dabei, in der Kelter Weizen zu dreschen, um ihn vor Midian in Sicherheit zu bringen. Da erschien ihm der Engel des Herrn und sagte zu ihm: Der Herr sei mit dir, starker Held.

Doch Gideon sagte zu ihm: Ach, mein Herr, ist der Herr wirklich mit uns? Warum hat uns dann all das getroffen? Wo sind alle seine wunderbaren Taten, von denen uns unsere Väter erzählt haben? Sie sagten doch: Wirklich, der Herr hat uns aus Ägypten heraufgeführt. Jetzt aber hat uns der Herr verstoßen und uns der Faust Midians preisgegeben.

Da wandte sich der Herr ihm zu und sagte: Geh und befrei mit der Kraft, die du hast, Israel aus der Faust Midians! Ja, ich sende dich.

Er entgegnete ihm: Ach, mein Herr, womit soll ich Israel befreien? Sieh doch, meine Sippe ist die schwächste in Manasse, und ich bin der Jüngste im Haus meines Vaters.

Doch der Herr sagte zu ihm: Weil ich mit dir bin, wirst du Midian schlagen, als wäre es nur *ein* Mann.

Richter 6,11–16

Ich nehme an, Engel gewöhnen sich daran, verrückt klingende Befehle auszurichten, ohne Fragen zu stellen. Diesem hier muß die Spucke weggeblieben sein, als ihm aufgetragen wurde, hinzugehen und ausgerechnet Gideon als «starken Helden» anzusprechen. Gideon war alles andere als beeindruckt, nicht wahr? Das wäre mir auch so gegangen, wenn ich das unbedeutendste Mitglied der unbedeutendsten Familie in der ganzen Gemeinschaft gewesen wäre und irgendein Fremder mit fortgeschrittener religiöser Manie hätte mir feierlich verkündet, ich würde die gesamte feindliche Armee besiegen, als wäre sie nur ein Mann. Ich hätte sofort beim nächsten psychiatrischen Krankenhaus angerufen und denen gesagt, sie sollen ihre Patienten zählen. Und selbst wenn das tatsächlich ein Bote des Herrn gewesen wäre, so hätte es in letzter Zeit wenig Hinweise darauf gegeben, daß Gott die Macht oder die Neigung besaß, einzugreifen, wie er es in der Vergangenheit getan hatte.

Gideon verlangte einiges an Überzeugungsarbeit, und ich kann es ihm nicht verübeln. Ich weiß, wie man sich fühlt, wenn man innerlich auf Versagen programmiert ist. Ich habe mich oft schon klein und nutzlos gefühlt. Ich habe die nagende Furcht verspürt, daß ich, wenn es einmal so richtig heiß und brenzlig wird, die Leute im Stich lassen werde, die am meisten von mir abhängig sind. Manchmal, meistens mitten in der Nacht, ergreift mich Panik, wenn meine Vorstellungskraft mir grausige Szenen vorspielt, in denen Mitglieder meiner Familie entsetzliche Tode sterben, während ich unnütz danebenstehe, gelähmt von Furcht und dem Gefühl der Unzulänglichkeit. Eigenartigerweise sind diese Ängste zwar durchaus echt, doch in der einzigen Situation, in der ich bisher in dieser Hinsicht auf die Probe gestellt wurde, wies meine Reaktion darauf hin, daß sie möglicherweise völlig unbegründet sind. Mir ist klar, daß dieser Vorfall als ziemlich trivial erscheinen wird, besonders für diejenigen Leser, die schon Leute aus brennenden Häusern gerettet und mit menschenfressenden Tigern gerungen haben, aber für mich hat er eine Menge bedeutet.

Bridget und ich waren eines Morgens in ein nahegelegenes Dorf gefahren, um eine traditionelle Teestube zu besuchen, in der es unserer unmaßgeblichen Meinung nach die besten Getränke und Kuchen von Sussex gab. Es war uns ein besonderes Anliegen, daß dieser Ausflug ein Erfolg würde, weil unser letzter Besuch in diesem vorzüglichen Lokal ziemlich abrupt zu Ende gegangen war, nachdem Baby Katy sich mit maximaler Streuweite erbrochen hatte. Die Plass-Kinder waren schon immer sehr großzügig mit ihrem unverdauten Mageninhalt, und Katy war keine Ausnahme. Sie teilte den ihren freigebig und ohne Ansehen der Person mit so vielen unserer Mitgäste, wie sie in einem unbewußt kunstvollen, zentrifugal drehenden Erguß erreichen konnte. Die Besitzer benahmen sich sehr nett. Sie drängten uns, bald wiederzukommen, doch als wir die Hülse unserer kleinen grünen Tochter aus der etwas bedrückten, sumpfartigen Atmosphäre entfernten, hegten wir unsere Zweifel, daß wir je hierher zurückkehren würden.

Und nun, angelockt von niederen Gelüsten nach mehr von diesem hervorragenden Kuchen, waren wir wieder da!

Diesmal mußte Katy sich *nicht* erbrechen, und wir jubelten über unsere völlige Rehabilitierung. Wir übertrieben es ein wenig mit dem Jubeln. Oder besser gesagt, ich übertrieb es. Auf dem Weg zum Auto, angefüllt mit Tee und Kuchen, vollführte ich mit Katy auf dem Arm einen kleinen Freudensprung und spürte plötzlich, wie mir mein Gleichgewicht unwiederbringlich entglitt. Ich war drauf und dran, flach aufs Gesicht zu fallen und Katy zwischen meiner beträchtlichen Masse und dem harten Asphalt des Parkplatzes einzuquetschen. Nicht, daß ich irgendwelche heldenhaften Beschlüsse gefaßt hätte – dafür war keine Zeit. Alles, was zählte, war, daß Katy nichts passierte. Irgendwie schaffte ich es, meinen Körper sozusagen mitten im Sturz herumzudrehen, so daß ich statt auf dem Bauch auf dem Rücken landete. Mir blieb die Luft weg, und ich trug ein paar Prellungen und Abschürfungen davon, aber Katy war unverletzt, wenn auch ein wenig verwirrt über unser neues Spiel.

Am Ende war es die Beziehung, die die spontane Reaktion hervorrief, und natürlich wäre es allen Eltern, die ihre Kinder lieben, genauso ergangen.

Ich vermute, daß wir gut daran täten, uns darauf zu konzentrieren, unsere Nähe zu Jesus zu vertiefen, statt trübsinnig über die Wahrscheinlichkeit zu grübeln, daß wir ihn enttäuschen werden. Denn es wird die Realität oder Nicht-Realität dieser Beziehung sein, die den Unterschied ausmacht, wenn es einmal brenzlig wird.

Beten Sie mit mir

Vater, es wäre sehr dumm von uns, darum zu beten, daß wir in eine brenzlige Situation geraten. Wer kann unnötige brenzlige Situationen gebrauchen? Doch wir wissen, daß, wenn wir vorhaben, dir nachzufolgen, *alles mögliche* geschehen kann, und wir möchten gern dafür bereit sein. Wenn die Prüfungen kommen, dann gib uns, daß unsere Liebe zu dir stärker ist als unsere Furcht. Wir möchten gern so nah bei dir sein, daß wir nicht nur sagen können: «Nicht mein, sondern dein Wille soll geschehen», sondern es auch so meinen. So wie Jesus es in Getsemane tat. Sehr viele von uns sind einfach noch nicht so weit. Bitte lehre jeden einzelnen von uns, wie wir das Band, das uns mit dir verbindet, stärken können. Wir werden versuchen, offener und öfter mit dir zu reden. Wir werden versuchen, mehr auf deine Stimme zu hören. Wir werden versuchen, dich in den leidenden Menschen um uns her zu erkennen. Wir werden versuchen, dir auch an dunkle und gefährliche Orte zu folgen, und dann – liegt es an dir. Amen.

Körperliche Angst

In jener Nacht sagte der Herr zu Gideon: Nimm das Rind deines Vaters, den siebenjährigen fetten Farren, reiß den Altar des Baal nieder, der deinem Vater gehört, und den Kultpfahl daneben hau um! Bau einen Altar für den Herrn, deinen Gott, auf der Höhe der Burg hier, entsprechend der vorgeschriebenen Ordnung, nimm den fetten Farren, und bring ihn mit dem Holz des Kultpfahls, den du umhaust, als Brandopfer dar. Da nahm Gideon zehn seiner Knechte und tat, was der Herr zu ihm gesagt hatte. Weil er sich aber vor seiner Familie und den Leuten der Stadt fürchtete, es bei Tag zu tun, tat er es bei Nacht. Als die Einwohner der Stadt am Morgen aufstanden, sahen sie, daß der Altar des Baal zerstört, der Kultpfahl daneben umgehauen und der fette Farren auf dem neuerbauten Altar geopfert war. Da sagten sie zueinander: Wer hat das getan? Sie suchten und forschten nach und stellten fest: Gideon, der Sohn des Joasch, hat es getan. Die Einwohner der Stadt sagten deshalb zu Joasch: Gib deinen Sohn heraus! Er muß sterben, denn er hat den Altar des Baal niedergerissen und den Kultpfahl daneben umgehauen. Richter 6,25–30

Wir sprechen in den Gemeinden nicht viel über die Angst vor körperlicher Gewalt, nicht wahr? Auf mein Leben hat sie einen Schatten geworfen, solange ich mich erinnern kann.

Nicht, daß ich irgendein Problem mit organisierter Gewalt in der Gruppe hätte. Das Rugbyspielen hat mir, als ich jünger war, soviel Spaß gemacht wie kaum etwas anderes, das ich je getan habe. Meine Angst gilt dem bewußten, böswilligen Verletzen. Wie Gideon würde ich einen Akt heroischen Widerstandes lieber im Dunkeln vollbringen, als mich offen der Vergeltung derer auszusetzen, denen ich getrotzt habe. Mißverstehen Sie mich nicht. Ich bilde mir nicht ein, daß alle anderen ein gesundes Bedürfnis danach verspüren, zu Brei geschlagen zu werden, während ich ganz unverständlicherweise negativ auf diese Vorstellung reagiere. Ich spreche von einer morbiden Fixierung auf die Möglichkeit einer plötzlich über mich hereinbrechenden Gewalt, die katastrophengleich alle meine geistigen, geistlichen und emotionalen Qualitäten zunichte macht, wie ein Stiefel Größe sechsundvierzig eine Schnecke zermalmt.

Ich will nicht, daß mein äußerer Schutzschild in meine verletzlichen Teile hineingequetscht wird.

Ich weiß, es klingt banal, aber ich hatte schon immer mehr Angst vor der Angst als vor der Sache selbst – fürchtete schon immer die Demütigung mehr als den Schmerz. Dieser dauernde, unangenehme innere Schatten ist schon so lange ein Bestandteil meines Lebens, daß ich kaum glaube, heute noch seinen Ursprüngen auf die Spur kommen zu können.

Eine Sache, die mir klar ist und die ich schon in einem früheren Buch erwähnt habe, ist, daß meine Angst vor Gewalt in anderen Personen zumindest teilweise einem vagen Widerwillen dagegen entspringt, mich mit der Gewalt in meinem eigenen Innern auseinanderzusetzen. Viele von uns (seien sie Christen oder nicht) bergen eine Menge unverarbeiteten Zorns in sich, der dazu neigt, sich als leichte, ständige pulsierende Depression zu zeigen, wenn er nie ausgedrückt oder erkannt wird. Eine ganz ähnliche Gleichung gilt für den Bereich der sexuellen Eifersucht, wo die ganze Neigung zur Lüsternheit und Untreue des einen Partners aggressiv auf den anderen projiziert wird.

Verzeihen Sie mir diesen Anfall von Amateurpsychologie, aber dies sind echte, oft quälende Probleme in meinem Leben und im Leben von Leuten, die ich kenne.

Mein persönlicher Schatten verursachte mir in den sechziger Jahren, als ich ein junger Christ war, große Not. Jedermann las von Richard Wurmbrands Erlebnissen als Gefolterter in den Untergrundgefängnissen von Rumänien. Vierzehn Jahre lang weigerte er sich, seinen Glauben zu verleugnen, trotz ständiger körperlicher und geistiger Qualen, die ihm von den Agenten eines grausamen kommunistischen Regimes zugefügt wurden.

VIERZEHN JAHRE LANG!

Ich hatte ernste Zweifel, daß ich es auch nur vier Minuten aushalten würde, besonders, falls sie irgend etwas mit meinen Zähnen anstellen sollten (haben Sie *Der Marathon-Mann* gesehen?). Ich *wußte* einfach, daß ich diese Folterkammer als militant antichristlicher, zutiefst überzeugter Aktivist der rumänischen Kommunistischen Partei verlassen würde. Mir machte es ja schon genug Angst, nur durch die von Mods und Rockern wimmelnden Straßen meiner Heimatstadt zu gehen. Ich konnte nur hoffen und beten, daß die christliche Bevölkerung von Tunbridge Wells niemals einer gewaltsamen Verfolgung ausgesetzt sein würde. Was ja auch auf den ersten Blick unwahrscheinlich erschien...

Die Angst blieb.

Sie blieb auch während der Jahre, in denen ich mit schwer erziehbaren Jugendlichen arbeitete, von denen einige ein ausgesprochen gewalttätiges Verhalten an den Tag legten. Warum in aller Welt suchte ich mir mit dieser Schwäche ausgerechnet eine solche Arbeit? Ich glaube, die Antwort ist, daß ich mich lieber freiwillig mit dem Objekt meiner Ängste auseinandersetze, als darauf zu warten, daß das Objekt meiner Ängste sich unerwartet mit *mir* auseinandersetzt.

Die Angst blieb auch, als ich im Sommer 1993 nach Südafrika reiste. Am Abend vor meiner Abreise saß ich mit dem Gesicht in den Händen zu Hause in unserer Küche und sagte zu

Gott: «Ich will nicht gehen. Ich habe Angst. Wenn sie mich nun erschießen oder aufhängen oder zusammenschlagen oder ausrauben oder...» Da mir an dieser Stelle vorübergehend die trübsinnigen Vorstellungen ausgingen, schloß ich mit den Worten: «Und überhaupt, ich habe den Leuten dort gar nichts zu sagen – jedenfalls nichts Nützliches.» Sofort begann eine vertraute Art von innerem Dialog zwischen mir selbst und jemandem, den ich um des Argumentes willen Gott nennen möchte:

Gott: Warum haben sie dich gebeten, nach Südafrika zu kommen?
Ich: Sie haben geschrieben und gefragt, ob ich komme und sie aufheitere.
Gott: Nun, und was ist daran verkehrt?
Ich: (*ruppig*) Nichts, schätze ich.
Gott: Nun, dann geh und tu das, so gut du kannst. Und versuch nicht, besonders clever zu sein. Sag ihnen nichts außer dem, was du über mich gelernt hast.
Ich: Also gut. Ich fahre.

Nach diesem vollkommen imaginären Dialog mit Gott fühlte ich mich schon viel besser; eine ziemlich beachtliche Leistung für einen vollkommen imaginären Dialog mit Gott, finden Sie nicht? Ich ging nach Südafrika, und ich glaube, ich konnte tatsächlich ein paar Leute aufheitern, aber die Angst war so schlimm wie eh und je. Ein paarmal lag ich fast die ganze Nacht wach, während sich vor meinem geistigen Auge Szenen der Gewalt und des Entsetzens abspielten, von denen man mir erzählt hatte oder die ich am Vorabend in Nachrichtensendungen gesehen hatte. Andere, ausgeglichenere Leute hätten geschlafen wie ein Baby. Ich konnte es nicht. Ich lag in kaltem Schweiß da. Gott hat die Angst nicht von mir genommen. Ich liebte die Leute, die ich in diesem traurigen, schönen, unruhigen Land kennenlernte, aber als meine Maschine nach dem Rückflug wieder in Heathrow landete, hätte ich beinahe den

Asphalt geküßt. (Freilich ist das ein sehr *römisches* Sakrament, nicht wahr?)

Die Angst bleibt.

Ich weiß nicht, ob Gott jemals eine göttliche Operation an mir vornehmen wird. Ich wünschte, er *würde* meine Schwäche mit den Wurzeln herausreißen. Doch vielleicht wird sie immer Teil des Bündels von Stacheln in meinem Fleisch sein (hatte Paulus wirklich nur *einen* Stachel?). Sollte er sie jedoch nicht wegnehmen, dann hoffe ich, daß ich weiterhin lernen werde, wie Gideon es mit quälender Langsamkeit tat, daß Gott wirklich vertrauenswürdig ist, wie schwach ich auch sein mag, und daß Gehorsam und die richtige Art von Abhängigkeit die Dinge sind, die mich am Ende stark machen werden.

Und falls Sie nicht mit dem übereinstimmen sollten, was ich gesagt habe – bitte schlagen Sie mich nicht!

Beten Sie mit mir

Ich habe es wieder getan, Herr. Ich habe meine Bemerkungen mit einem Kalauer beendet. Das tue ich nur, weil ich nicht weiß, wie man einen Schrei schreibt. Jeder, der auch unter dieser speziellen Angst leidet, weiß über diesen Schrei Bescheid. Ich habe gerade einem Freund aus der Nachbarschaft erzählt, daß ich etwas über die Angst vor Gewalt schreibe. Er ist ein starker Charakter, wie du weißt, aber irgendwo tief in ihm entspannte sich etwas, während ich redete. Er sagte: «Unter dieser Angst leide ich auch.» Und ich wußte, daß es dieselbe Angst war. Ich sah es an seinem Gesicht. Seine Ehrlichkeit tat mir gut.

Soll ich darum beten, von dieser vierzig Jahre alten Last befreit zu werden, Herr? Ich weiß nicht, ob ich das kann. Der Rucksack ist mir angewachsen wie ein Buckel. Ich fürchte, vieles von mir würde mit abgehen, wenn du ihn mir abnähmest. Ich glaube, ich muß ihn weiter mit mir herumschleppen, aber (warte, bis ich meine Augen zu und die Zähne zusammengebissen habe) du bist der Boß. Amen.

Was ist mit mir?

Da sagte Gideon zu Gott: Wenn du Israel wirklich durch meine Hand retten willst, wie du gesagt hast – sieh her, ich lege frisch geschorene Wolle auf die Tenne; wenn der Tau allein auf die Wolle fällt und es auf dem ganzen (übrigen) Boden trocken bleibt, dann weiß ich, daß du durch meine Hand Israel retten willst, wie du gesagt hast. Und so geschah es. Als er früh am Morgen hinkam und die Wolle ausdrückte, konnte er den Tau – eine Schale voll Wasser – aus der Wolle herauspressen.

Darauf sagte Gideon zu Gott: Dein Zorn möge nicht gegen mich entbrennen, wenn ich noch einmal rede. Ich möchte es nur noch dieses eine Mal mit der Wolle versuchen: Die Wolle allein soll dieses Mal trocken bleiben, und auf dem ganzen (übrigen) Boden soll Tau liegen. Und Gott machte es in der folgenden Nacht so: Die Wolle allein blieb trocken, und auf dem ganzen übrigen Boden lag Tau. Richter 6,36–40

Vor einiger Zeit war die Presse voll mit Transkriptionen von Telefongesprächen, an denen Mitglieder der englischen Königsfamilie beteiligt waren. Hier ist ein Telefongespräch, das dem *Daily Mirror* entgangen ist. Wir hören nur eine Seite des Gesprächs. Der Sprecher stellt sich nirgends vor, obwohl er ganz offensichtlich ein Niemand ist; doch die Person am anderen Ende der Leitung – viel berühmter als er kann man nicht sein!

(*Band beginnt*) «Hallo, ist da Gott?... Am Apparat? Oh, gut! Es war ungeheuer schwierig durchzukommen, weißt du... Ja, immer wieder dieses Knistern in der Leitung, dann sagte mir jemand, ich wäre mit der falschen Abteilung verbunden, und... Oh ja, sehr hilfsbereit, danke, ein richtiger Eng... eine wirklich hilfsbereite Person.... Bitte?... Was du für mich tun kannst? Nun, nur ein paar Kleinigkeiten. Zunächst einmal, wäre es wohl möglich, den Widerspruch zwischen Prädestination und freiem Willen aufzulösen? Zweitens, könntest du erklären, warum ein allwissender, allmächtiger, all-liebender Gott eine Welt erschuf, die das Böse enthielt und dazu bestimmt war, in Sünde zu fallen? Drittens würde ich gerne deine Gründe hören, all das Leid zuzulassen, das Menschen seit Anbeginn der Zeit erduldet haben. Ach, und viertens, könntest du mir sagen, warum sich die Lieferung des Porsche so verzögert?... Du glaubst was, Gott?... Du glaubst, diese Fragen zu beantworten würde so lange dauern, daß ich lieber *jetzt gleich* zu dir hinaufkommen sollte, damit du anfangen kannst? Haha! Der war gut, Gott! Du wußtest, daß ich eigentlich nur Spaß gemacht habe, nicht wahr? Nicht, daß ich nicht mit dir zusammen sein möchte, du verstehst. Natürlich will ich das. Ich freue mich richtig darauf – in gewisser Hinsicht... War da was?... War da noch etwas Ernsthaftes, das ich sagen wollte? Nun, ja, da war tatsächlich etwas. Ich habe gerade die Geschichte von Gideon gelesen, und ich muß sagen, Gott, das ist einer meiner Lieblingsabschnitte in der Bibel. Wirklich inspiriert... nein, so habe ich es nicht gemeint – natürlich ist er das. In der Bibel ist ja *alles* inspiriert, Gott. Nein, ich meinte nur, daß es eine so gute Geschichte ist... Entschuldigung, ja, ein so guter historischer Bericht – genau das wollte ich sagen... Was?... ja, natürlich gibt es noch eine Menge anderer guter Stellen... Das Hohelied?? Ja, vorzüglich, eine sehr bewegende Dichtung, Gott, aber Gideon ist... ja... ja... ja, ich glaube wirklich, die Offenbarung hat diese unheimliche Dramatik eines riesigen, unerforschten Gebirges, das seine zerklüfteten Gipfel einem dräuenden, sturmwolkenverhangenen Himmel entgegenreckt. Sehr schön ausgedrückt, Gott. Du bist sehr kreativ, weißt du... oh, nicht der Rede wert, auch dir vielen Dank für – nun, für alles eigentlich. Äh, nur noch rasch zu Gideon, Gott. Sieh mal, ich möchte nicht, daß es so klingt, als ob ich mich beklagen wollte, aber... Was?... du meinst, ich klinge, als ob ich mich gleich beklagen wollte. Nun ja, wahrscheinlich ist es wohl auch so. Es ist nur, daß ich irgendwie nicht verstehe, warum du mit Gideon so geduldig warst. Ich meine, als erstes wollte er einen Beweis dafür, daß du *Gefallen* an ihm hattest (entschuldige mich, ich muß mich mal eben übergeben), und du gabst eine kleine Grillparty auf einem Felsen für ihn, damit er wußte, daß du *Gefallen* an ihm hattest. Und dann, als er seinen Beweis hatte, daß du Gefallen an ihm hattest, machte er sich in die Hosen, nicht wahr?... Nein, laß mich ausreden, Gott. Dann, als du wolltest, daß er diesen Götzen niederreißt und den Kultpfahl seines alten Herrn umhaut, tat er es mitten in der *Nacht*, Gott! Warst du sauer auf ihn? Nein! Hat sein Vater ihm einen Vortrag gehalten? Nein! Und hat der arme kleine Gideon aus all diesen Beweisen deines *Gefallens* an ihm irgendwelches Zutrauen geschöpft? Natürlich nicht. Zwei Nächte lang mußtest du für ihn auf Achse sein mit seiner Wolle und dem Gras und dem Tau und dir genau merken, was naß werden und was trocken bleiben sollte, während er die ganze Nacht wie ein Schwein schnarchte. All das nur, damit der arme, zerbrechliche kleine Bursche *absolut, definitiv, hundertprozentig sicher* sein konnte, daß du *Gefallen* an ihm hattest!... Was ich damit sagen will? Eigentlich nichts... Ob ich was bin?... Eifersüchtig? Soll das ein Witz sein? Wie könnte ich auf einen schlafmützigen, vor Angst vergehenden, undankbaren, rückgratlosen Sohn eines Götzendieners wie Gideon eifersüchtig sein? Ja, ich *bin* eifersüchtig! Natürlich bin ich eifersüchtig. Wann habe ich je soviel Beweise, Ermutigung und Zuckerwatte von dir bekommen? Antworten – niemals! Nicht einen Pfifferling. Manchmal habe ich Angst, daß du dich einfach nicht für mich interessierst – nun *sag* doch was...» (*Band endet*)

Beten Sie mit mir

Warum kommunizierst du mit uns nicht so deutlich, wie du es mit Gideon getan hast, Herr? Ja, ich *habe* den empörten Ausruf der Engel gehört, der eben durch den Himmel hallte, und natürlich haben sie recht. Manchmal kommunizierst du auch heute sehr direkt – ein- oder zweimal hast du es auch mit mir getan –, aber du weißt, wie ich das meine. *Weißt* du, wie ich das meine? Ich sage dir, wie ich das meine.

Gideon hatte eine große Aufgabe vor sich, so daß er allen Zuspruch brauchte, den er bekommen konnte, aber auch wir könnten ein wenig davon gebrauchen, Herr. Wie oft sagten wir zueinander: »Gott streckt uns seine Hand entgegen, um uns in jedem Bereich unseres Lebens Wegweisung, Liebe und Hilfe anzubieten. Wir müssen sie nur ergreifen.« Und wir alle nicken dazu wehmütig und sagen: »Ach ja, wie wahr.« Aber es ist nicht so, Herr. Was immer die Leute sagen – es ist nicht so. Viele von uns brauchen dich verzweifelt, aber sie scheinen dich nicht finden zu können.

Hier ist mein Gebet für heute, Vater. Zeige jedem von uns, was einem *echten* Kontakt mit dir im Wege steht. Sei hart. Wenn es Unreinheit oder Zorn oder Ungehorsam ist – was immer es ist, zeige es uns. Führe uns an einen Ort, an dem wir die Liebe und den Zuspruch erfahren können, die Gideon aufrecht hielten.

Danke. Amen.

Und Jerub-Baal, das ist Gideon, und alles Volk, das bei ihm war, machten sich früh auf und lagerten sich an der Quelle Harod: Das Heerlager Midians aber war nördlich von ihm, am Hügel More, im Tal. Und der Herr sprach zu Gideon: Zu zahlreich ist das Volk, das bei dir ist, als daß ich Midian in ihre Hand geben könnte. Israel soll sich nicht gegen mich rühmen können und sagen: Meine Hand hat mich gerettet! Und nun rufe doch vor den Ohren des Volkes aus: Wer furchtsam und verzagt ist, kehre um und wende sich zurück vom Gebirge Gilead! Da kehrten von dem Volk 22 000 Mann um, und 10 000 blieben übrig.

Und der Herr sprach zu Gideon: Noch immer ist das Volk zu zahlreich. Führe sie ans Wasser hinab, ich will sie dir dort läutern! Und es soll geschehen, von wem ich dir sagen werde: Dieser soll mit dir gehen! – der soll mit dir gehen.

Da führte er das Volk ans Wasser hinab. Und der Herr sprach zu Gideon: Jeden, der mit seiner Zunge vom Wasser leckt, wie ein Hund leckt, den stelle gesondert für sich; und auch jeden, der sich auf seine Knie niederläßt, um zu trinken! Und die Zahl derer, die leckten, indem sie das Wasser mit ihrer Hand an ihren Mund brachten, betrug dreihundert Mann; und der ganze Rest des Volkes hatte sich auf die Knie niedergelassen, um Wasser zu trinken.

Da sprach der Herr zu Gideon: Mit den dreihundert Mann, die geleckt haben, will ich euch retten und Midian in deine Hand geben. Das ganze übrige Volk aber solle gehen, jeder an seinen Ort. Und sie nahmen die Wegzehrung des übrigen Volkes an sich und deren Hörner. Richter 7,1–8

Gott: Gideon, ich habe nachgedacht.

Gideon: (*nervös*) Mhmmm?

Gott: Du hast doch keine Angst vor den Midianitern, oder?

Gideon: (ohne rechte Überzeugung) Nein.

Gott: Nun, wir wollen doch nicht, daß jemand auf die Idee kommt, damit anzugeben, Israel hätte sich selbst gerettet, oder?

Gideon: Nein, um Himmels wil... Nein, natürlich nicht.

Gott: Und da hatte ich eine Idee.

Gideon: (*beunruhigt*) Oh, gut. (*Pause*) Und die wäre?

Gott: Nun, ich dachte mir, wir könnten die Armee ein wenig verkleinern.

Gideon: (*nachdenklich*) Jaaa, gar keine schlechte Idee. Es könnte nicht schaden, die Alten und die Kranken loszuwerden, und vielleicht auch die ganz Jungen. Damit wären wir ein paar Hund...

Gott: Ich dachte mir, du könntest verkünden, daß jeder, der Angst hat, nicht kämpfen muß.

Gideon: Ojemine.

Gott: (*heiter*) Das müßte einiges ausmachen, oder?

Gideon: (*mit Grabesstimme*) Oh ja. Das müßte einiges ausmachen.

Gott: Gut! Dann geh und sag es ihnen.

Gideon: Hör mal, ich gehe nur schnell mein Vlies holen und...

Gott: Nein, nein. Kein Vlies mehr. Geh einfach und sag es ihnen. Ich warte hier. Okay?

Gideon: (*stumpf*) Okay. (*Gideon geht langsam ab. Gott pfeift «Kämpft den guten Kampf», während er wartet. Nach etwa einer Minute ist von draußen lauter Jubel zu hö-*

ren. Gideon kommt zurück, ein bleicher Schatten des bleichen Schattens seiner selbst, der er war, bevor er hinausging.)

Gott: Wie lief es?

Gideon: (*schwach*) Gut.

Gott: Sind viele gegangen?

Gideon: Zweiundzwanzigtausend. (*plötzlich von Panik überfallen*) Zweiundzwanzigtausend sind nach Hause gegangen, Gott! Bist du sicher, daß das eine gute Idee war? Du schlägst doch nicht ernsthaft vor, daß ich die Midianiter mit einer Armee von zehntausend Leuten angreife, oder? Das willst du doch nicht, oder? (*Pause*) Das willst du doch, oder nicht?

Gott: (*lacht*) Die Midianiter mit einer Armee von zehntausend Leuten angreifen? Natürlich nicht!

Gideon: (*lacht auch*) Na, da bin ich aber erlei...

Gott: Nein, das sind viel zu viele. (*Pause*)

Gideon: Ich hole mein Vlies...

Gott: Nein, hör zu – ich habe eine wirklich gute Idee, wie wir die Armee noch weiter verkleinern können.

Gideon: (*mürrisch*) Ach ja, und die wäre? Jeder, der sich nicht gewünscht hat, in Öl gekocht zu werden, kann nach Hause gehen? Das sollte uns auf eine sehr kleine Gruppe kompletter Idioten reduzieren.

Gott: Nein, ich habe eine wirklich interessante Idee. Führe die Zehntausend, die geblieben sind, hinunter ans Wasser und schau zu, wie sie trinken.

Gideon: Hinunter ans Wasser?

Gott: Genau!

Gideon: Und dann soll ich zuschauen, wie sie trinken?

Gott: Genau!

Gideon: Gott?

Gott: Mhmmm?

Gideon: Nach meinem letzten taktischen Triumph sprechen sich sowieso schon viele dafür aus, mich in die Klapsmühle zu stecken. Und jetzt schlägst du vor, ich soll hingehen und mich noch einmal auf diesen Hügel stellen und verkünden, alle Zehntausend sollen hinunter zum Wasser marschieren, damit ich ihnen beim Trinken zuschauen kann. Sie könnten sich fragen, warum ich das will, Gott. Ich weiß, ich werde mir gleich wünschen, ich hätte das nicht gefragt, aber – *warum sollte* ich wollen, daß sie so etwas tun?

Gott: Tja, weißt du, all diejenigen, die sich hinknien und direkt aus dem Fluß trinken, schicken wir nach Hause, klar? Und wir behalten die, die das Wasser aus der Hand lecken.

Gideon: (*mit einem Anflug von Hysterie*) Natürlich! Wieso bin ich nicht gleich darauf gekommen? Genau so müssen wir es machen! Ich gehe gleich los. (*später*)

Gott: Wie steht's?

Gideon: (*trübsinnig*) Dreihundert sind noch übrig. Zelte und Vorräte für zweiunddreißigtausend für dreihundert «handverleckte» Männer.

(*resigniert*) Immer noch zu viele, nehme ich an, oder? Hör mal, warum schicke ich sie nicht einfach *alle* nach Hause? Dann könnte ich hinuntergehen und die Sache selbst erledigen.

Gott: Nein, das wäre dann doch etwas zuviel verlangt. Aber die Idee ist interessant. Vielleicht probiere ich sie selbst einmal aus.

Gideon: Gott?

Gott: Ja?

Gideon: Ich habe Angst.

Gott: Natürlich hast du Angst! Aber ich habe da eine wirklich tolle Idee.

Gideon: O nein, nicht schon wieder.

Gott: Doch, du machst es so: Du gehst heute nacht getarnt in das Lager der Midianiter hinab, und wenn du dort bist...

Beten Sie mit mir

Vater, wenn du unser Leben einmal richtig in die Hand nimmst, dann kann die Geschwindigkeit und Energie, mit der du arbeitest, geradezu verwirrend sein. Ein- oder zweimal habe ich mich schon dabei ertappt, einen Rückzieher machen zu wollen, wenn du eine Situation, in der ich steckte, beim Schlafittchen gepackt hattest. Wir sehnen uns so sehr danach, aktiv mit und für dich zu arbeiten, aber die Wirklichkeit ist, gelinde gesagt, überwältigend. Hilf uns bitte, den Humor, die Zuneigung und die begeisterte Kreativität zu erkennen, von denen dein Umgang mit den Menschen oft gekennzeichnet ist.

Wir haben viele falsche Götter in dieser Zeit, doch wir müssen bekennen, daß einer der schlimmsten von ihnen der Gott ist, der nicht lächeln kann, niemals wirklich eingreift und uns nicht mag.

Lachst du über mich? Amen.

Ins feindliche Lager

In jener Nacht geschah es, daß Jahwe zu ihm sagte: Steh auf, geh zum Lager hinab; denn ich habe es in deine Gewalt gegeben. Wenn du dich aber davor fürchtest, hinabzusteigen, dann geh (zuerst allein) mit deinem Diener Pura ins Lager hinab, und höre, was man dort redet. Dann wirst du die Kraft bekommen, zum Lager hinabzuziehen. Gideon ging also mit seinem Diener Pura bis unmittelbar an die Krieger im Lager heran. Midian und Amalek und die Leute des Ostens waren in die Ebene eingefallen, zahlreich wie die Heuschrecken, und ihre Kamele waren zahllos wie der Sand am Ufer des Meeres.

Als Gideon ankam, erzählte gerade einer dem andern einen Traum: Ich sah, wie ein Laib Gerstenbrot ins Lager Midians rollte. Er gelangte bis zum Zelt und stieß dagegen, so daß es umfiel und umgestülpt dalag. Dann brach das Zelt zusammen.

Der andere antwortete: Das bedeutet nichts anderes als das Schwert des Israeliten Gideon, des Sohnes des Joasch. Gott hat Midian und das ganze Lager in seine Gewalt gegeben.

Als Gideon die Erzählung von dem Traum und seine Deutung hörte, warf er sich nieder und betete. Dann kehrte er ins Lager Israels zurück und rief: Auf! Der Herr hat das Lager Midians in eure Gewalt gegeben.

Richter 7,9–15

Als ich neulich in Southampton war, mußte mein Taxifahrer, ein Mann von Anfang sechzig, eine Weile halten, während sich vor einer Kreuzung die Fahrzeuge stauten. Ein jüngerer, ziemlich brutal aussehender Mann, der irgend etwas mit seinem am Straßenrand geparkten Wagen machte, winkte und rief laut lachend zu uns herüber:

«Loady, loady, loady!»

Mein Fahrer reagierte auf diesen seltsamen Zuruf, als wäre es der komischste Witz, den er je gehört hätte. Er kurbelte die Seitenscheibe hinunter, lehnte sich hinaus, begrüßte den anderen begeistert mit steif erhobenem Arm und brüllte aus vollem Hals quer über die Straße zurück:

«Loady, loady, loady!»

Beide Männer krümmten sich geradezu vor kumpelhaftem, schenkelklopfendem Gelächter, während mein Taxi wieder anfuhr, aber ich war verwirrt. Warum brüllten zwei normale Männer einander etwas wie «Loady, loady, loady» zu? Ich meine – warum? Nicht zum ersten Mal fühlte ich mich aus dieser Welt seltsam verschlüsselter Kumpelhaftigkeit ausgeschlossen. Mir kommt es vor, als hätte ich mein ganzes Leben lang gehört, wie Arbeiter obskure Erkennungsrufe austauschten und dann in hilfloses (und, soweit es mich betrifft, unerklärliches) Gelächter ausbrachen. Nie hatte ich die Verwegenheit besessen, nach der Bedeutung dieser rätselhaften Ausdrücke zu fragen. Ich fühlte mich einfach nur ausgegrenzt und wie ein beschränkter Mittelkläßler.

Während mein Taxi weiter dem Bahnhof entgegenjagte, bildete sich in meinem verwirrten Geist ein verblüffender, nie dagewesener Gedanke. Warum sollte ich nicht – wenigstens dieses eine Mal – herausfinden, wovon diese beiden Burschen geredet hatten? Nervös machte ich den Mund auf und betrat das Lager, in das ich nicht gehörte, stets zum Rückzug bereit, sobald Niederlage und Demütigung mich überfielen.

«Gerade eben», sagte ich, «als wir halten mußten, hat Ihnen der Mann auf der anderen Straßenseite etwas zugerufen.»

«Ja, das stimmt.»

«Er hat ‹Loady, loady, loady› gerufen, nicht wahr?»

«Ja, das stimmt.»

«Und Sie haben ‹Loady, loady, loady› zurückgerufen, nicht wahr?»

«Zurückgerufen – ja, ganz richtig.»

«Und dann haben Sie beide gelacht, richtig?»

«Beide gelacht, ja, richtig, ja.»

Ich räusperte mich, bevor ich die nächste, entscheidende Frage stellte, und bereitete mich innerlich auf das spöttische Erstaunen vor, mit dem er die Tatsache aufnehmen würde, daß es derartige Unwissenheit unter der Sonne gab.

«Ich habe mich gefragt – was bedeutet eigentlich ‹Loady, loady, loady›?»

«Weiß ich nicht.»

«Sie wissen es nicht?»

«Keinen blassen Dunst, Mann.»

Ein paar Sekunden lang fehlten mir die Worte. Er wußte es nicht! Er wußte es nicht! Wie konnte er es nicht wissen? War die Welt denn tatsächlich von lauter Irren bevölkert, die einander ohne den geringsten Grund «Loady, loady, loady» zuschrien und dann vor Lachen zusammenbrachen?

«Aber schauen Sie», sagte ich beinahe flehend, «nachdem er es gesagt hatte, haben Sie es auch gesagt, und dann haben Sie und er gelacht, als ob Sie beide wüßten, wovon Sie redeten, und...»

«Na ja, er verprügelt Taxifahrer, wissen Sie?»

«Er verprügelt –»

«Letzte Woche hat er einen von unseren Jungs verprügelt. Er besäuft sich, wissen Sie. Benimmt sich wie 'ne Sau, wenn er besoffen ist. Ein richtiges Miststück. Wenn so ein Kerl ‹Loady, loady, loady› sagt, dann fragt man ihn nicht, wovon er redet. Man sagt einfach auch ‹Loady, loady, loady›, oder etwa nicht?»

«Wird man ihn dafür belangen, daß er Ihren – Freund verprügelt hat?»

«Na und ob! Ich habe ihn selber angezeigt. Keiner von den anderen wollte es machen, aber ich habe gesagt, man darf solche Typen nicht einfach davonkommen lassen, also habe ich ihn angezeigt. Wenn er herausfindet, daß ich es gewesen bin, macht er sich bestimmt auf die Suche nach *mir*. Aber man muß schließlich tun, was richtig ist, oder?»

«Wieviel wird man ihm wohl aufbrummen?»

Mein Taxifahrer überlegte einen Moment, dann lächelte er grimmig.

«Hoffentlich brummen sie ihm loady, loady, loady auf...»

«Und was hat das alles damit zu tun, daß Gideon ins Lager der Midianiter kroch?» höre ich Sie fragen. Nun, ich denke, es ist einfach so: Meine komplette Mißdeutung des Loady-loady-loady-Vorfalls beruhte auf einer abstoßenden Mixtur aus Vorurteilen, Ängsten und irrigen Annahmen über etwas, das ich furchtsam und törichterweise für *die Art, wie Arbeiter eben miteinander umgehen*, hielt. Bei dieser seltenen Gelegenheit, als ich, indem ich meine Frage stellte, tatsächlich in das Lager derer eindrang, von denen ich mich immer bedroht gefühlt hatte, entdeckte ich, daß äußerst komplexe Probleme hinter ihrem Verhalten steckten. Doch am verblüffendsten war, daß die beiden Männer, die mir wie vollkommen gleichförmige Steine in einer Mauer erschienen waren, in Wirklichkeit gar nicht unterschiedlicher hätten sein können.

Es könnte nützlich sein, darüber nachzudenken, daß der Weg zur Freiheit von Angst manchmal einen Ausflug mitten ins Herz dessen beinhaltet, was uns bedrohlich erscheint. Und genau dort könnten wir wie Gideon eine neue Wahrheit entdecken, die uns mit Hoffnung erfüllt. Und wenn irgend jemand von Ihnen die Bedeutung von «Loady, loady, loady!» kennen sollte – bitte lassen Sie es mich wissen.

Beten Sie mit mir

Was hältst du von deiner schlaffen alten Gemeinde, Herr? Ich weiß, daß du sie liebst und hegst, aber du mußt doch allmählich genug haben von unserem Widerwillen, unbekannte oder bedrohliche Pfade zu beschreiten, weil wir uns vor Leuten oder Situationen fürchten, die uns fremd sind. Ich fürchte fast, wenn Jesus heute als Mensch zurückkäme, wäre er in den Gemeinden nicht viel populärer, als er es vor zweitausend Jahren war. Würde ich ihm durch die rauhen Kneipen und die Homosexuellenclubs folgen, wenn er mich dazu aufforderte? Ich weiß es nicht, Herr. Ich weiß es einfach nicht.

Wir beten um Weisheit und Mut – Weisheit, damit wir wissen, wann die Zeit gekommen ist, das Lager des Feindes zu betreten, und den Mut des Heiligen Geistes, damit wir dann auch fähig sind, es zu tun. Vergib uns unsere Furchtsamkeit, Herr. Amen.

P.S.: Ich bin nicht sicher, ob ich wirklich will, daß du dieses Gebet erhörst.

In die Schlacht

Gideon teilte die dreihundert Mann in drei Abteilungen und gab allen Männern Widderhörner und leere Krüge in die Hand; in den Krügen waren Fackeln.

Er sagte zu ihnen: Seht auf mich, und macht alles ebenso wie ich! Paßt auf: Ich gehe nun an den Rand des Lagers (der Midianiter), und das, was ich mache, müßt auch ihr machen. Wenn ich und alle, die bei mir sind, das Widderhorn blasen, dann müßt auch ihr rings um das ganze Lager eure Hörner blasen und rufen: Für den Herrn und Gideon!

Gideon und die hundert Mann, die bei ihm waren, gelangten zu Beginn der mittleren Nachtwache an den Rand des Lagers (der Midianiter); man hatte gerade die Wachen aufgestellt. Sie bliesen das Widderhorn und zerschlugen die Krüge, die sie in der Hand hatten. Nun bliesen auch die beiden anderen Abteilungen ihre Hörner, zerschlugen die Krüge, ergriffen mit der linken Hand die Fackeln, während sie in der rechten Hand die Widderhörner hielten, um zu blasen, und schrien: Das Schwert für den Herrn und Gideon! Dabei blieben sie rings um das Lager stehen, jeder an dem Platz, wo er gerade war. Im Lager liefen alle durcheinander, schrien und flohen.

Als die dreihundert Männer ihre Hörner bliesen, richtete der Herr im ganzen Lager das Schwert des einen gegen den andern. Richter 7,16–22 a

Auf der Liste der Fragen, die ich Gott stellen werde, wenn ich in den Himmel komme (Sie sollten erst einmal die Liste sehen, die er für mich hat), lautet die Nummer 31974 folgendermaßen:

«Warum besteht dein Umgang mit den Menschen aus einer so seltsamen Mischung aus übernatürlichem Erfindungsreichtum und praktischer Vernunft?»

Dieser Angriff Gideons ist ein sehr gutes Beispiel. Wie wir gesehen haben, war Gott sehr daran gelegen, daß die Israeliten sich vor lauter Stolz am Ende nicht gegenseitig auf die Schultern klopfen sollten, nachdem die Midianiter besiegt waren. Es war eine göttliche Initiative, unter Verwendung eines sehr widerwilligen Führers, der erst einmal dazu «gevliest» werden mußte, zu glauben, daß er wirklich mit Gottes Unterstützung rechnen konnte.

Doch die ganze Sache mit der Verringerung der Armee beruhte nicht auf himmlischer Eitelkeit. Als erstes wurden die «Zitterer» entfernt. Damit blieben Gideon zehntausend Mann, die entweder sehr tapfer oder sehr dumm waren. Der nächste Auslesevorgang entfernte die Dummen. Die Männer, die niederknieten und direkt aus dem Wasser tranken, waren offensichtlich weniger umsichtig und wachsam als jene, die, weil sie in aufrechter Position aus ihren Händen leckten, einen Überraschungsangriff sehen konnten und somit eine Chance hatten, ihm entgegenzutreten.

Die Streitmacht der Israeliten war auf dreihundert Mann zusammengeschmolzen, doch dies muß eine Truppe von auserlesenen Kämpfern gewesen sein. Als Gideon die Verteilung der Krüge, Fackeln und Posaunen organisierte (klingt wie ein abendlicher Straßeneinsatz der Heilsarmee, nicht wahr?), um die Ausführung dieses verblüffend einfallsreichen Schlachtplanes vorzubereiten, wußte er, daß er die Besten hatte. Nicht die meisten – aber die Besten.

Was für ein Schock muß es für die schlafenden Midianiter gewesen sein, als sie plötzlich von Geräuschen und Licht umzingelt waren, wo eben noch alles still und dunkel gewesen war. Die Moral im feindlichen Lager war ohnehin schon auf dem Tiefpunkt, wie Gideons heimlicher Lauschangriff zutage gebracht hatte. Kein Wunder, daß die feindlichen Krieger mit ihren Schwertern aufeinander losgingen, verwirrt und in Panik versetzt durch einen Angriff, der von allen Seiten und selbst aus ihrer Mitte zu kommen schien.

Gideon hatte es geschafft. Gott muß erschöpft gewesen sein.

Aus der Geschichte von Gideon lassen sich einige sehr interessante und vielleicht bedeutsame Prinzipien ableiten:

1. Es ist Gott, der die Schlachten initiiert, an denen wir beteiligt sind, nicht wir. Die Gemeinde verschwendet entsetzlich viel Zeit mit selbstgeschmiedeten Plänen.
2. Gott sucht für die großen Aufgaben schwache und furchtsame Leute aus. Das können wir ermutigend oder erschrekkend finden – oder beides.
3. Die Anerkennung gebührt Gott, nicht der anglikanischen Kirche, nicht der Evangelischen Allianz, nicht Gideon, nicht Adrian Plass. Gott siebt Leute und Institutionen durch, bis sie als die reinste, schlichteste Einheit erscheinen, die geeignet ist, einen göttlichen Auftrag auszuführen.
4. Gott denkt viel praktischer als wir. Die Art und Weise, wie er uns vorbereitet, mag uns bisweilen merkwürdig erscheinen, doch das Ergebnis wird eines sein, das in der wirklichen Welt *funktioniert.* Die meisten Wunder ereignen sich in dem Prozeß, der uns zu dem Glauben führt, daß Gott dasein wird, wenn wir ihn am meisten brauchen.
5. Die Schlacht wird gewonnen werden.

Faßt Mut, meine Mit-Furchtsamen. Wenn Gideon es geschafft hat, können wir es auch – nicht wahr?

Beten Sie mit mir

Vater, wir möchten gern auf die Lektionen antworten, die du uns durch diese außergewöhnliche Geschichte gelehrt hast.

Zeig uns, was du tun willst, und wir wollen uns anschließen. Laß nicht zu, daß wir uns in seltsame und wunderbare Pläne versteigen, die nicht deiner Absicht entsprechen.

Du suchst dir schwache und furchtsame Leute aus, um deine Pläne auszuführen. He – das sind ja genau unsere Qualifikationen!

Gib uns die Geduld, das Training und «Durchsieben» zu akzeptieren, durch das du uns auf die Aufgabe vorbereitest. Erinnere uns daran, daß die Ehre dir gebührt.

Danke für die kraftvolle Mischung aus Übernatürlichem und Praktischem, durch die sich dein Vorgehen von dem der Welt unterscheidet.

Wir wissen, daß der Krieg bereits gewonnen ist, Herr, aber bitte gib uns einen Platz in der letzten Schlacht. Wir möchten bei dir sein, wenn du siegst. Amen.

Die Jünger: Ein wilder Haufen

Zauberei oder Barmherzigkeit?

Als sie zurückkamen, begegneten sie einer großen Zahl von Menschen. Da trat ein Mann auf ihn zu, fiel vor ihm auf die Knie und sagte: Herr, hab Erbarmen mit meinem Sohn! Er ist mondsüchtig und hat schwer zu leiden. Immer wieder fällt er ins Feuer oder ins Wasser. Ich habe ihn schon zu deinen Jüngern gebracht, aber sie konnten ihn nicht heilen. Da sagte Jesus:

O du ungläubige und unbelehrbare Generation! Wie lange muß ich noch bei euch sein? Wie lange muß ich euch noch ertragen? Bringt ihn her zu mir! Dann drohte Jesus dem Dämon. Der Dämon verließ den Jungen, und der Junge war von diesem Augenblick an geheilt.

Matthäus 17,14–18

Ich frage mich, ob es die Leidenschaft dieses verzweifelten Vaters war, die den Jüngern den Wind aus den Segeln nahm. Ich wette, sie schwärmten herum wie Power-Evangelisten. Sehen Sie sie auch vor sich, wie sie hier einen Dämon austreiben, dort eine chronische Krankheit heilen – freigebig mit Wundern um sich werfen wie gottgesandte Wohltäter? Was mußte das für eine Erfahrung sein, die Macht und Autorität zu besitzen, Menschenleben so schlagartig und wirksam zu verändern. Eine Zeitlang muß es ihnen ganz leicht gefallen sein. Jeder Schuß ein Treffer. Vielleicht haben sie sich von diesem «David Copperfield»-Aspekt ihres Dienstes ein wenig zu sehr hinreißen lassen.

Dann kommt plötzlich dieser verzweifelte Vater daher, voll drängenden Leides und unbeeindruckt von der Macht, die irgend jemand haben mag, es sei denn, sie könnte seinem geliebten Sohn helfen. Ob wohl die ungezügelte Not dieses Bittstellers die Grundfesten des Glaubens der Jünger erschütterte, die zu der Zeit gelegt worden waren, als sie mit ihrem Meister unterwegs waren und von ihm lernten?

Und wenn es nun diesmal nicht klappte?

Wenn es nun mit dem Jungen schlimmer wurde statt besser?

Wie sollte dieser Mann damit fertig werden, wenn seine letzten Hoffnungen zerstört würden?

Was würde das «Publikum» dazu sagen, wenn die großen Heiler versagten?

Das alles ist vielleicht Spekulation, aber dieses besondere Szenario hat sich, mit kulturbedingten Variationen, immer wieder aufs neue wiederholt in den zweitausend Jahren, seitdem die Jünger Jesu die Sache zum ersten Mal vermasselten. Dienst ohne Barmherzigkeit ist auch heute noch an der Tagesordnung und wird auch heute mit ebenso großer Wahrscheinlichkeit angesichts unaussprechlicher Not scheitern. Viele Leute, die von ihrem sicheren Platz auf der Bühne mit völliger Gewißheit zu einer Menge sprechen, sind total hilflos, wenn sie plötzlich jenen lästigen Leuten gegenüberstehen, die geglaubt haben, was man ihnen sagte, und nun schlicht und einfach die praktische Hilfe einfordern, die man ihnen so kühn gepredigt hat. Ich bin ganz sicher, daß meine Arbeit manches Mal durch meine Feigheit in ihrer Wirkung verwässert wurde, wenn es darum ging, jemandem, der meine Worte ernst genommen hat, an Ort und Stelle Gebet und Hilfe anzubieten.

Ich werde rot, noch während ich dies schreibe.

Beten Sie mit mir

Vater, ich sehe in christlichen Diensten soviel Versagen, über das wir kaum jemals sprechen. Macht es dich sehr traurig oder sehr ängstlich oder beides, wenn Leute, wie auch ich, ihren Mut verlieren, oder wenn sie versuchen, die Macht des Heiligen Geistes nachzuäffen, um religiöse Zaubertricks vorzuführen? Immer dieser eigenartige Tonfall, die seltsamen Gesten und Ausdrücke und dazu die Ausreden und vernunftgemäßen Erklärungen, wenn es «nicht funktioniert» – wie sollen wir mit alledem umgehen, Herr?

Wohne in uns mit deiner wahren Anteilnahme, Jesus. Mach uns in deinem Namen freimütig und ehrlich. Laß deine Barmherzigkeit durch unsere Hände und durch unser Leben fließen. Keine Spielchen mehr, ja? Keine Spielchen mehr, durch die wir leidende Menschen im Stich lassen. Wir treten zur Seite, Herr. Amen.

Glaube wirkt, nicht Werke

Als die Jünger mit Jesus allein waren, wandten sie sich an ihn und fragten: Warum konnten denn wir den Dämon nicht austreiben?

Er antwortete: Weil euer Glaube so klein ist. Amen, das sage ich euch: Wenn euer Glaube auch nur so groß ist wie ein Senfkorn, dann werdet ihr zu diesem Berg sagen: Rück von hier nach dort!, und er wird wegrükken. Nichts wird euch unmöglich sein.

Matthäus 17,19–21

Glaubten die Jünger etwa, Jesus würde sie auf irgendeinen kleinen Fehler in ihrer Heiltechnik aufmerksam machen – irgend etwas, das sie beim nächsten Mal ändern könnten? Warum klammern wir uns so sehr an den Glauben, daß Gott anfangen wird zu wirken, wenn wir uns in irgendeiner Weise ändern?

Rühren die folgenden Worte eine Saite bei Ihnen an?

Wenn ich dieses Haus erst einmal richtig saubergemacht habe, glaube ich ehrlich, wird es bergauf gehen.
Wenn ich erst einmal jedes einzelne Möbelstück hervorgezogen und mit einem Scheuertuch und einem starken Putzmittel bearbeitet habe,
dann werde ich, glaube ich, auch den Rest meines Lebens in den Griff bekommen.

Wenn ich erst einmal alles auf getrennte Haufen geschichtet habe, von denen jeder nur ein und dasselbe Ding enthält (wenn du weißt, was ich meine),
dann werde ich zurechtkommen.
Wenn ich erst einmal eine Liste geschrieben habe, auf der absolut alles steht,
wird mir, glaube ich, die ganze Sache viel klarer werden.
Wenn ich erst einmal Zeit finde, mich langsam von einem Punkt zum nächsten durchzuarbeiten,
dann wird sich bestimmt alles ändern.
Wenn ich mich erst einmal mehr als anderthalb Wochen lang vernünftig ernährt habe,
wenn ich mir erst einmal über die Dinge klar geworden bin, die meine Schuld sind,
wenn ich mir erst einmal über die Dinge klar geworden bin, die nicht meine Schuld sind,
wenn ich erst einmal mehr Zeit damit verbracht habe, nützliche Bücher zu lesen,
mit Leuten zusammenzusein, die ich mag,
an Töpferkursen teilzunehmen,
an die frische Luft zu gehen,
Brot zu backen,
weniger zu trinken,
mehr zu trinken,
ins Theater zu gehen,
ein Kind aus der Dritten Welt zu adoptieren,
Eier von freilaufenden Hühnern zu essen und lange Briefe zu schreiben,
wenn ich erst einmal jedes einzelne Möbelstück *ganz hervorgezogen*
und dieses Haus richtig saubergemacht habe,
wenn ich erst einmal jemand anderes geworden bin ...
dann, glaube ich wirklich, wird es bergauf gehen.

Beten Sie mit mir

Ich nehme an, es ist eigentlich eine gute Sache, Vater, daß nicht allzu viele von uns tatsächlich einen Glauben *haben*, der so groß ist wie ein Senfkorn. Kannst du dir vorstellen, wie all die riesigen Naturgebilde der Welt wild hin und her rutschen, weil verantwortungslose Christen ihren Glauben ausüben, als spielten sie ein kosmisches Computerspiel? Oder vielleicht ist der Glaube immer automatisch mit Reife verbunden – nein, vielleicht doch nicht...

Aber ernsthaft, Herr, wenn wir akzeptiert haben, daß wir niemals vollkommen genug sein werden, um alles allein zu schaffen, woher kommt dann dieser erstaunliche Glaube, von dem du sprichst? Wir erleben es heutzutage nicht oft, daß Leute Berge versetzen (nicht einmal kleine Steine). Wenn dieser Glaube ein Geschenk von dir ist, und ich glaube, daß es das ist, was die Bibel sagt, dann möchten wir es gerne haben, bitte. Wenn er daher kommt, daß wir deine Stimme deutlich hören, dann öffne uns die Ohren. Wenn wir erst noch ein wenig erwachsener werden müssen, bevor uns eine so mächtige Geheimwaffe anvertraut werden kann, dann zeig uns Wege zur Reife. Gib uns Glauben, und wenn er nur ein Fünfzigstel so groß ist wie ein Senfkorn. Amen.

Sünde, Weizen und Errettung

Simon, Simon, der Satan hat verlangt, daß er euch wie Weizen sieben darf. Ich aber habe für dich gebetet, daß dein Glaube nicht erlischt. Und wenn du dich wieder bekehrt hast, dann stärke deine Brüder.

Darauf sagte Petrus zu ihm: Herr, ich bin bereit, mit dir sogar ins Gefängnis und in den Tod zu gehen.

Jesus erwiderte: Ich sage dir, Petrus, ehe heute der Hahn kräht, wirst du dreimal leugnen, mich zu kennen.

Lukas 22,31–34

Jesus muß eine unvorstellbare Liebe zu diesem wilden, starken, schwachen Kind von einem Jünger gehabt haben. In der Zeit vor Pfingsten war Petrus immer noch sehr seiner eigenen komplexen Persönlichkeit ausgeliefert. Vermutlich wäre er in der Lage gewesen, vollkommen zu scheitern. Wir können nur Vermutungen anstellen, aber vielleicht gaben die Gebete seines Meisters den Ausschlag, als er entscheiden mußte, ob er nach seinen Verleugnungen und der Kreuzigung bei den Jüngern bleiben oder vor seinen dunklen Erinnerungen irgendwohin fliehen sollte. Was für eine Tragödie wäre es gewesen, wenn er den letzteren Weg eingeschlagen hätte und nicht bei den anderen gewesen wäre, als Jesus nach seiner Auferstehung zum zweiten Mal erschien. Zweifellos hat Satan Simon Petrus versucht, doch die Liebe und die Gebete Jesu überwanden die Macht des Bösen und das Chaos in diesem Menschenleben.

Ich begegne einer Menge Menschen, die sich vor dem Ergebnis dieses Siebens fürchten. Es ruft eine sehr unangenehme

Vorstellung wach – wie der Teufel mit einem höhnischen Grinsen verächtlich in dem Abfall unseres Lebens herumstochert und hin und wieder etwas hervorzieht, das wir vielleicht für wertvoll hielten, und es dann emporhält, damit die höllischen Horden sich darüber lustig machen können. Petrus hatte wirklich geglaubt, er würde bis zum bitteren Ende hinter seinem Meister stehen. Als aber klar wurde, daß diese Unterstützung nur zu den Bedingungen Jesu zu erreichen war, hatte er nicht einmal mehr den Mut, zuzugeben, daß er den Mann mit den traurigen Augen, der der Sohn Gottes war, kannte.

Und das ist, wenn wir ehrlich sind, genau das, wovor viele von uns sich am meisten fürchten. Wir begehen vielleicht keine riesigen, scharlachroten Sünden, aber unsere Fähigkeit, bis zum Bodensatz unserer fehlerhaften Persönlichkeit zu sinken, ist uns nur zu schmerzlich bewußt. Schließlich fühlen wir uns vielleicht zu verhärmt und schäbig, gewöhnlich und trivial in unseren langweiligen kleinen Übertretungen, als daß wir auch nur daran denken könnten, den Kontakt zu Gott zu suchen. Es ist sehr schwierig, sich von diesem niederschmetternden Gefühl des Versagens zu erholen.

> Ich habe gestern abend wieder zuviel getrunken.
>
> Ich sagte, ich würde für jemanden beten, tat es dann nicht und sagte hinterher, ich hätte es doch getan.
>
> Ich habe eine Auseinandersetzung mit meinem Mann durch Mogeln für mich entschieden.
>
> Ich habe zuviel Zeit in der Bibelstunde damit verbracht, von dem Mädchen gegenüber zu träumen.

Ich habe immer noch meine Liste von vorgestern mit den Dingen, die bis gestern hätten erledigt sein müssen, und ich habe nichts davon getan, und nun muß ich die heutige Liste von Dingen hinzufügen, die bis morgen erledigt werden müssen, und ich habe keine Zeit, irgend etwas davon zu tun; also wird die Liste länger und länger und länger werden, je weiter mein Leben fortschreitet, und schließlich wird in meinem Haus für nichts mehr Platz sein außer für meine Liste...

Solche öden Alltäglichkeiten.

Lassen Sie uns positiv sein. Die Bibel ist ein sehr dramatisches Buch, aber sie handelt von ganz gewöhnlichen Leuten. Als Jesus Leute wie Petrus zu sich nahm, wußte er, daß er kein Team von Superhelden unter seiner Führung hatte. Er wußte, daß der Prozeß, sie zu lehren und auszubilden und auf das Kommen des Heiligen Geistes nach seinem Tod vorzubereiten, ein zähes, mühseliges Geschäft sein würde. Wir Christen leben nicht in einem Bibelmonumentalfilm. Wir haben mit der Wirklichkeit zu kämpfen, und Gott weiß das.

Jesus liebte Petrus, mit all seinen Schwächen. Genauso liebt er auch uns.

Jesus betete für Petrus, daß er den Prozeß des Gesiebtwerdens überleben würde. Er betet im Himmel genau in diesem Augenblick für uns und beschwört seinen Vater leidenschaftlich, auf seinen Tod am Kreuz zu schauen und nicht auf unsere gewöhnlichen oder ungewöhnlichen Sünden.

Beten Sie mit mir

Manchmal kommt mir alles so *gewöhnlich* vor, Jesus. Ich habe nicht den Eindruck, als ob ich mit meinen mageren kleinen Sünden und halbgaren Tugenden jemals in ein Buch wie die Offenbarung passen würde. Oft komme ich mir so erbärmlich vor, und ich glaube, der Teufel wäre nur gelangweilt, wenn er mich durchsieben würde. Findest du wirklich, daß es sich lohnt, zu deinem Vater für mich zu beten? Das ist in diesem Augenblick sehr ermutigend für mich, und ich möchte dir dafür danken, daß du auf meiner Seite stehst. Es bewegt mich tief, wenn ich mir vorstelle, wie du um meinetwillen ringst. Danke, Jesus. Amen.

Da sagte Jesus zu ihnen: Ihr alle werdet in dieser Nacht an mir Anstoß nehmen und zu Fall kommen; denn in der Schrift steht:

Ich werde den Hirten erschlagen,
dann werden sich die Schafe der Herde
zerstreuen.

Aber nach meiner Auferstehung werde ich euch nach Galiläa vorausgehen. Petrus erwiderte ihm: Und wenn alle an dir Anstoß nehmen – ich niemals!

Jesus entgegnete ihm: Amen, ich sage dir: In dieser Nacht, noch ehe der Hahn kräht, wirst du mich dreimal verleugnen.

Da sagte Petrus zu ihm: Und wenn ich mit dir sterben müßte – ich werde dich nie verleugnen. Das gleiche sagten auch alle anderen Jünger.

Matthäus 26,31–35

Wir neigen dazu, den guten alten Petrus etwas herablassend zu behandeln, nicht wahr? Oft wird er als eine Persönlichkeit dargestellt, mit der wir uns identifizieren können, als eine Art begriffsstutziger, aber liebenswerter Teddybär-Typ voller Schwächen wie wir. In Wirklichkeit war er ein ganzes Stück mutiger, als die meisten von uns es gewesen wären. Als er sagte, er sei bereit, mit seinem Meister zu sterben, meinte er das ganz ehrlich, und als die Soldaten in den Garten kamen, um Jesus zu holen, bewies er es, indem er sein Schwert zog und auf den nächsten menschlichen Gegner losstürmte.

An vielen südafrikanischen Häusern hängt außen ein Schild an der Wand mit der Aufschrift: *Sofortige bewaffnete Abwehr*. Bei meinem ersten Besuch in Johannesburg fragte ich, was diese aggressive Botschaft zu bedeuten habe. Man sagte mir, wegen der immer häufigeren Fälle von Einbruch und Gewalt gebe es eine wachsende Anzahl von Firmen, die sich auf den Schutz von Häusern spezialisiert haben. Bewaffnete Panzerwagen seien ständig auf Patrouille und bereit, jederzeit auf Notrufe von Kunden zu reagieren. (Eine etwas beunruhigende Zusatzinformation besagte, manche dieser Firmen seien sich nicht zu schade, kleine Jungen loszuschicken, damit sie Steine in die Fenster warfen, um das Geschäft anzukurbeln!)

Petrus war ehrlich bereit, auf seine Weise eine sofortige bewaffnete Abwehr zu leisten, weil er ganz bestimmt kein Feigling im weltlichen Sinn war. Doch (und dies ist etwas, womit sich die meisten von uns identifizieren können) er wollte sich den Kontext, in dem er dienen wollte, selbst aussuchen. Nachdem Jesus nicht nur die Option der Gewalt ausgeschlossen, sondern sogar den ersten und einzigen feindlichen Verletzten *geheilt* hatte, war Petrus nicht bereit oder in der Lage, sich von seiner persönlichen Einstellung des gewaltsamen Widerstandes auf den verwirrenden Umstand der freiwilligen Gefangenschaft umzustellen. Es war, als hätte einer dieser südafrikanischen Hausbesitzer angesichts eines Einbruchs jede Hilfe der Sicherheitsfirma rundheraus abgelehnt und darauf bestanden, den Einbrechern seinen gesamten Besitz auszuhändigen.

Warum in aller Welt, muß Petrus in diesem Moment fieberhaft gerätselt haben, pfiff Jesus nicht die zwölf Legionen Engel herbei, die ihm doch jederzeit zur Verfügung standen?

Petrus hielt in diesem Stadium noch nichts davon, ein Narr um Christi willen zu sein.

Es ist so leicht, Gott und anderen Leuten alles mögliche zu versprechen und dann anzunehmen, daß es uns erlaubt sein wird, diese Versprechungen mit unseren eigenen Stärken und Methoden zu erfüllen. Aber so einfach ist es nie gewesen. Gott wählt die Waffen und die Wege, während wir widerwillig dem bedingungslosen Gehorsam entgegenstolpern.

Eines der erschreckendsten Dinge an der Nachfolge Jesu ist seine Forderung, daß wir die Verantwortung dafür aufgeben, wie wir ihm helfen werden. Manche Leute, die sehr stark sind, werden sich äußerst schwach fühlen. Das ist hart, nicht wahr?

Beten Sie mit mir

Herr, manchmal bin ich davongelaufen. Hilf mir, den Mund darüber zu halten, was ich für dich tun werde, bis ich weiß, wovon ich rede. Ich weiß, was ich glaube tun zu können, aber ich möchte in der Lage sein, meine eigene Vorgehensweise zugunsten der deinen aufzugeben, und das fällt mir nicht leicht.

Vielleicht tue ich im Moment sogar mehr, als du von mir möchtest. Bitte hindere mich daran. Ich verschwende meine Zeit.

Vielleicht habe ich irgendein Talent, das auf einen ganz klaren Weg für die Zukunft hinzudeuten scheint, so daß ich etwas anderes gar nicht mehr in Betracht ziehe. Halte mich auf, wenn ich mit Scheuklappen herumlaufe, Herr. Ich verschwende meine Zeit.

Vielleicht habe ich mich so darin vertieft, alle möglichen Dinge für dich zu planen, daß ich dich gar nicht mehr frage, ob wir noch auf derselben Straße unterwegs sind. Bremse mich, Herr. Ich verschwende meine Zeit.

Vielleicht weiß ich schon länger, als ich zugeben will, daß die Zeit gekommen ist, die Wahrheit zu sagen. Hilf mir, keine Zeit mehr zu verschwenden, Herr. Amen.

Gut genug?

Petrus aber saß draußen im Hof. Da trat eine Magd zu ihm und sagte: Auch du warst mit diesem Jesus aus Galiläa zusammen.

Doch er leugnete es vor allen Leuten und sagte: Ich weiß nicht, wovon du redest.

Und als er zum Tor hinausgehen wollte, sah ihn eine andere Magd und sagte zu denen, die dort standen: Der war mit Jesus aus Nazaret zusammen.

Wieder leugnete er und schwor: Ich kenne den Menschen nicht.

Kurz darauf kamen die Leute, die dort standen, zu Petrus und sagten: Wirklich, auch du gehörst zu ihnen, deine Mundart verrät dich.

Da fing er an, sich zu verfluchen und schwor: Ich kenne den Menschen nicht.

Gleich darauf krähte ein Hahn, und Petrus erinnerte sich an das, was Jesus gesagt hatte: Ehe der Hahn kräht, wirst du mich dreimal verleugnen. Und er ging hinaus und weinte bitterlich. Matthäus 26,69–75

Ich habe gerade ein wenig geweint, als ich diesen Abschnitt zum zigsten Mal las. Es gab zwei Gründe für die Tränen.

Erstens wurde mir plötzlich lähmend bewußt, wie oft ich schon Jesus verleugnet habe, seit ich vor achtundzwanzig Jahren auf die Geschichte von dem Dieb am Kreuz reagierte. Auf meine eigene Art habe ich von Vorhöfen aus zugeschaut, mich in Hauseingänge zurückgezogen und heftig darauf bestanden, nichts mit alledem zu tun zu haben. Das ist nicht überraschend, da ich ein sehr fehlerhaftes menschliches Wesen bin, und das führt mich zu dem zweiten Grund für meine Tränen.

Ich weiß jetzt, daß ich Gott nichts zu bieten habe außer mir selbst und daß er dieses Selbst freudig und lächelnd willkommen heißt, aber das Kind in mir wünschte sich so sehr, *gut genug* zu sein. Es fällt mir entsetzlich schwer, zu akzeptieren, daß Gott mich in dem vollen Bewußtsein, daß ich ihn hier und da im Stich lassen und verraten würde, zu sich rief. Wie schwer ist es doch für uns stolze Menschen, bis in eine solche Tiefe *erkannt* zu sein – zu spüren, wie all unsere menschlichen Abwehrtaktiken und Tricks allmählich von uns abgezogen werden, und die nackte Armut zu sehen, die unser wirklicher Zustand ist. Wir trauern unserer fadenscheinigen menschlichen Würde nach, noch während wir darum flehen, daß sie von uns genommen wird.

Durch zweitausend Jahre getrennt und doch im Grunde Brüder gehen Petrus und ich und mit uns viele andere hinaus, um gemeinsam bitterlich zu weinen, weil wir unseren Meister im Stich lassen und weil er schon immer wußte, daß wir das tun würden.

Kommen Sie und begegnen Sie Jesus

Sie stehen allein vor der Tür einer riesigen, dunklen, alten Kirche, irgendwo im tiefsten East Anglia. Es ist der Abend eines Wochentages im Spätherbst. Die Dämmerung ist hereingebrochen, und es erscheint höchst unwahrscheinlich, daß die Kirche in einer so verlassenen Gegend unverschlossen und verwundbar geblieben sein sollte. Doch ein kalter Novemberwind pfeift über den schlecht gepflegten Friedhof hinweg, so daß Sie beschließen, es dennoch zu versuchen. Zu Ihrer Überraschung sind sowohl die Außen- als auch die Innentüren unverschlossen. Sie sind also in der Lage, ohne Schwierigkeiten, wenn auch mit einiger Scheu, ins Innere des Gebäudes zu treten, danach schließen Sie die schweren Türen sorgsam hinter sich. Sie sind ein wenig besorgt, ob vielleicht hier drinnen jemand mit etwas Wichtigem *beschäftigt* ist. Vielleicht fühlt man sich durch Ihr Eindringen gestört.

Es ist tatsächlich jemand da. Hinter dem Altargeländer, weit weg am anderen Ende der Kirche, beleuchtet von einer großen Kerze an jeder Seite, steht Ihnen ein Mann gegenüber und wartet schweigend. Irgendwie wissen Sie, daß es Jesus ist und daß er Ihnen mit eigenen Händen das Abendmahl geben möchte. Fast erliegen Sie der Versuchung zu fliehen. Es wäre so leicht, die eisenbeschlagene Eichentür aufzuziehen und durch das Portal hinaus in die kalte Nacht zu rennen. Doch statt dessen gehen Sie mit gesenktem Kopf auf den Altar zu, zu ängstlich, seinem beständigem Blick zu begegnen. Sie knien am Geländer nieder und warten, den Blick immer noch zu Boden gesenkt. Einen Augenblick später bemerken Sie, daß auch er sich niedergekniet hat. Seine Hand hebt sanft Ihr Kinn, bis Sie nicht anders können, als ihm direkt in die Augen zu blicken. Er spricht leise zu Ihnen.

Was sagt er?

Genauso bin ich …

Am Abend dieses ersten Tages der Woche, als die Jünger aus Furcht vor den Juden die Türen verschlossen hatten, kam Jesus, trat in ihre Mitte und sagte zu ihnen: Friede sei mit euch! Nach diesen Worten zeigte er ihnen seine Hände und seine Seite. Da freuten sich die Jünger, daß sie den Herrn sahen.

Jesus sagte noch einmal zu ihnen: Friede sei mit euch! Wie mich der Vater gesandt hat, so sende ich euch. Nachdem er das gesagt hatte, hauchte er sie an und sprach zu ihnen: Empfangt den Heiligen Geist! Wem ihr die Sünden vergebt, dem sind sie vergeben; wem ihr die Vergebung verweigert, dem ist sie verweigert.

Thomas, genannt Didymus (Zwilling), einer der Zwölf, war nicht bei ihnen, als Jesus kam. Die anderen Jünger sagten zu ihm: Wir haben den Herrn gesehen.

Er entgegnete ihnen: Wenn ich nicht die Male der Nägel an seinen Händen sehe und wenn ich meinen Finger nicht in die Male der Nägel und meine Hand nicht in seine Seite lege, glaube ich nicht.

Johannes 20,19–25

Ich hatte schon immer eine Schwäche für den guten alten Thomas, aber es erscheint sinnvoll, anzunehmen, daß er *eigentlich* bei den anderen in diesem verschlossenen Haus hätte sein sollen. Er war einer der ersten Anhänger Jesu – natürlich hätte er dabei sein sollen, als dieser von Freude erfüllten, staunenden Gruppe von Jüngern der Geist eingehaucht und die Macht über geistliches Leben und geistlichen Tod in die Hände gelegt wurde.

Warum war er nicht dort? Wir wissen es nicht genau, aber wir können aus dem wenigen, das wir über Thomas wissen, erraten, daß seine Abwesenheit möglicherweise mit einer für ihn typischen negativen Einstellung dazu zusammenhing, sich (bei dieser Gelegenheit) zu versammeln.

Ehrlich, aber starrköpfig, scheiterte er. Er war nicht da, als Jesus kam. Er dachte, er wüßte *Bescheid*, aber er wußte nichts.

Wie seltsam wäre es für Thomas, zweitausend Jahre nach den hier geschilderten Ereignissen auf die Erde zurückzukehren und festzustellen, daß sein Name für immer mit dem Begriff des «Zweifels» verbunden ist. Ich hoffe, mir passiert so etwas nicht. Können Sie sich das Getratsche in zweitausend Jahren in den Gemeinden vorstellen?

«Eigentlich kein schlechter Kerl – hat etwas von einem reizbaren Adrian, wenn Sie wissen, was ich meine.»

Beten Sie mit mir

Es macht uns sehr nervös, uns von dem zu lösen, was wir sind, nicht wahr, Vater? Warum lassen wir uns von diesen dominanten Persönlichkeitszügen an der Nase herumführen? Wie interessant wäre es, zu sehen, wie sich unser Leben verändern würde, wenn wir nicht automatisch zweifeln oder ärgerlich werden oder nach Problemen suchen oder auf Abwehr gehen oder uns in Witze flüchten würden, oder was immer unsere jeweilige Spezialität sein mag. Ich glaube, Vater, der schnellste Weg, um herauszufinden, was meine gewohnheitsmäßigen Reaktionen sind, wäre, meine Familie zu fragen, aber ich habe das unangenehme Gefühl, daß sie es mir sagen würden. Ich glaube, ich weiß sowieso Bescheid! Herr, ich möchte nicht durch diese albernen Dinge gelähmt werden. Hilf mir, genug Mut zu finden, um sie einfach versuchsweise einmal wegzulassen. Amen.

Acht Tage darauf waren seine Jünger wieder versammelt, und Thomas war dabei. Die Türen waren verschlossen. Da kam Jesus, trat in ihre Mitte und sagte: Friede sei mit euch! Dann sagte er zu Thomas: Streck deinen Finger aus – hier sind meine Hände! Streck deine Hand aus und leg sie in meine Seite, und sei nicht ungläubig, sondern gläubig!

Thomas antwortete ihm: Mein Herr und mein Gott!

Jesus sagte zu ihm: Weil du mich gesehen hast, glaubst du. Selig sind, die nicht sehen und doch glauben.

Johannes 20,26–29

Seien Sie mir nicht böse, aber ich spüre einen Anfall von Symbolismus kommen (es wird meist schlimmer, wenn das Wetter wechselt). Schuld daran sind zwei Sätze in diesem Abschnitt.

«Die Türen waren verschlossen. Da kam Jesus, trat in ihre Mitte und sagte: Friede sei mit euch!»

War es nicht nett von Jesus, seinem zweifelnden Jünger eine zweite Chance zu geben, trotz der Tatsache, daß Thomas seine inneren Türen des Vertrauens verschlossen hatte? Und ich glaube wirklich, daß dieses Prinzip auch heute gültig ist, obwohl mir scheint, daß wir nicht genug Übung darin haben, unser Leben davon beeinflussen zu lassen.

Denken Sie einen Augenblick über folgendes nach.

An früherer Stelle im Johannesevangelium hören wir Jesus zu seinen bekümmerten Freunden sagen, es werde *besser* für sie sein, wenn er geht, denn dann könne der Heilige Geist kommen. Besser? Macht er Witze? Wovon in aller Welt redet er? Was könnte denn besser sein, als Jesus selbst leibhaftig bei uns zu haben, damit er uns leitet, berät und korrigiert und genau sagt, was wir tun sollen? Nun, so albern das klingen mag, das ist es, was der Meister gesagt hat, und darum ist das eine Tatsache. Aber wie sollen wir, wenn wir ganz am Boden der Talsohle stehen, die Wahrheit dieser verblüffenden Behauptung begreifen, der Heilige Geist sei bei uns ebenso lebendig gegenwärtig, wie Jesus es bei den Jüngern war?

Ich bin kein Experte für solche Fragen, aber ich habe eine Anregung für meine Brüder und Schwestern in der Möchtegern-Jüngerschaft. Ich weiß, wie wir uns manchmal furchtsam hinter verschlossenen Türen verkriechen, überzeugt davon, daß wir doch nur wieder etwas falsch machen, wenn wir uns ein weiteres Mal öffnen, darum habe es einfach keinen Sinn. Aber wir sollten nicht denken, wir könnten Gott nur draußen in der gefährlichen Welt finden. Darf ich behutsam andeuten, daß gerade in der Mitte jenes verschlossenen Raumes in uns der Geist Jesu plötzlich erscheinen könnte, wie er vor zweitausend Jahren Thomas und den anderen Jüngern erschien, und sagen könnte: «Friede sei mit euch!»

Jesus ist sehr freundlich. Halten wir inne und hören wir auf ihn.

Beten Sie mit mir

Vater, wir kommen jetzt, um zu deinen Füßen zu sitzen, ein verwahrloster, wilder Haufen von Männern, Frauen und Kindern, die nicht anders können, als sich selbst als ziemlich armselige Jünger zu sehen, nicht nur in den Augen der Welt, sondern auch in deinen Augen...

Warum lächelst du, Vater?

Wir schaffen es einfach nicht, weißt du. Wir schaffen es nicht, die strahlende Truppe lichterfüllter Geister zu sein, die wir für dich sein wollten. Kleine Dinge haben manche von uns zustande gebracht, kleine Erfolge – halbe Erfolge, hier und da ein Versuch, oder auch gar nichts...

Warum lächelst du uns so an, Vater?

Wir haben uns gefragt, ob es nicht etwas gibt, das wir gemeinsam als Gruppe tun könnten statt allein. Allein sind wir ein wenig ängstlich. Wenn wir alles, was wir haben, zusammenlegen, kommt vielleicht etwas einigermaßen Wertvolles dabei heraus, oder? Schlechter als bisher können wir es nicht machen...

Warum streckst du uns deine Arme entgegen, Vater?

Es tut uns wirklich leid, daß wir so nutzlos waren. Wir sind uns alle einig, daß wir eigentlich gar nicht das Zeug zum Christsein haben...

Warum lächelst und weinst du gleichzeitig, Vater?

Fragen

Verloren in der Menge?

Eines Tages kamen seine Mutter und seine Brüder zu ihm; sie konnten aber wegen der vielen Leute nicht zu ihm gelangen. Da sagte man ihm: Deine Mutter und deine Brüder stehen draußen und möchten dich sehen.

Er erwiderte: Meine Mutter und meine Brüder sind die, die das Wort Gottes hören und danach handeln.

Bei dem Kreuz Jesus standen seine Mutter und die Schwester seiner Mutter, Maria, die Frau des Klopas, und Maria von Magdala. Als Jesus seine Mutter sah und bei ihr den Jünger, den er liebte, sagte er zu seiner Mutter: Frau, siehe, dein Sohn! Dann sagte er zu dem Jünger: Siehe, deine Mutter! Und von jener Stunde an nahm sie der Jünger zu sich.

Lukas 8,19–21 und Johannes 19,25–27

G.K. Chesterton sagte, ein Paradoxon könne man als «die Wahrheit auf dem Kopf stehend» definieren. Das scheint mir besonders auf Jesus anwendbar zu sein, der gekommen ist, um die Welt auf den Kopf zu stellen. Ich habe seine – scheinbaren – Widersprüche immer äußerst interessant und lehrreich gefunden. Die Wahrheit behält ihre Substanz, aber sie ändert ihre Form, weil die Türen (wir), durch die sie gehen muß, in ihren Abmessungen und ihrer allgemeinen Zugänglichkeit so unterschiedlich sind. Hier ist ein Beispiel für dieses Prinzip, und es ist vielleicht denen unter uns eine Hilfe, die befürchten, ihre Individualität könnte von dem großen allgemeinen Heilsplan verschluckt werden.

Die Geschichte aus Lukas hat mich immer sehr aufgeregt, als ich klein war. Wieso sagte dieser Jesus den Leuten, er hätte keine Mama, nach allem, was sie mit ihm durchgemacht hatte! Ich war richtig empört um ihretwillen. Wenn er irgendeine großartige religiöse Aussage machen wollte, war das noch lange kein Grund, seine Mutter buchstäblich zu verleugnen, oder? Und was war mit seinen Brüdern? Die mußten *wirklich* sauer auf ihn gewesen sein.

Man stelle sich das vor, dachte ich. Da steht die Frau vor dem Haus, in dem er wie üblich endlose Reden schwingt, schickt eine nette, freundliche Nachricht hinein, daß seine Mutter und seine Brüder draußen auf ihn warten. Doch dann kommt so ein käsegesichtiger Lakai heraus und richtet ihr aus, er habe keine Mutter oder Brüder, denn jeder, der tue, was Gott will, könne seine Mutter und seine Brüder sein. In meiner kindlichen Vorstellung war es sehr wahrscheinlich, daß Maria, nachdem sie das gehört hatte, hineinmarschierte, die Arme in die Hüften stemmte und ihm ordentlich die Meinung geigte.

«Ich werde dir was erzählen, von wegen ‹jeder›!» – das war es, was sie meiner Meinung nach vermutlich gesagt hätte.

Die Zeit hat natürlich diese grob ehrfurchtslose Sicht der Dinge korrigiert. Als ich älter wurde und die Bibel bewußter las, spürte ich, daß Maria diesen Ausspruch ihres Sohnes vermutlich still und weise in ihrer Erinnerung bewahrt hat, zusammen mit all den anderen Puzzleteilen, die sie im Lauf der

Jahre gesammelt hatte. Etwas in den Evangelienberichten erweckte in mir die Vorstellung, daß Jesus und seine Mutter eine tiefe, warmherzige Beziehung zueinander hatten, sie sich mit kurzen Blicken quer durch den Raum verständigen konnten.

Dann stieß ich auf die oben zitierte Passage aus dem Johannesevangelium, und als ich von dieser zärtlichen, letzten Fürsorge für die Zukunft seiner Mutter las, wurde mir noch etwas anderes über Jesus klar. Vielleicht konnte jeder seine Mutter sein, aber dies war die erste, die er je gehabt hatte, und er liebte sie. Er war ein wahrer Mensch, und er liebte sie.

«Ich habe keine Mutter.»

«Mutter, siehe, dein Sohn.»

Zum ersten Mal ging mir die erstaunliche Wahrheit auf, daß der Jesus, der kosmische Wahrheiten, furchterregende Warnungen und geistliche Bomben hervorbrachte, und der Jesus, der im Augenblick seiner höchsten Qual auf das Wohlergehen seiner Mutter bedacht war, ein und dieselbe Person waren. Zum ersten Mal in meinem Leben hatte ich den Eindruck, daß meine Individualität – mein Selbstgefühl – in den Händen Gottes sicher war. Wir sind nicht nur Einheiten im Erlösungspaket, sondern warme, komplexe, bedürftige menschliche Wesen, die von ihm erkannt, geliebt und umsorgt sind, jeder auf seine eigene, besondere Weise.

Allerdings spürt man manchmal nichts davon, nicht wahr?

Beten Sie mit mir

Herr Jesus, als du vom Kreuz aus mit deiner Mutter sprachst, hast du nicht gesagt: «Meine Gnade soll dir genügen – viel Glück, wir sehen uns im Himmel.» Sondern du gabst ihr einen Menschen aus Fleisch und Blut, der sich um sie kümmern und an deiner Stelle ihr Sohn sein sollte. Herr, manche von uns kommen sich in der Gemeinde sehr verloren und unbedeutend vor. Wir brauchen das Wissen, daß du nicht nur das Universum erlöst hast, sondern dich auch um jeden einzelnen von uns kümmerst. Es kommt uns nicht darauf an, wie das geschieht, aber wenn es eine Person gibt, die uns eine Beziehung bieten könnte, die du segnen und gutheißen könntest, dann laß uns bitte nicht unsere Ängste und Hemmungen im Weg stehen. Ich sehe dich jetzt vor meinem inneren Auge am Kreuz. Du leidest große Schmerzen, aber sobald du mich erblickst, entspannt sich dein Gesicht für einen Moment. Du wirst mich nie verlassen oder aufgeben, aber in der Zwischenzeit gibt es für mich etwas Praktisches zu tun. Deine Stimme ist schwach vor Schmerz, darum muß ich sehr genau hinhören, um zu verstehen, was du sagst...

Kinder der Nacht

Es war ein Pharisäer namens Nikodemus, ein führender Mann unter den Juden. Der suchte Jesus bei Nacht auf und sagte zu ihm: Rabbi, wir wissen, du bist ein Lehrer, der von Gott gekommen ist; denn niemand kann die Zeichen tun, die du tust, wenn nicht Gott mit ihm ist.

Jesus antwortete ihm: Amen, amen, ich sage dir: Wenn jemand nicht von neuem geboren wird, kann er das Reich Gottes nicht sehen.

Nikodemus entgegnete ihm: Wie kann ein Mensch, der schon alt ist, geboren werden? Er kann doch nicht in den Schoß seiner Mutter zurückkehren und ein zweites Mal geboren werden.

Jesus antwortete ihm: Amen, amen, ich sage dir: Wenn jemand nicht aus Wasser und Geist geboren wird, kann er nicht in das Reich Gottes kommen.

Johannes 3,1–5

Ich habe den Verdacht, daß während der Menschheitsgeschichte ein großer Teil der christlichen Gemeinde Jesus nur bei Nacht aufgesucht hat. In den herzensschweren frühen Morgenstunden oder zu Zeiten, wenn die Welt sich zurückgezogen hat, schleichen sie sich wachsam auf Zehenspitzen in seine Gegenwart. Von dort bringen sie die gleiche brennende Erkenntnis mit, wer Jesus ist, und die gleichen drängenden Fragen, die auch Nikodemus vor zweitausend Jahren mitbrachte.

Diese Armee heimlicher Bewunderer umfaßt vermutlich alle Schichten, Rassen und Persönlichkeitstypen, die es je gab, aber ich möchte nur einen Augenblick über die jungen Leute unserer Zeit nachdenken, und über die Schwierigkeiten, die sie damit haben, sich öffentlich zu Jesus zu stellen.

Wir Erwachsenen können da nicht helfen. Ich weiß, daß es Zeiten gegeben hat, in denen ich fröhlich alle meine Ideale vom Umgang mit der Wirklichkeit und absoluter Integrität gegen das beruhigende Wissen eingetauscht hätte, daß meine Kinder unkomplizierte, von Neugier unberührte, eingeschriebene Mitglieder einer Chorusse singenden, Würstchen grillenden, Sex vermeidenden, die Bibel studierenden evangelikalen Gemeindejugendgruppe wären. An alledem ist natürlich nichts Falsches. Manches davon ist sogar sehr wünschenswert. Aber mir ging es dabei nicht so sehr um ihre Beziehung zu Jesus; ich wollte sie nur außer Gefahr wissen, damit ich meinen inneren Frieden hätte.

Man kann als Eltern eben nicht immer beides haben. Viele Eltern erziehen ihre Kinder zu dem Glauben, es sei gut, Fragen zu stellen, Dinge zu überprüfen und zu sein, wer sie sind. Sie haben dabei vielleicht keinen großen, durchdachten Plan, vielleicht machen sie von Zeit zu Zeit fürchterliche Fehler, aber sie wollen wirklich, daß ihre Kinder diese Eigenschaften und diese Freiheit haben. Darum kann es sein, daß ihre Kinder sich niemals in die Sicherheit einer so gesitteten Gruppe, wie ich sie oben beschrieben (oder karikiert) habe, einfügen werden. Viele Kinder ohne Gemeindekontakt sind gewiß im Laufe ihres Lebens Gott begegnet, und ihre Eltern erflehen ständig seinen Segen für sie, aber vielleicht suchen sie, zumindest fürs erste, Jesus bei Nacht auf. In diesem Fall müssen wir es ihm überlassen, wie er mit ihnen umgeht. Ich glaube, viele von uns wären erstaunt, wenn sie wüßten, wieviel sich in den Herzen und Köpfen gerade der jungen Leute ohne Gemeindekontakt tut, um die wir uns soviel Sorgen machen.

Ich möchte keinesfalls, daß jemand denkt, ich wollte gemeindefeindliche Ansichten äußern. Ich gehöre selbst zu einer

Gemeinde und unterstütze sie in allen ihren Aktivitäten. Manche Jugendgruppen sind wirklich hervorragend und wichtig. Aber mir liegen die vielen, vielen jungen Leute am Herzen, die sowohl aus christlichen als auch aus nichtchristlichen Familien stammen und die sich in eine solche Situation einfach nicht einfügen können, weil sie weiterhin sind, wer sie sind.

Christsein ist *nicht* durch die Teilnahme an Morgen- und Abendgottesdiensten definiert, so gut und notwendig sie auch sein mögen.

Christsein ist *nicht* durch eine bestimmte Art definiert, in der man redet, sich kleidet, religiöse Dinge tut oder nach vagen, mittelkläßlerischen Normen strebt.

Christsein ist *nicht* durch die Mitgliedschaft im Schülerbibelkreis definiert, auch wenn die Leute dort ehrlich und aktiv sind und viel beten.

Christsein ist *nicht* dadurch definiert, daß man seinen Klassenkameraden von Jesus erzählt, so bewundernswert und richtig das auch manchmal sein mag.

Christsein hat *nichts* damit zu tun, daß man die Eltern beruhigt, indem man sich an eine bestimmte Subkultur anpaßt.

Christsein hat mit einer Begegnung mit Gott zu tun. Es geht um die Notwendigkeit, sich von der negativen Vergangenheit abzuwenden. Es geht um die Notwendigkeit, sich von der warmherzigen und begeisterten Vergebung des Vaters umarmen zu lassen. Es geht um die Entdeckung, daß es möglich ist, neu anzufangen – von neuem geboren zu werden. Es geht darum, nur ein wenig von dem Opfer zu begreifen, das Jesus erbrachte, indem er am Kreuz starb. Es geht darum, eine dauerhafte Freundschaft mit diesem auferstandenen Jesus einzugehen.

Manche dieser Dinge können wir einen jungen Menschen lehren, aber die eigentlichen Verhandlungen müssen unter vier Augen zwischen ihm selbst und dem Meister stattfinden, und manchmal muß das im geheimen geschehen, in der Nacht.

Wir, die wir uns Sorgen machen, werden inzwischen weiter beten und unser Bestes tun, ihm zu vertrauen.

Beten Sie mit mir

Wir flehen zu dir für unsere jungen Leute, Vater – nicht, daß sie sich an kulturelle oder institutionelle Erwartungen anpassen, sondern daß sie *dir begegnen*, Herr. Das ist es, was wir wollen. Ob sie auf konventionellen oder exzentrischen Wegen zu dir kommen, ist ohne Bedeutung. Entscheidend ist, daß sie zu dir kommen mit den Bedürfnissen, Fragen und Problemen, mit denen nur du fertig wirst. Manche unserer Gemeinden sind wirklich deine Repräsentanten, aber viele sind zu Museen der Langeweile verkommen. Wir Erwachsenen haben das zugelassen, und wir bitten dich um Vergebung dafür. Wir möchten die Dinge zum Besseren verändern. In der Zwischenzeit behüte und beschütze diejenigen, die abgedriftet sind, Vater. Wenn sie in der Nacht zu dir kommen, laß sie spüren, wie sehr du sie liebst. Amen.

Mit knirschenden Zähnen

Euch, die ihr mir zuhört, sage ich: Liebt eure Feinde; tut denen Gutes, die euch hassen. Segnet die, die euch verfluchen; betet für die, die euch mißhandeln. Dem, der dich auf die eine Wange schlägt, halt auch die andere hin, und dem, der dir den Mantel wegnimmt, laß auch das Hemd. Gib jedem, der dich bittet; und wenn dir jemand etwas wegnimmt, verlang es nicht zurück. Was ihr von anderen erwartet, das tut ebenso auch ihnen.

Wenn ihr nur die liebt, die euch lieben, welchen Dank erwartet ihr dafür? Auch die Sünder lieben die, von denen sie geliebt werden. Und wenn ihr nur denen Gutes tut, die euch Gutes tun, welchen Dank erwartet ihr dafür? Das tun auch die Sünder. Und wenn ihr nur denen etwas leiht, von denen ihr es zurückzubekommen hofft, welchen Dank erwartet ihr dafür? Auch die Sünder leihen Sündern in der Hoffnung, alles zurückzubekommen. Ihr aber sollt eure Feinde lieben und sollt Gutes tun und leihen, auch wo ihr nichts dafür erhoffen könnt. Dann wird euer Lohn groß sein, und ihr werdet Söhne des Höchsten sein; denn auch er ist gütig gegen die Undankbaren und Bösen. Seid barmherzig, wie es auch euer Vater ist!

Lukas 6,27–36

Diese berühmten Worte Jesu dröhnen durch die Jahre wie eine gewaltige Glocke, die gleichzeitig einen Triumph und eine Warnung verkündet.

Sie verkündet Triumph, weil das Prinzip der Vergebung gegenüber Feinden unter denen, die ernsthaft Jesus folgen und gehorchen wollen, immer noch wirksam ist. Manchmal muß es mit zusammengebissenen Zähnen und quälendem ehrlichen Vorbehalten geschehen. Wo immer aber der ehrliche Versuch, liebevoll zu sein, auf Feindseligkeit und Haß trifft, wird ein Wunder der Versöhnung ermöglicht.

Die Warnung ist für diejenigen, die auf einer Politik der Aggression und Rachsucht beharren, obwohl sie behaupten, Anhänger des christlichen Glaubens zu sein. Dies gilt natürlich auf allen Ebenen. Meine Weigerung, mein sorgsam gepflegtes Schmollen aufzugeben, mit dem ich kindischerweise auf das jüngste Kapitalverbrechen meiner Frau reagiere, unterscheidet sich im Kern nicht von größeren Konflikten, und wir werden uns alle vor demselben Richter verantworten.

Wie tragisch ist es allerdings, daß an so vielen Punkten der Geschichte und in so vielen Teilen der Welt die Bibel tatsächlich dazu mißbraucht wird, Mord, Folter, Krieg und Unterdrückung zu rechtfertigen. Ich habe zum Beispiel sowohl Südafrika als auch Nordirland besucht, um dort zu sprechen. In beiden Ländern hat der Leib Christi einen enorm positiven Einfluß, doch in beiden Fällen konnte ich die Trauer und den Zorn Gottes darüber, wie sogenanntes Christentum sich mit der Gewalt verbrüdert hat, nur erahnen. Jene, die um jeden Preis Krieg wollten, sind mit der Bibel in der einen Hand und einer Knarre in der anderen in die Schlacht gezogen, doch sie verstehen weder vom einen noch vom anderen etwas.

Bibeln und Knarren
in Händen von Narren
Stahl und Metall
reißt uns entzwei.

Richten die Blicke
auf Menschengeschicke
Bibeln und Knarren
von Anfang dabei.
Knarren und Bibeln
durchstürmen die Zeiten
Leder und Holz
Wunden und Tränen
Verfluchen und Zielen
um Geheimnisse streiten
Knarren und Bibeln
dröhnen in Ohren.
Bibeln und Knarren
Knarren und Bibeln
Bibeln und Narren
Marotten und Knarren
Knarren und Bibeln
Bibeln und Knarren
in Händen von Narren
dröhnen in Ohren.

Keiner von uns darf es sich erlauben, einen anderen zu verurteilen, und wir tun gut daran, den Zorn Gottes zu fürchten, wenn wir uns weigern zu vergeben. Warum? Weil Gott, wenn wir unseren Feinden nicht vergeben, uns auch nicht vergeben wird. So sagt es uns Jesus hier und anderswo in der Bibel sehr deutlich.

Beten Sie mit mir

Liebender himmlischer Vater, ich möchte versuchen, diese Aufgabe anzugehen, meine Feinde zu lieben. Als erstes werde ich ein paar Minuten still hier sitzen und mir im Geist eine Liste von Leuten aufstellen, die ich meine Feinde nennen würde. Hilf mir, dabei wirklich ehrlich zu sein. Es ist so leicht, Leute auszulassen, die ich aus meinem Bewußtsein verbannt habe, weil schon der Gedanke an sie zuviel für mich ist: Leute, von denen ich wünschte, sie wären tot; Leute, die mir weh getan haben, als ich klein war; Leute, die mich vor anderen gedemütigt haben; Leute, die mich abgelehnt haben. Ich möchte keinen auslassen. Ich werde diese Liste jetzt durchgehen.

Laß uns das gemeinsam tun.

Ich habe es getan, Herr. Es sind eine ganze Menge, und manche von ihnen hasse ich wirklich. Aber du hast ganz deutlich gemacht, daß du mir nicht vergeben kannst, wenn ich ihnen nicht vergebe, also werde ich mit dem Prozeß anfangen, selbst wenn es lange dauert, bis ich wirklich dahinterstehen kann. Liebe sie für mich, Herr, und bitte nimm meine Gebete für ihr Wohlergehen und ihre Sicherheit an. Mach mein Herz allmählich weich, bis ich anfange, sie mit deinen Augen zu sehen. Danke, daß du mir vergeben hast. Amen.

Die unannehmbare Alternative

Weiter ist es mit dem Himmelreich wie mit einem Netz, das man ins Meer warf, um Fische aller Art zu fangen. Als es voll war, zogen es die Fischer ans Ufer; sie setzten sich, lasen die guten Fische aus und legten sie in Körbe, die schlechten aber warfen sie weg. So wird es auch am Ende der Welt sein: Die Engel werden kommen und die Bösen von den Gerechten trennen und in den Ofen werfen, in dem das Feuer brennt. Dort werden sie heulen und mit den Zähnen knirschen.

Habt ihr das alles verstanden?

Matthäus 13,47–51

Glauben Sie an den Ort, den man Hölle nennt? Macht die Vorstellung der Hölle Ihnen Angst? Macht sie Ihnen mehr oder weniger Angst als das völlige Vergessen?

Wie auch immer Sie diese Fragen beantworten mögen, es ist sehr schwer, die leidenschaftliche Dringlichkeit zu überhören, mit der Jesus darum rang, uns vor ihr zu bewahren. Ja, falls die Hölle eine Illusion wäre, so wäre schwer zu begreifen, warum Jesus überhaupt gekommen ist. Wozu dann das Evangelium predigen? Wozu dann die Leute warnen? Wozu dann von Errettung reden? Die Debatte darüber, ob es überhaupt denkbar ist, daß ein all-liebender, allmächtiger Gott jemanden ewigen Qualen unterwirft, ist ja schön und gut. Tatsache jedoch ist, daß Jesus gekommen ist, um uns zu zeigen, wie wir ein solch elendes Ende vermeiden können. Sollen wir ihn ignorieren?

Natürlich dürfen wir ihn nicht ignorieren. Ebensowenig dürfen wir aber die Tatsache ignorieren, daß das Gleichnis vom verlorenen Sohn aus derselben Quelle stammt, oder die Tatsache, daß viel mehr Menschen durch die Macht der Liebe zu Gott gezogen werden, als je durch die Angst vor der Hölle zu ihm getrieben wurden. Gott liebte die Welt mit solcher Leidenschaft, daß er sich erstaunlich verwundbar zeigte, damit wir gerettet werden können – er lieferte sich als ein Baby der Willkür der Welt aus.

Wie können wir die Hölle verstehen? Ich glaube nicht, daß ich sie auch nur ansatzweise verstehe, aber wenn ich in die Dunkelheit dieses Unverständnisses taste, spüre ich, wie meine Finger etwas berühren.

Als ich noch klein und verwirrt war (lange bevor ich groß und verwirrt wurde), erschuf ich mir manchmal meine eigene Hölle. Aus irgendeinem verdrehten Grund fand ich es bisweilen befriedigender, unglücklich zu sein als glücklich. Ich will Ihnen ein Beispiel geben.

An einem Winterabend, nachdem meine beiden Brüder und ich ins Bett gegangen waren, rief meine Mutter die Treppe hinauf, es käme etwas sehr Interessantes im Fernsehen (wahrscheinlich eine Naturkundesendung), und wir könnten alle aufstehen und hinunterkommen, um es uns anzusehen. Meine beiden Brüder hüllten sich in ihre Decken und stolperten fröhlich die Treppe hinunter, um diese unerwartete Vergünstigung zu genießen. Es war wirklich etwas Besonderes, nach der normalen Schlafenszeit noch auf zu sein, besonders im Winter, wenn große Klumpen (frei Haus gelieferter!) Kohle im offenen Kamin brannten. Diese wurden, sobald sie heiß genug waren, mit dem alten Schürhaken aus dem Haus meiner Großmutter in lodernde Stücke gespalten. An solchen Abenden war es sehr behaglich im Eßzimmer.

Warum also lehnte ich es ab, an diesen freundlichen und angenehmen Ort hinunterzugehen? Warum blieb ich in meinem Bett in der Dunkelheit und heulte wie ein Schloßhund, weil ich nicht an dem Ort war, wo ich sein wollte? Ich hätte doch dort sein können. Ich war eingeladen worden, dorthin zu gehen. Ich brauchte nur mein Bett zu verlassen und ein paar Schritte zu tun, und ich würde dort *sein*. Ich erinnere mich heute noch an die Verwirrung in der Stimme meiner Mutter, als sie mich fragte, warum ich weinte – und warum ich, fragte sie voll Ratlosigkeit, wenn der Grund war, daß ich nicht unten war, dann nicht nach unten *kam*? Ich konnte ihr damals nicht antworten, und ich habe auch jetzt keine befriedigende Antwort. Vielleicht werde ich mich eines Tages einmal eingehend mit dieser Frage beschäftigen müssen.

Doch für heute biete ich Ihnen diese Geschichte einfach als ein kleines Bild für die Hölle an.

Ein anderer, noch liebevollerer Vater ruft und ruft und ruft in der Nacht nach seinen Kindern, damit sie zu ihm an einen schönen Ort kommen. Doch Unzählige von ihnen beschließen, nicht zu kommen, und schließen sich zu seinem großen Kummer in eine unendliche Dunkelheit ein, wo man sie heulen und mit den Zähnen klappern hört.

Beten Sie mit mir

Herr Jesus, manche Leute versuchen uns einzureden, es könne keine Hölle geben, weil Gott uns zu sehr liebe, als daß er je jemanden dorthin stecken könne. Früher habe ich selbst in diese Richtung gedacht. Oh, Herr, es tut mir sehr leid, daß wir dein Leben und deinen Tod auf diese Weise herabgewürdigt haben. Die Wahrheit ist, daß dein Vater uns so sehr liebt, daß er einen Weg geschaffen hat, durch den jeder vor der Hölle gerettet werden *kann*. Deine Leidenschaft ist nicht verschwendet, Jesus. Wenn du sterben mußtest, um mich vor der Hölle zu bewahren, was immer sie ist, dann will ich auch nicht dorthin gehen, und außerdem macht sie mir Angst.

Wir hören dich rufen, Vater. Heile diejenigen, die dir nicht antworten können, und zeige uns, wie wir die Dringlichkeit deiner Einladung weitergeben können, ohne entweder die Liebe oder die Gefahr zu verschweigen. Amen.

Rollenspiele

Ihr seid alle durch den Glauben Söhne Gottes in Christus Jesus. Denn ihr alle, die ihr auf Christus getauft seid, habt Christus (als Gewand) angelegt. Es gibt nicht mehr Juden und Griechen, nicht Sklaven und Freie, nicht Mann und Frau; denn ihr alle seid »einer« in Christus Jesus. Wenn ihr aber zu Christus gehört, dann seid ihr Abrahams Nachkommen, Erben kraft der Verheißung. Galater 3,26–29

Ich bin so froh, daß Paulus hier auch davon spricht, daß es «nicht Mann noch Frau» gibt, nicht weil ich den Unterschied nicht zu schätzen wüßte – glauben Sie mir, das tue ich –, sondern weil ich fürchte, daß ich in mancher Hinsicht nicht den traditionellen Erwartungen an DEN MANN entspreche. Nein, tut mir leid. Keine reißerischen Enthüllungen. Ich spreche von Instandhaltungsarbeiten im Haus. Ich kann einen Stecker auswechseln und mit einem Farbpinsel wedeln, aber damit hat es sich auch schon. Sobald es um die meisten anderen praktischen Arbeiten geht, stehe ich vor einem Mysterium. Und das scheint sich auch nicht zu bessern, denn sobald ich beschließe, eine neue Aufgabe anzugehen, muß ich normalerweise erst einmal in den nächsten Heimwerkerladen gehen, um Werkzeug und Material zu kaufen, und das erschüttert mein Selbstvertrauen in den Grundfesten. Es passiert nämlich jedesmal folgendes:

Wenn ich schüchtern eintrete, schleppt der Besitzer des Ladens, ein breitschultriger, ziemlich finster dreinblickender Mann mit kariertem Hemd und hochgekrempelten Ärmeln immer – *immer* – gerade ein Holzfaß voller langer Rohre von einer Seite des Ladens zur anderen. Fragen Sie mich nicht warum – er tut es einfach immer. Während ich nervös vortrete, setzt er seine Last ab und schnalzt irritiert mit der Zunge. Er ärgert sich, weil er gerade so richtig im Rhythmus war, sein Faß hin und her durch den Laden zu tragen, und nun habe ich ihm alles verdorben. Er sieht mich an und steht da, als würde er einen imaginären Schubkarren halten.

«Ja?»

Ich nenne das Werkzeug, das ich brauche, und versuche dabei auszusehen wie jemand, der ein solches kompetent verschlissen hat und nun ein neues braucht. Wenigstens weiß ich genau, was ich brauche. Er schnieft.

«Normal oder kalibriert?»

Was war das? Normal oder was? Ich weiß es nicht! Hilfe, ich weiß es nicht! Tu so, *als ob* du es wüßtest.

«Äh, lieber normal, denke ich.»

«Normal – gut.»

Er schiebt siebzehn schwere Kisten unten vor einer hohen Regalwand weg und holt dann von draußen eine Trittleiter. Das Werkzeug, das ich brauche, scheint ganz hinten auf dem obersten Regalbrett zu liegen. Dort wird alles aufbewahrt, was ich bei ihm kaufe. Er klettert die Leiter hinauf. Auf einem Fuß balancierend, klemmt er seinen Kopf zwischen die Decke und das oberste Regalbrett, verzerrt sein Gesicht und grunzt gequält, als er das Werkzeug ganz hinten entdeckt, wo er es gerade noch erreichen kann. Verschwitzt und staubig klettert er wieder herunter und flucht, als er auf dem Weg nach unten einen Pappkarton mit Nägeln umstößt, so daß sich die Nägel auf dem Fußboden verteilen. Seufzend und schnaufend bringt er die Trittleiter zurück, schiebt die siebzehn schweren Kisten wieder an ihren Platz, sammelt die Nägel ein und wendet sich mir zu. Ich will gerade nach meiner Neuerwerbung greifen, als er spricht.

«Dacharbeiten, was?»

Nein! O Himmel, nein! Soll ich einfach den Normalen nehmen und so tun, als sei es das Richtige? Nein. Sei tapfer.

«Nein, äh, es ist eigentlich für eine Arbeit im Keller. Äh, Entschuldigung...»

Er starrt mich ungläubig an, dann dreht er sich um und sieht einen kleinen, dicken, kahlköpfigen, rotgesichtigen Mann in einem blauen Overall an, der den winzigen glühenden Rest einer selbstgedrehten Zigarette zwischen Daumen und Zeigefinger hält. Dieser Mann sitzt auf demselben Hocker neben dem Tresen und raucht dieselbe Zigarette, seit der Laden vor einer Generation eröffnet wurde. In genüßlicher Fassungslosigkeit schütteln die beiden im Gleichtakt die Köpfe, sprachlos über meine Dämlichkeit. Dann spricht der Besitzer wieder.

«Dann brauchen Sie einen Kalibrierten.»

Ich krümme und winde mich vor Verlegenheit. Der rotgesichtige Mann schaut mich ungerührt an. Rauch kräuselt sich von seiner Hand empor.

«Äh, ja. Ja, das ist richtig – kalibriert.»

Nach einem kurzen sehnsüchtigen Blick auf sein Faß mit Rohren seufzt der Ladenbesitzer und macht sich an die Arbeit mit den siebzehn schweren Kisten...

Beten Sie mit mir

Herr, manche von uns leiden sehr darunter, daß es ihnen schwerfällt, sich in die Rollen einzufügen, die die Gesellschaft uns traditionell zudiktiert. Ich weiß, daß es in meinem eigenen Leben Zeiten gegeben hat, in denen ich mich wegen der Vorstellungen, die andere Leute von Männlichkeit haben, isoliert und elend gefühlt habe. Als ich jünger war, verabscheute oder verleugnete ich ganze Bereiche meiner Persönlichkeit, weil sie nicht zu den Stereotypen zu passen schienen, die mir vorgehalten wurden. Heute macht mir dieses Problem nicht mehr so sehr zu schaffen, aber ich kenne eine Menge Leute, bei denen es so ist. Ich möchte heute für sie beten, Vater. Ich möchte dich bitten, sie behutsam zu der Erkenntnis zu führen, daß sie wertvoll sind, so wie sie sind, und daß letzten Endes nur zählt, wie du über sie denkst. Denn du machst nicht solche vereinfachenden Unterschiede. Ach, und laß sie guten Freunden begegnen, Vater. Amen.

Furcht vor der Landung

Die Jünger des Johannes aber holten den Leichnam und begruben ihn. Dann gingen sie zu Jesus und berichteten ihm alles.

Als Jesus all das hörte, fuhr er mit dem Boot in eine einsame Gegend, um allein zu sein. Aber die Leute in den Städten hörten davon und gingen ihm zu Fuß nach. Als er ausstieg und die vielen Menschen sah, hatte er Mitleid mit ihnen und heilte die Kranken, die bei ihnen waren.

Als es Abend wurde, kamen die Jünger zu ihm und sagten: Der Ort ist abgelegen, und es ist schon spät geworden. Schick doch die Menschen weg, damit sie in die Dörfer gehen und sich etwas zu essen kaufen können.

Jesus antwortete: Sie brauchen nicht wegzugehen. Gebt ihr ihnen zu essen!

Sie sagten zu ihm: Wir haben nur fünf Brote und zwei Fische bei uns.

Darauf antwortete er: Bringt sie her! Dann ordnete er an, die Leute sollten sich ins Gras setzen. Und er nahm die fünf Brote und die zwei Fische, blickte zum Himmel auf, sprach den Lobpreis, brach die Brote und gab sie den Leuten, und alle aßen und wurden satt. Als die Jünger die übriggebliebenen Brotstücke einsammelten, wurden zwölf Körbe voll. Es waren etwa fünftausend Männer, die an dem Mahl teilnahmen, dazu noch Frauen und Kinder. Matthäus 14,12–21

Manche Ängste sind völlig berechtigt, und die Furcht vor einer völligen Hingabe an Gott ist ein gutes Beispiel dafür. Die Entscheidung, für das Reich Gottes zu arbeiten, sollte eine sehr schwierige Entscheidung sein, denn die Anforderungen können, an menschlichen Maßstäben gemessen, unerfüllbar hoch sein. Manche modernen Evangelisten scheinen den Nachdruck vergessen zu haben, mit dem Jesus von den «Kosten» sprach. Der Sohn Gottes hat bestimmt nicht in zuckersüßem, säuselndem Tonfall «Kommt einfach, kommt nur zu Jesus» geflötet. Im vierzehnten Kapitel des Lukasevangeliums gebraucht er kräftige Metaphern vom Bauen eines Turms und vom Kriegführen, um dieses Thema zu verdeutlichen. Folgt mir nicht, sagte er, solange ihr euch nicht hingesetzt und nüchtern durchgerechnet habt, was es euch kosten wird. In unserem heutigen Abschnitt sehen wir, welches Beispiel er dafür gegeben hat.

Er beginnt damit, daß Jesus die Nachricht vom Tod seines Vetters erhält und sich mit einem Boot an einen abgelegenen Ort zurückzieht, um zu trauern. Doch die Menge ist, soviel Mitleid sie auch empfinden mag, so begierig nach seiner Gegenwart wie heutzutage Musikfans nach ihren Idolen. Sie folgen ihm auf den Fersen und erwarten ihn vermutlich schon eng nebeneinander aufgereiht am Seeufer. Jesus waren wenige Pausen vergönnt, und diese hier dauerte nicht sehr lang.

Ich kann manchmal schrecklich faul sein, aber ich weiß auch, wie man sich fühlt, wenn zwei große Blöcke von Redeveranstaltungen nur durch eine Flugreise voneinander getrennt sind.

Ich kann verstehen, wenn man Angst vorm Fliegen hat,
denn es ist nicht witzig, wenn da oben etwas schiefgeht,
weil dann die Zahl der Möglichkeiten auf unter zwei sinkt.
Doch ich genieße diesen Frieden, nirgendwo zu sein,
das Essen abzulehnen, den Film hindurch zu schlafen,
mich über First-Class-Reisende zu ärgern,
zum x-ten Mal das Rätsel der Toilettentür zu lösen.
Das Beste ist: Ich weiß, daß die, die ich zurückließ,

nicht plötzlich hier erscheinen werden,
und die, die mich erwarten, noch eine Weile
auf Worte, Lächeln und verständnisvolles Nicken warten müssen.
Sie sind dort, und ich bin hier,
schwebend, träumend, schuldlos in der Luft.
Vorm Fliegen hab' ich keine Angst, aber vorm Landen.

Die bedürftige Menge beanspruchte Jesus nach seiner kurzen Pause wieder für sich, und es hieß, wieder an die Arbeit gehen, heilen, lehren, zuhören. Man sollte nun meinen, es wäre ihm ein wenig Ruhe zu gönnen gewesen, als es dann Abend wurde. Doch statt den Vorschlag der Jünger anzunehmen und die Menge fortzuschicken, damit sie sich in den umliegenden Dörfern mit Essen versorgte, trägt er auch die Verantwortung dafür, sie zu speisen. Haben Sie sich schon jemals gefragt, wie *lange* es gedauert haben muß, genügend Brot und Fisch für mehr als fünftausend Leute zu brechen? Das war ein zeitraubendes Wunder, nach dem ihm sicher die Hände weh getan haben müssen.

Zeit für eine Pause? Noch nicht. Die Jünger wurden im Boot vorausgesandt, während Jesus die Leute nach Hause schickte. Wie lange das wohl gedauert hat? Wenn Sie je gesehen haben, wie Leute sich nach einer großen Veranstaltung auf einen Redner stürzen, dann *wissen* Sie, wie lange das dauert. Endlich waren sie alle gegangen. Jetzt schlafen? Nein, jetzt war es Zeit, ausgiebig zu beten. Und wenn Sie weiterlesen, werden Sie sehen, daß die Nacht noch lange nicht vorüber war. Es gab noch eine kleine Seenotrettungsaktion, und dann – ja, erraten – wieder die Menge.

Nicht jeder ist zu einem Leben voll Mühsal und Streß berufen, und die meisten von uns würden das sowieso nicht schaffen. Aber die Hingabe an Christus, die von uns gefordert ist, falls wir von irgendwelchem Nutzen sein wollen, *ist* genau dasselbe. Natürlich haben wir recht, uns davor zu fürchten, denn die Kosten sind sehr hoch.

Beten Sie mit mir

Herr Jesus, manchmal phantasieren wir darüber, große Dinge für dich zu vollbringen, doch wie bei allen Phantasien ist auch hier die Wirklichkeit eher überwältigend. Die meisten von uns sind nicht dazu in der Lage, sofort eine völlige Hingabe zu vollziehen, aber letzten Endes wollen wir dir alles geben. Führe uns Schritt für Schritt auf diesem schweren Weg, auf dem wir lernen, daß der Dienst für dich uns alles, was wir haben und was wir sind, kosten wird. Danke für deine unerschütterliche Hingabe an deinen Vater und an uns während der Zeit, als du leibhaftig hier bei uns warst. Zeig uns durch dein Beispiel, wie wir arbeiten und ruhen und beten sollen, damit wir so nützlich sein können, wie es uns nur möglich ist. Amen.

Opfer des Sarkasmus

Es war die dritte Stunde, als sie ihn kreuzigten. Und eine Aufschrift (auf einer Tafel) gab seine Schuld an: Der König der Juden. Zusammen mit ihm kreuzigten sie zwei Räuber, den einen rechts von ihm, den anderen links. Die Leute, die vorbeikamen, verhöhnten ihn, schüttelten den Kopf und riefen: Ach, du willst den Tempel niederreißen und in drei Tagen wieder aufbauen? Hilf dir doch selbst, und steig herab vom Kreuz!

Auch die Hohenpriester und die Schriftgelehrten verhöhnten ihn und sagten zueinander: Anderen hat er geholfen, sich selbst kann er nicht helfen.

Markus 15,25–31

Soll ich Ihnen erzählen, was mich wirklich wütend macht? Wenn meine Frau und ich im Auto unterwegs sind (ich selber fahre nicht), begegnen wir hin und wieder anderen Fahrern, die auf jeden kleinen Fehler, den Bridget vielleicht macht, mit einem langsamen, schweren, mitleidig tadelnden Kopfschütteln reagieren.

«Es ist einfach zu mühselig», scheint der Vollzieher dieser grausigen, seufzenden Bewegung sagen zu wollen, «daß wir reifen, fähigen menschlichen Wesen geringere Geschöpfe wie *dich* ertragen müssen, die man ganz bestimmt *nicht* auf die Straße lassen dürfte. Wahrscheinlich bist du in jedem anderen Bereich ebenso unfähig wie dazu, ein Automobil zu führen!»

Ich wollte schon immer einmal einen dieser Kopfschüttler aus seinem Wagen zerren, ihn auf den Asphalt werfen, mich auf seine Brust knien und ihn zwingen, mir mindestens drei Bereiche zu nennen, in denen er komplett unfähig ist, damit *ich* meinen Kopf tadelnd über *ihn* schütteln kann.

Sie denken doch nicht etwa, daß ich mich zu sehr aufrege?

Es mag Ihnen trivial erscheinen, aber ist Ihnen klar, daß der Gott, der uns so sehr liebte, daß er sich dafür blutend an ein Kreuz hängen ließ, von denen, die vorbeikamen, genau dieselbe kopfschüttelnde Behandlung erdulden mußte? Er, der mit einem göttlichen, sehr effektiven Fingerschnippen zwölf Legionen von Engeln hätte herbeirufen können, damit sie die ganze Welt auf den Asphalt werfen, war bereit zu sterben, damit die, die sich über sein Scheitern lustig machten, leben konnten.

Beten Sie mit mir

Lieber Herr, heute bringen wir dir eine große Schar von Menschen, die eine tiefe Angst vor Beziehungen haben, weil sie durch den Spott und Sarkasmus anderer tief verletzt und behindert sind. Zu meiner Schande muß ich gestehen, daß ich selbst aus Unsicherheit und Minderwertigkeitsgefühlen gewiß manche solcher Verletzungen verursacht habe, als ich jünger war. Lege du jetzt für mich deine Hand auf diese Verletzungen, Vater. Ich weiß, daß du nicht oft Menschen mit einem Schlag in etwas verwandelst, was sie nicht sind, aber vielleicht kann die Heilung für sie jetzt beginnen. Flüstere ihnen leise die wunderbare Wahrheit zu, daß Jesus *weiß*, wie sie sich fühlen, weil er selbst dasselbe ertragen mußte. Lieber Jesus – danke. Amen.

Hoffnung

Von Liebe emporgehoben

Als Jesus von dort wegging, sah er einen Zöllner namens Levi am Zoll sitzen und sagte zu ihm: Folge mir nach! Da stand Levi auf, verließ alles und folgte ihm.

Und er gab für Jesus in seinem Haus ein großes Festmahl. Viele Zöllner und andere Gäste waren mit ihnen bei Tisch. Da sagten die Pharisäer und ihre Schriftgelehrten voll Unwillen zu seinen Jüngern: Wie könnt ihr zusammen mit Zöllnern und Sündern essen und trinken?

Jesus antwortete ihnen: Nicht die Gesunden brauchen den Arzt, sondern die Kranken. Ich bin gekommen, um die Sünder zur Umkehr zu rufen, nicht die Gerechten.

Lukas 5,27–32

Als ich sechzehn war, verabscheute ich mich selber. Ich haßte mein Gesicht und meinen Körper, ich war wegen Schwänzen aus der Schule geflogen, und ich hatte weder einen Job noch irgendwelche erkennbaren Aussichten, einen zu bekommen. Das Chaos in meinem Kopf war wirklich beängstigend.

Schlimmer noch, ich hatte mir die Taktik angeeignet, gegenüber jedem, der mir in irgendeiner Weise dumm vorkam (also so ziemlich gegenüber allen), einen schneidenden Sarkasmus an den Tag zu legen.

Unglücklich und unfreundlich, wie ich war, war ich sicherlich genau die Art Flegel, mit der mir meine Mutter sofort den Umgang verboten hätte.

Dann lernte ich ein Ehepaar kennen, das in einem abgelegenen Häuschen in der Nähe von Wadhurst wohnte. In ihrem Zuhause gab es immer ein brennendes Holzfeuer, interessante Bücher, anregende Gespräche und (was mich angeht) völlige Akzeptanz. Murray und Vivienne nahmen die Brotlaibe und Fische meiner besseren Seite und glaubten so rückhaltlos an mich, daß zumindest in ihrer Gegenwart diese bessere Seite aufblühte und so lange wuchs, bis ich tatsächlich zu glauben begann, ich könnte etwas wert sein.

Ich erinnere mich mit großem Unbehagen daran, wie ich meine Beziehung zu Murray und Vivienne betrachtete, nachdem ich Christ geworden war. Wir drei waren es gewohnt, lange, genußvolle Gespräche über alle möglichen Themen zu führen. Manchmal unterhielten wir uns fröhlich bis in die frühen Morgenstunden und beleuchteten verschiedene Möglichkeiten des Glaubens und der Hingabe, ohne ernsthaft in Betracht zu ziehen, eine davon selbst zu übernehmen. Die Neuigkeit von meiner Bekehrung nahmen sie (aus verschiedenen Gründen) mit geringer Begeisterung auf, und für ein Jahr oder länger sahen wir uns kaum.

Mein Unbehagen rührt daher, daß ich über zwanzig Jahre brauchte, bis mir klar wurde, daß Gott mir Murray und Vivienne zu einer Zeit gegeben hatte, in der ich es wirklich nötig gehabt hatte, durch ihre nahezu bedingungslose Unterstützung «gerettet» zu werden. In den sechziger Jahren schien eine Bekehrung zur Folge haben zu müssen, daß man jedes Erlebnis, das man in der Vergangenheit gehabt hatte oder im Moment erlebte, neu klassifizierte. So waren alle Beziehungen und Ereignisse vor der Bekehrung «nichtchristlich» und schlecht (falls es nicht besondere religiöse Ereignisse waren, die «der Herr benutzte, um einen zum Glauben zu führen»), während alles, was sich nach der Bekehrung ereignete, «christlich» und somit gut war. Heute erscheint es mir schier unfaßbar, wie ich je annehmen konnte, daß Gott mit etwas so Wichtigem wie meiner Beziehung zu den Staplehursts nichts zu tun gehabt haben sollte.

Murray und Vivienne waren keine Christen, genausowenig wie ich, als ich sie kennenlernte, aber ihre bedingungslose Unterstützung war der erste und im praktischen Sinne wirksamste Schritt zur Errettung des Adrian Plass. Heute danke ich Gott gebührend für sie, und das werde ich immer tun.

In Levis Fall gab es keinerlei Vermittler. Seine Ermutigung kam direkt vom Meister persönlich. Jesus selbst hatte «Folge mir nach» zu diesem Mann gesagt, der bei den meisten Leuten als miese Ratte galt. Eine große Hoffnung schwoll in seinem Herzen an. Er war beinahe in jeder Hinsicht ein Versager, aber der Herr glaubte an ihn.

Was für ein Festmahl das gewesen sein muß!

Beten Sie mit mir

Vater, es muß jede Menge Christen und Nichtchristen geben, die in diesem Augenblick die Art von Unterstützung brauchen, die ich von Murray und Vivienne bekam. Zuerst möchten wir beten, daß so viele von ihnen wie möglich einen Ort finden, wo sie lernen können, ein wenig besser von sich selbst zu denken. Bitte wecke in denen von uns, die in der Lage sind, Gastfreundschaft anzubieten, das Bewußtsein, daß du uns vielleicht gebrauchen willst. Laß unseren Dreh- und Angelpunkt die Liebe sein, nicht die Religion (ich bin sicher, du hast Murray und Vivienne für mich ausgesucht, weil sie keinerlei geistliches

Jucken verspürten, daß sie sich kratzen mußten), und wir wollen unsere Ohren so offen halten wie möglich, um deine leitende und ermutigende Stimme zu hören. Wir danken dir sehr für die Menschen, die andere aufbauen, und bitte vergib mir, daß ich deinen Gaben alberne Etiketten aufgeklebt habe. Amen.

Verfall und Erneuerung

Ich bin überzeugt, daß die Leiden der gegenwärtigen Zeit nichts bedeuten im Vergleich zu der Herrlichkeit, die an uns offenbar werden soll. Denn die ganze Schöpfung wartet sehnsüchtig auf das Offenbarwerden der Söhne Gottes. Die Schöpfung ist der Vergänglichkeit unterworfen, nicht aus eigenem Willen, sondern durch den, der sie unterworfen hat; aber zugleich gab er ihr Hoffnung: Auch die Schöpfung soll von der Sklaverei und Verlorenheit befreit werden zur Freiheit und Herrlichkeit der Kinder Gottes.

Denn wir wissen, daß die gesamte Schöpfung bis zum heutigen Tag seufzt und in Geburtswehen liegt. Aber auch wir, obwohl wir als Erstlingsgabe den Geist haben, seufzen in unserem Herzen und warten darauf, daß wir mit der Erlösung unseres Leibes als Söhne offenbar werden. Denn wir sind gerettet, doch in der Hoffnung. Hoffnung aber, die man schon erfüllt sieht, ist keine Hoffnung. Wie kann man auf etwas hoffen, das man sieht? Hoffen wir aber auf das, was wir nicht sehen, dann harren wir aus in Geduld.

So nimmt sich auch der Geist unserer Schwachheit an. Denn wir wissen nicht, worum wir in rechter Weise beten sollen; der Geist selber tritt jedoch für uns ein mit Seufzen, das wir nicht in Worte fassen können. Und Gott, der die Herzen erforscht, weiß, was die Absicht des Geistes ist: Er tritt so, wie Gott es will, für die Heiligen ein. Römer 8,18–27

Ich hatte schon immer großen Abscheu vor der Unvermeidlichkeit des Verfalls. Der Hauptgrund dafür ist die Art und Weise, wie alles Neue, das während meiner Kindheit in unser Haus gelangte, sofort in den Strudel der Zerstörung und des Verschleißes gerissen wurde, der offenbar ein Kennzeichen unserer Lebensweise war. Alles starb, verfärbte sich, hörte auf zu funktionieren, versiegte, fiel auseinander, wurde zu einer Enttäuschung, zerschmolz zu Nichts. So stellt es sich in meiner Erinnerung dar, wenn ich auch annehme, daß es so schlimm nicht gewesen sein kann. Was ich jedoch weiß, ist, daß die belastende Spannung jener Tage immer noch in mir steckt, sowohl in banalen als auch in wichtigen Dingen.

Ein Beispiel von absurder Trivialität ist meine innere Weigerung, zu glauben, daß es möglich sei, eine brandneue Dose Schuhcreme zu kaufen. Wir können nicht während meiner gesamten Kindheit nur *eine* kleine Dose Creme benutzt haben (die Sorte mit dem Frosch auf dem Deckel), aber so scheint es mir, wenn ich zurückblicke. Ich kannte die Umrisse dieses kleinen Behälters wie meine Hosentasche. Jedesmal, wenn ich meine Schuhe putzte, kratzte und preßte ich die Bürste in die Kanten im Innern der Dose, in dem Bemühen, nur noch einen einzigen, winzigen Krümel Creme für meine soliden schwarzen Schul-Allzweckschuhe herauszuquetschen. Nie kam mir der Gedanke, daß es irgendwo neue Dosen geben mußte, die randvoll waren und deren Oberfläche glatt glänzte, wenn man den kleinen Hebel an der Seite drehte und den Deckel abhob. Nach all den Jahren reagiert irgend etwas in mir immer noch ziemlich agnostisch auf den Gedanken, daß sich Schuhcreme leicht kaufen und ersetzen läßt. Wissen Sie, das Kind in mir weiß, daß das einfach nicht sein *kann*, selbst wenn die Erwachsenen ihm sagen, es soll nicht albern sein.

Meine Erwartungshaltung, in Beziehungen enttäuscht zu werden, ist ein ernsteres Vermächtnis aus jener Zeit meines Lebens, aber es wirkt sich auf dieselbe Weise aus. Wegen der beständigen Erfahrung, daß glückliche Situationen nicht nur keinen Bestand haben, sondern auch im allgemeinen in Konflikten oder Schmollen enden, fällt es mir unendlich schwer, die guten Zeiten zu genießen, ohne einen negativen Ausgang des Tages, des Ausfluges, des Spiels oder des Essens zu erwarten oder manchmal sogar zu provozieren. Dieses verflixte kleine Kind *weiß* einfach, daß am Ende alles schiefgehen muß.

Manche Schatten sind sehr weitreichend und zerstörerisch.

Gibt es Hoffnung? Nun, Gott ist sehr gut darin, Dinge zu verwandeln und schöner zu machen. Meine trübsinnige Überzeugung, daß alles mit einem Desaster enden muß, hat nichts Schönes an sich, aber vielleicht lädt Gott mich dazu ein, diese Vorahnungen der Vernichtung in ein Verständnis dieses Abschnittes aus dem Römerbrief umzuleiten.

Ich glaube, unbewußt habe ich diese Einladung vorweggenommen, als ich kürzlich mit einem Freund durch die Sussex Downs gewandert bin. Ich machte eine Bemerkung über den Unterschied, ob man morgens dort unterwegs ist, wenn die Welt atemberaubend lebendig und zuversichtlich wirkt, oder ob man dieselben Wege in der Abenddämmerung geht, wenn die Sonne untergegangen ist und ein Schauder von Scham und Traurigkeit über diese sanft rollenden Hügel kriecht. Auch sie liegen, wie die ganze Schöpfung, seit undenklichen Zeiten in den Banden des Verfalls. In solchen Augenblicken kann man fast das Seufzen der Schöpfung hören.

Die Erde wartet auf die Rückkehr Edens – auf die Zeit, wenn es keinen Tod und keinen Verfall mehr geben wird. Wir warten auf dasselbe. Wir wollen in der Kühle des Nachmittags mit Gott durch den Garten gehen, wie es von Anfang an beabsichtigt war. Bis dahin seufzen wir zu Gott mit einer Wehmut, die wir nicht in Worte fassen können. Meine Kindheit kann niemals in der Form zurückkommen, wie ich sie mir gewünscht hätte, aber vielleicht wird Gott mir helfen, das beiseite zu lassen und mich auf die Kindheit der Welt zu konzentrieren, die erneuert werden *wird*.

Als ich ein Kind war,
ahnte ich nichts vom Fall der Welt vor langer Zeit.
Oft stolperte ich, fiel vom Baum herab,
war stolz auf meine blutigen Knie,
und Rampen bauten wir, zum Hinunterrollen
und Schlittenfahrn, wenn Schnee gefallen war.
Damals warn meine Knochen biegsamer,
selbst wenn sie brachen, heilten sie schon bald,
und alle heiterten mich durch Geschenke auf.
Einmal ging ich mit einem Freund bei Nacht zum Schlittenfahrn,
er traute nicht dem Mondlicht, und er hatte recht:
Der Mond verschwand, kaum daß die Fahrt begann.
Doch ich war froh über die Dunkelheit.
Am liebsten wär' ich so in alle Ewigkeit geglitten,
ich wünschte, dieser bleiche Traum, dies Rauschen würde niemals enden.
Er endete – ich habe noch die Narben.
Hab' alle Narben noch von all den Stürzen,
hauptsächlich auf den Knien.
Doch irgendwo tief in mir,
wo niemand je hineinsieht,
hab' ich noch andre Narben, die nicht heilen wollen,
wie ich zu ihnen kam, erinnre ich mich nicht,
doch ahnte ich ja nichts vom Fall der Welt vor langer Zeit,
als ich ein Kind war.

Beten Sie mit mir

Vater, bitte laß das Licht deiner neuen Schöpfung die tiefen Schatten der Vergangenheit durchdringen. Amen.

Kinder auf dem Schoß

Da brachte man die Kinder zu ihm, damit er ihnen die Hände auflegte. Die Jünger aber wiesen die Leute schroff ab. Als Jesus das sah, wurde er unwillig und sagte zu ihnen: Laßt die Kinder zu mir kommen; hindert sie nicht daran! Denn Menschen wie ihnen gehört das Reich Gottes. Amen, das sage ich euch: Wer das Reich Gottes nicht so annimmt wie ein Kind, der wird nicht hineinkommen. Und er nahm die Kinder in seine Arme; dann legte er ihnen die Hände auf und segnete sie.

Markus 10,13–16

Leuten, die den schweren Fehler begangen haben, mich mehr als einmal öffentlich sprechen zu hören, kann wohl kaum entgangen sein, daß mir das Thema Kinder und Kindheit sehr am Herzen liegt. Ich habe selbst vier Kinder, die mir im Lauf der Jahre eimerweise Freude, Schmerz und Offenbarungen gebracht haben. Bevor ich Schriftsteller wurde, arbeitete ich mit Kindern, die unter der Fürsorge des Jugendamtes standen, und in letzter Zeit ist meine Fähigkeit gewachsen, mich mit dem Kind auseinanderzusetzen, das ich einmal war und das immer noch in mir lebt. Hin und wieder ist es mir sogar gelungen, jenes verstörte, schmächtige kleine Kind zu einem Ausflug in die Welt, in der ich als Erwachsener lebe, zu locken. Es fängt gerade an, mir zu vertrauen...

In diesem Abschnitt aus dem Markusevangelium sehen wir die Jünger bei ihrer Lieblingsbeschäftigung – «Schüsse in den

Ofen». Das Leben muß für diese zwölf geistlich zwangsrekrutierten Wanderer ziemlich verwirrend gewesen sein. Immer wenn sie dachten, sie hätten endlich herausgefunden, worauf Jesus hinauswollte, stellte sich heraus, daß sie wieder falsch lagen.

Mein persönlicher Favorit unter diesen Vorfällen ist der, wo Jesus in einer bestimmten Ortschaft nicht willkommen geheißen wird und die Jünger, erfüllt von jener kosmischen Empörung, die ihnen wohl ihrer erhabenen Stellung im Universum angemessen erschien, fragten: «Sollen wir Feuer vom Himmel auf dieses Dorf herabrufen, o Herr?» Ist es gehässig von mir, wenn ich mir die Monty-Python-artige Genervtheit vorstelle, mit der Jesus sich das Haar aus der Stirn strich und antwortete: «Nein, wir werden *kein* Feuer vom Himmel auf dieses Dorf herabrufen...»?

In diesem Fall geht es bei dem «Schuß in den Ofen» um Kinder. Wie ein übereifriges Organisationskomitee haben die Jünger es eilig, dieses unordentliche, unwichtige Element in der versammelten Menge zu verscheuchen, damit der Meister seine Zeit nicht mit Banalitäten vergeuden muß. Woher hätten sie wissen sollen, daß Jesus in den Augen dieser Kinder eine leuchtende Erinnerung oder Spiegelung seiner himmlischen Heimat sah? Er war empört. Er wollte die Kinder auf den Schoß nehmen und sie segnen – und das tat er. Ich hege keinen Zweifel, daß die Jünger an dieser Stelle einfach die Stoßrichtung ihres Übereifers änderten und sich eilends daran machten, jedes Kind in ihrer Sichtweite auf den Meister zuzutreiben. Die meisten von uns lernen sehr langsam, nicht wahr?

Ich möchte Ihnen sagen, daß der ehrgeizige Jünger in mir, seit meiner Bekehrung mit sechzehn Jahren das schmächtige Kind, von dem ich vorhin sprach, daran gehindert hat, zu Jesus zu kommen, um sich von ihm auf den Schoß nehmen und segnen zu lassen. Ich glaube, ich hatte Angst, sein Mangel an Etikette, sein Schmerz und seine Bedeutungslosigkeit wären schlechte Voraussetzungen für einen engen Kontakt mit dem Meister. Ich bin sicher, daß das ein Irrtum war. Natürlich wäre ich gerne ein immer reifer werdender, gut organisierter, fähiger Jünger Christi, aber mir ist neu bewußt geworden, daß sich hin und wieder das Kind an dem Erwachsenen vorbeischleichen muß, um sich von Jesus in die Arme nehmen und einfach eine Weile festhalten zu lassen.

Der Weg nach vorn ist der Weg zurück, und der Weg zurück wird uns zu dem Ort bringen, an dem wir immer sein wollten. Denn wenn wir dem Kind, das Gott in uns liebt, in die Augen sehen, werden wir dasselbe Spiegelbild des Himmels sehen, das Jesus vor zweitausend Jahren in den Augen jener jüdischen Kinder sah, die die Erwachsenen zurechtstutzten, weil sie in die Nähe Gottes wollten.

Beten Sie mit den Kindern

Lieber Jesus, ich spreche im Namen der Kinder, die sich jeden Sonntag in der Kirche in deinen Erwachsenen verstecken. Wir waren jetzt schon lange Zeit brav, obwohl es uns eigentlich keinen Spaß macht, auf Kirchenbänken zu sitzen, langweilige Sachen zu machen und meistens übersehen zu werden. Wenn wir über etwas begeistert sind, dann müssen wir uns noch tiefer verstecken. Wenn wir traurig sind, dann dürfen wir nicht laut weinen, weil das die anderen Leute stört und die dann schlecht über die Erwachsenen denken, in denen wir leben. Jesus, kannst du nicht einen Weg finden, damit sie uns hinauslassen, bitte? Manche von uns haben schon lange nicht mehr auf einem Schoß gesessen, und wir glauben, daß Kinder das brauchen. Bitte leg bei ihnen ein gutes Wort für uns ein, Herr. Wir haben dich lieb. Amen.

Geben und Nehmen

Als sich Jesus wieder auf den Weg machte, lief ein Mann auf ihn zu, fiel vor ihm auf die Knie und fragte ihn: Guter Meister, was muß ich tun, um das ewige Leben zu gewinnen?

Jesus antwortete: Warum nennst du mich gut? Niemand ist gut außer Gott, dem Einen. Du kennst doch die Gebote: Du sollst nicht töten, du sollst nicht die Ehe brechen, du sollst nicht stehlen, du sollst nicht falsch aussagen, du sollst keinen Raub begehen; ehre deinen Vater und deine Mutter!

Er erwiderte ihm: Meister, alle diese Gebote habe ich von Jugend an befolgt.

Da sah ihn Jesus an, und weil er ihn liebte, sagte er: Eines fehlt dir noch: Geh, verkaufe, was du hast, gib das Geld den Armen, und du wirst einen bleibenden Schatz im Himmel haben; dann komm und folge mir nach!

Der Mann aber war betrübt, als er das hörte, und ging traurig weg; denn er hatte ein großes Vermögen.

Markus 10,17–22

Im Lauf der Jahre habe ich viele unterschiedliche Reaktionen auf diese berühmte Geschichte durchlaufen. Eine der ersten war schlicht und einfach Verärgerung über Jesus, weil er nicht bereit war, ein Auge zuzudrücken und den jungen Mann sein Geld behalten zu lassen. Warum ließ er den armen Kerl traurig weggehen, wenn doch nur ein leichtes Dehnen der Spielregeln ihn vor Freude hätte tanzen lassen? Ich hätte es bestimmt so gemacht, Sie nicht? Schließlich hätte man, da wäre Judas sicherlich einer Meinung mit mir gewesen, das Geld gut gebrauchen können, um die laufenden Kosten der Gruppe abzusichern. Keinen Ort zu haben, wo man seinen Kopf hinlegen konnte, war ja als öffentliche Demonstration eines Prinzips gut und schön. Es wäre aber nicht schlecht gewesen, eine Kleinigkeit auf der hohen Kante zu haben, für den Fall, daß die Zeiten *wirklich* hart wurden. Warum sollte man es beinahe grundlos versäumen, einen guten Mann zu gewinnen? Diese Sturheit auf seiten Jesu hat mich wirklich geärgert. Der Himmel muß gezittert haben, meinen Sie nicht?

«Paß auf, Gott!» werden die Engel gerufen haben. ‹Adrian Plass ist verärgert, weil Jesus den reichen Jüngling nicht sein Geld hat behalten lassen!»

«O nein!» ruft Gott und duckt sich hinter seinen eigenen Thron. «Wenn er herkommt, sagt ihm, ich sei nicht da.»

Im Lauf der Jahre sah ich mich allmählich zu der Schlußfolgerung gedrängt, daß ich vielleicht in meiner negativen Reaktion ein kleines bißchen voreilig war (große Erleichterung im Himmel, als Gott hinter seinem Thron hervorkommt). Es gibt zwei Aspekte an diesem Vorfall, die ich heute kenne, damals aber noch nicht kannte.

Erstens ist er ein gutes Beispiel (und die Evangelien sind voll davon) für die Ehrlichkeit und Direktheit, die die Art und Weise kennzeichneten, wie Jesus mit den Menschen umging. Wie sehr benötigen wir heute in den Gemeinden diese furchtlos liebevolle Freimütigkeit.

Zweitens weiß ich nun, daß der tiefere Grund für meine verärgerte Reaktion auf Jesu Verhalten in dieser speziellen Situation eine tiefe, bedrohliche Angst war. Ich hatte Angst – und diese Angst ist mir auch heute keineswegs fremd –, Jesus würde mich auffordern, alles, was ich besaß, zu verkaufen und es den Armen zu geben. Ich war kein reicher junger Mann, als ich die

Geschichte zum ersten Mal las, und ich bin heute kein reicher Mann mittleren Alters. Es gibt viele bunte und wunderbare Formen des Reichtums, und sie befinden sich immer genau dort, wo unser Herz ist. Meine Angst war und ist, daß Gott mich ständig auffordert, das wegzugeben oder zumindest loszulassen, was mir am wertvollsten ist – das, wodurch ich mich sicher und gut fühle. Solange dieses Etwas nicht Jesus ist, wird es von mir verlangt werden, und ich wäre ein Narr, es nicht herzugeben.

Aber Angst habe ich doch.

In Australien habe ich eine Geschichte gehört, die mir geholfen hat.

Ein junges geistig behindertes Mädchen namens Minnie saß mit einer Mitarbeiterin der Einrichtung, in der sie lebte, in der Kirche. Die Zeit war gekommen, daß der Kollektenteller herumgereicht wurde. Minnie hatte ihr eigenes Portemonnaie mit ihrem eigenen Geld darin, aber sie war sich nicht sicher, wieviel sie geben sollte. Sie beugte sich zu ihrer Helferin hinüber und flüsterte: «Was glaubst du, wieviel ich hineinlegen soll?»

«Das ist eine Sache zwischen dir und Gott, Minnie», antwortete die Frau. «Das mußt du entscheiden.»

Minnie öffnete ihr Portemonnaie. Es befanden sich nur zwei Münzen darin. Die eine war ein Fünfzig-Cent-Stück, eine große Münze, die nach deutscher Währung etwa sechzig Pfennig wert ist. Die andere war ein Zwei-Dollar-Stück, im Vergleich winzig, aber viermal so viel wert. Diese kleinere Münze nahm Minnie heraus und umklammerte sie mit der Faust, während sie mit fest geschlossenen Augen betete. Ihr Gebet muß wohl beantwortet worden sein. Sie öffnete die Augen, steckte das Zwei-Dollar-Stück zurück in ihr Portemonnaie, zog die Fünfzig-Cent-Münze hervor und hielt sie ihrer Helferin vors Gesicht.

«Nein!» sagte sie mit leuchtenden Augen, «die *große* für Jesus!»

Was dieses nette kleine Gleichnis besagt, ist, daß wir, wenn wir das hergeben, was uns am allerwertvollsten erscheint, vielleicht durch Gottes Gnade etwas behalten dürfen, das schon immer unendlich viel wertvoller war, als wir je wußten oder uns vorgestellt haben.

Beten Sie mit mir

Herr, ich brauche hier ein wenig Hilfe. Zuerst einmal bin ich mir gar nicht sicher, ob ich die Sache benennen kann, die mir am wertvollsten ist. Hier ist eine Liste der aussichtsreichsten Kandidaten:

1. Die Liebe meiner Frau, meiner Familie und meiner Freunde und die Gemeinschaft mit ihnen.
2. Das Streben nach den obersten Prioritäten, die die Geborgenheit und Liebe in meiner unmittelbaren Familie betreffen.
3. Die freie Wahl, wo ich leben und welchen Beruf ich ausüben werde. Ich möchte gerne weiterhin Schriftsteller sein.
4. Gelegenheiten zu üppigen, ausgedehnten Mahlzeiten, dazu einen guten Wein, mit Leuten, in deren Gegenwart ich mich entspannen kann.
5. Genug Geld, um das furchtbare, trostlose Gefühl zu verhindern, das uns befällt, wenn wir überhaupt keines haben.
6. Das Recht, beleidigt zu sein und meine Verärgerung zu zeigen, indem ich schmolle oder irgendeine andere negative Masche anwende.

Ich weiß, daß an all diesen Dingen an sich nichts Verkehrtes ist, Herr (na ja, wahrscheinlich ist Nummer sechs nicht gerade wundervoll), aber ich möchte nicht, daß irgend etwas davon die erste Stelle auf der Liste einnimmt. Ich möchte, daß du dort stehst. Ich möchte so weise und großzügig wie Minnie sein. Hilf mir, Vater. Amen.

Der Himmel auf Erden?

Euer Herz lasse sich nicht verwirren. Glaubt an Gott und glaubt an mich! Im Haus meines Vaters gibt es viele Wohnungen. Wenn es nicht so wäre, hätte ich euch dann gesagt: Ich gehe, um einen Platz für euch vorzubereiten? Wenn ich gegangen bin und einen Platz für euch vorbereitet habe, komme ich wieder und werde euch zu mir holen, damit auch ihr dort seid, wo ich bin. Und wohin ich gehe – den Weg dorthin kennt ihr.

Thomas sagte zu ihm: Herr, wir wissen nicht, wohin du gehst. Wie sollen wir dann den Weg kennen?

Jesus sagte zu ihm: Ich bin der Weg und die Wahrheit und das Leben; niemand kommt zum Vater außer durch mich. Johannes 14,1–6

Wenn ich einmal im Himmel bin,
sag mir, daß ich dort Drachen steigen lassen darf,
die Art, die man angeblich steuern kann,
obwohl es mir nie recht gelang.
Die Art, die kreist und kreist und kreist und kreist,
dann sinkt und taucht und stirbt,
und wieder steigt und wieder kreist,
und taucht und stirbt und wieder sich erhebt,
ich liebe solche Drachen.

Wenn ich einmal im Himmel bin,
sag mir, daß ich dort gute Freunde treffen darf,
in altenglischen Pubs voll Eichenholz,
umgeben von den sanften Sussex Downs,
daß Sommerabende gemächlich an die Ufer
jener vertrauten kleinen Inseln plätschern,
auf denen Schweigen oder Albernheiten wohnen,
die Dinge, die man nirgends sonst gefahrlos sagen kann.
Ich liebe solche Zeiten.

Wenn ich einmal im Himmel bin,
sag mir, daß es dort Jahreszeiten voller Farben geben wird,
Mohnblumen, flammensprühend
durch greises Gelb, lebendiges Grün,
und bittre Traurigkeit des Herbstes, die mich stets zum Weinen brachte
um das, was enden muß.
Um Winterfeuer, lodernd wie gefangne Sonnen,
die kalt und grau sind, wenn der Morgen kommt.
Ich liebe diesen Lauf der Jahreszeiten.

Wenn ich einmal im Himmel bin,
sag mir, daß es dort endlich Frieden geben wird,
daß irgendwo auf einer Wiese, voll von Sonnenschein,
von Butterblumen voll und voll von Freunden,
du einen Strohhalm kaust und uns erklärst,
wie alles wirklich ist.
Und wenn es falsch ist, daß ich Erdenhoffnung an die Tür des Himmels lege
oder davon zu sprechen wage,
sei meiner Torheit gnädig, lieber Herr,
ich liebe diese Welt, die du gemacht – sie allein kenne ich.
Amen.

Ein Job fürs Leben

Als sie gegessen hatten, sagte Jesus zu Simon Petrus: Simon, Sohn des Johannes, liebst du mich mehr als diese?

Er antwortete ihm: Ja, Herr, du weißt, daß ich dich liebe.

Jesus sagte zu ihm: Weide meine Lämmer!

Zum zweitenmal fragte er ihn: Simon, Sohn des Johannes, liebst du mich?

Er antwortete ihm: Ja, Herr, du weißt, daß ich dich liebe.

Jesus sagte zu ihm: Weide meine Schafe!

Zum drittenmal fragte er ihn: Simon, Sohn des Johannes, liebst du mich?

Da wurde Petrus traurig, weil Jesus ihn zum drittenmal gefragt hatte: Hast du mich lieb? Er gab ihm zur Antwort: Herr, du weißt alles; du weißt, daß ich dich liebhabe.

Jesus sagte zu ihm: Weide meine Schafe.

Johannes 21,15–17

Ich fühle mich von diesen Versen eingeschüchtert. So viele Menschen, die viel klüger sind als ich, haben über sie geschrieben. Wenn ich auf Abwehr schalte, werde ich albern. Ich habe mich bei dem Gedanken ertappt, daß diese Passage klingt wie eines jener Gespräche vor dem Urlaub, in denen man versucht, einen Freund dazu zu kriegen, vierzehn Tage lang die Haustiere der Familie zu versorgen. Auf diesen merkwürdigen Vergleich hin bin ich eine Runde mit dem Hund gegangen, um meinen Kopf wieder klar zu bekommen, und nun bin ich mit einem ernsthafteren Gedanken wieder zurück.

An früherer Stelle haben wir gesehen, wie elend sich Petrus nach seinen drei vorausgesagten Verleugnungen fühlte. Ich habe versucht, etwas von dem Schmerz auszudrücken, den der Prozeß mit sich bringt, zu akzeptieren, daß Gott uns durch und durch *kennt*. Hier jedoch haben wir die andere Seite der Medaille.

In diesem berühmten Dialog nach dem Frühstück pustet Jesus nicht nur jene drei Verleugnungen weg wie Ziele an einem Schießstand, sondern er überträgt seinem Freund auch eine gewaltige Hirtenverantwortung. Später mag sich Petrus vielleicht folgendes überlegt haben:

«Jesus war immer sehr direkt zu mir – zu direkt, dachte ich manchmal. Er nannte mich Satan, als ich dachte, er würde mir dankbar sein. Als ich sagte, ich würde ihn niemals verlassen, sagte er mir, ich würde ihn dreimal verleugnen, und er behielt recht. Er weiß alles. Und nun hat er mir eine Aufgabe gegeben, obwohl er mich von den Sohlen meiner Sandalen bis zum Scheitel kennt. Das bedeutet, daß er weiß, daß ich es schaffen kann.»

Und wie wir alle wissen, hat er es geschafft.

Beten Sie mit mir

Herr, manchmal bin ich sehr verwirrt und ängstlich darüber, was ich tun soll und was ich nicht tun soll. Jeder scheint über das Thema Führung anders zu denken, und ich tappe im Nebel umher. Hilf mir, an das letzte Mal zurückzudenken, als ich mir sicher war, daß du mir eine Aufgabe gegeben hattest. Habe ich sie ausgeführt? Wenn nicht, arbeite ich noch daran? Oder ist sie in einem Meer falscher Ablenkungen untergegangen? Wenn du mir die Aufgabe übertragen hast, Herr, dann weiß ich, genauso wie Petrus es wußte, daß sie wirklich von mir zu bewältigen ist. Hilf mir, den Unrat wegzuräumen, und wenn da unerledigte Dinge zwischen uns stehen, die meine Arbeit hindern, sag es mir. Laß uns reinen Tisch machen und von vorne anfangen. Amen.

Lieber Papa . . .

Denn ihr habt nicht einen Geist empfangen, der euch zu Sklaven macht, so daß ihr euch immer noch fürchten müßtet, sondern ihr habt den Geist empfangen, der euch zu Söhnen macht, den Geist, in dem wir rufen: Abba, Vater! Römer 8,15

Als Bob Hope einmal gefragt wurde, ob er glaube, in den Himmel zu kommen, antwortete er: »Nun, ich hoffe zumindest, daß ich nicht irgendeine Formalität versäume.«

Viele Leute, die ich treffe, haben genau dieses Problem. Was ist, wenn ihre Theologie in irgendeinem entscheidenden Bereich fehlerhaft ist? Wird der Hüter der Himmelstore ihr persönliches Glaubensbekenntnis überfliegen und mit einem bedauernden Kopfschütteln verkünden, daß sie es nicht ganz geschafft haben, so wie man wegen irgendeines trivialen Fehlers durch eine Führerscheinprüfung fällt? Die Theologie wahrt die Reinheit des göttlichen Flusses, doch die Liebe ist das Boot, das uns zu Jesus trägt. Schauen Sie sich das Bild auf der folgenden Seite gut an.

Katy, die damals sechs war, schickte mir diesen Brief, als ich 1993 allein in Südafrika unterwegs war. Er ist eine Mitteilung eines Kindes an seinen Vater, und er enthält ein paar interessante Merkmale.

Zunächst einmal ist die «Theologie» völlig daneben, nicht wahr? Ich war gar nicht in Südamerika, oder? Ich war in Südafrika. Sodann hat diese sogenannte Darstellung meiner Person

to DaD I hope rou will rite to us wen rou get to south amerika I hope rou Like my pitcha it is sposto Look Like rou I miss rou very much Love from Katy

nicht die geringste Ähnlichkeit mit mir (wer anderer Meinung ist, bekommt großen Ärger). Jeder weiß, daß ich ein alter Mann mit einem Bart bin.

Kommen wir nun zur Rechtschreibung. Seit wann steht «sposto» im Oxford Dictionary? Dann sehen Sie sich an, wie die Zeilen geschrieben sind – sie gehen quer über das Blatt, auf und ab wie eine Achterbahn. Und wo sind die Adresse, das Datum und die Telefonnummer? Nicht da, stimmt's? Küßchen (jedes Kreuz auf ihrem Brief entspricht einem Küßchen) sind ja schön und gut, aber was *besagen* sie schon? Was für eine Mitteilung soll das sein?

Ich sage Ihnen, was das für eine Mitteilung ist! Es ist der wunderbarste Brief, den je ein einsamer Vater von seinem geliebten Kind bekommen hat. Glauben Sie im Ernst, ich hätte auch nur einen einzigen Buchstaben anders haben wollen, nur damit alles seine langweilig gesetzliche Richtigkeit hat? Nein, natürlich nicht. Jedes Küßchen zählte. Jeder Versuch, mit angestrengt hervorschauender Zungenspitze Liebe zum Ausdruck zu bringen, berührte mein Herz in jenem fernen, unruhigen Land.

Theologie *ist* wichtig, aber Gott will geliebt werden wie jeder andere auch. Haben Sie keine Angst davor, auf seinen Schoß zu klettern, nur weil Sie manches nicht verstehen. Papas brauchen Küßchen; alles andere kann warten.

Beten Sie mit mir

Wenn wir sehen, wie gelehrt und gebildet manche Christen sind, dann fühlen wir uns manchmal eingeschüchtert, Vater. Willst du wirklich die Gebete von uns Banausen hören, die wir uns einfach nicht merken können, wo genau Ephesus liegt, und nicht wissen, ob die Bibel nun unfehlbar oder irrtumslos sein soll – oder beides – und sowieso nicht genau kapieren, was der Unterschied ist?

Wie dumm von uns, daß wir uns von solchen Dingen abhalten lassen, Vater. Lehre uns, dich voll Naivität, Begeisterung und Wärme von Herzen zu lieben. Hilf uns, uns wieder anzugewöhnen, einfach bei dir zu sein und vor allem zu verstehen, daß nichts Sündiges, Unpassendes oder Stolzes daran ist, zu glauben, daß du die Liebe deiner Kinder brauchst. Lieber Vater, lehre uns zu lieben. Amen.

Passion

Spiel fürs Publikum

Am Tag darauf hörte die Volksmenge, die sich zum Fest eingefunden hatte, Jesus komme nach Jerusalem. Da nahmen sie Palmzweige, zogen hinaus, um ihn zu empfangen, und riefen:

Hosanna!
Gesegnet sei er, der kommt im Namen des Herrn,
der König Israels!

Jesus fand einen jungen Esel und setzte sich darauf – wie es in der Schrift heißt:

Fürchte dich nicht, Tochter Zion!
Siehe, dein König kommt;
er sitzt auf dem Fohlen einer Eselin.

Das alles verstanden seine Jünger zunächst nicht; als Jesus aber verherrlicht war, da wurde ihnen bewußt, daß es so über ihn in der Schrift stand und daß man so an ihm gehandelt hatte.

Die Leute, die bei Jesus gewesen waren, als er Lazarus aus dem Grab rief und von den Toten auferweckte, legten Zeugnis für ihn ab. Eben deshalb war die Menge ihm entgegengezogen: weil sie gehört hatte, er habe dieses Zeichen getan. Die Pharisäer aber sagten zueinander: Ihr seht, daß ihr nichts ausrichtet; alle Welt läuft ihm nach. Johannes 12,12–19

Ein Freund, der kürzlich von einer Reise nach Israel zurückkehrte, zeigte mir eine Fotografie des Tores, durch das Jesus geritten sein muß, als er in Jerusalem einzog. Am Torbogen hängt ein großes Schild «Einfahrt verboten». Es ist ein ernüchternder Gedanke, daß die Ankunft Jesu in der Stadt, wäre er in unserer Zeit in die Welt gekommen, ernsthaft durch die Anwesenheit eines wichtigtuerischen Verkehrspolizisten erschwert worden wäre, der gleichgültig sein vierbeiniges Verkehrsmittel betrachtet und gesagt hätte: «Tut mir leid, mein Herr, Vorschriften sind Vorschriften, wer immer Sie sind. Ich fürchte, Sie müssen um die Stadt herum reiten und durch das Einbahnstraßensystem hereinkommen wie jeder andere auch.»

Hier sehen wir eine der wenigen Gelegenheiten, bei denen Jesus während seines Wirkens auf der Erde öffentlich gefeiert wurde. Jene, die fieberhaft darauf drängen, ständig ein triumphales Verhalten an den Tag zu legen, täten gut daran, das wechselhafte Muster des emotionalen und geistlichen Lebens Jesu zu studieren. Dieser seltene Augenblick des Triumphes, dem Tränen vorausgegangen waren und dem der Tod folgte, war weiß Gott kurz genug, aber alles, was für ihn zählte, war seine *Richtigkeit.* Jesus lehnte alle Fernseh- und Filmangebote rundweg ab. Drei Jahre lang hatte er jede Gelegenheit zurückgewiesen, die Ehre zu ergreifen, die die Menschen ihm antragen wollten. Dieser kurze Moment des Freudenjubels jedoch war Teil des Planes seines Vaters, und er muß ihm das Herz erwärmt haben. Der richtige Auftritt zur richtigen Zeit vor dem richtigen *Publikum.*

Manchmal wünsche ich mir, ich hätte dieses Buch nie begonnen. Ich dachte, ich wüßte – mehr oder weniger –, welches meine Ängste sind. Aber man findet immer neue Schichten, so tief man auch vordringt, nicht wahr? Kaum hatte ich angefangen, über das Wort «Publikum» nachzudenken, wurde mir klar, daß ich mich nie richtig mit meiner eigenen Abhängigkeit von einer Art Phantompublikum auseinandergesetzt habe. Einem Publikum aus unsichtbaren Leuten, die nur existieren, um der Seifenoper meines Lebens zu applaudieren.

Als ich noch jünger war, war es natürlich viel schlimmer. Als Jugendlicher wollte ich niemals etwas um seiner selbst willen tun oder haben. Ich wollte nur die «Medaille». Ich wollte mit einem Mädchen ausgehen, damit ich sagen konnte, daß ich mit einem Mädchen ausging. Ich wollte mit einem Flugzeug fliegen, damit ich nonchalant darüber plaudern konnte, was es für ein Gefühl ist zu fliegen. Ich wollte eine schicke Uhr haben, nicht um immer genau zu wissen, wie spät es ist – das hat mich nie sonderlich interessiert –, sondern damit die Leute mich dabei beobachten, wie ich auf meine beeindruckende Uhr schaue. Ich kaufte mir Zigaretten, um den Rauch durch die Nasenlöcher hinauszublasen, während ich in filmgerechter Nahaufnahme den Blick zum Horizont richtete, die Schlußmusik sich zum Höhepunkt steigerte und ein tief bewegtes Publikum mir von den Kinosesseln aus gebannt zusah. Ich war ein Idiot. Aber ich war vermutlich ein ziemlich durchschnittlicher Idiot. Die meisten Leute sind durch ein ähnliches Stadium gegangen, aber die meisten Leute werden irgendwann erwachsen – oder nicht?

Was mir Angst macht, ist, daß diese unsichtbaren Zuschauer immer noch eine tiefe Wirkung auf mich haben, während ich mich meinem fünfundvierzigsten Geburtstag nähere. Ab und zu tue ich etwas Bedeutendes oder reise an einen interessanten Ort, und dann entdecke ich ein Vakuum, wo normale Befriedigung oder Genuß sein sollte. Ich glaube, ich warte vergeblich auf den Applaus. Diese Gewohnheit – diese Sucht nach Publikum – hat meine Fähigkeit beeinträchtigt, den Ereignissen des Lebens unmittelbar und lebendig zu begegnen.

Ich möchte wie Jesus sein. Ich möchte mich nur für die Anerkennung des Vaters interessieren. Ich möchte, daß er mein Publikum ist, aber ich werde Heilung brauchen, bevor die Wirklichkeit das ganze Land meines Herzens bewohnen kann. Da gibt es immer noch eine Menge EINFAHRT-VERBOTEN-Schilder, die erst einmal gefällt werden müssen.

Beten Sie mit mir

Vater, manche von uns sind immer noch vom Applaus der Welt abhängig, und weil deine Anerkennung uns nicht real genug erscheint, können wir die Droge nicht ganz abschütteln. Wir lernen schon so früh in unserem Leben, Herr, daß es lebenswichtig sei, wie andere Leute uns sehen, und natürlich ist es das in gewisser Hinsicht auch. Aber Jesus sagte, wir täten besser daran, uns Schätze im Himmel zu sammeln. Er sagte uns, du würdest uns im Verborgenen belohnen, wenn wir anderen im Verborgenen Gutes tun. Das ist nicht die Art der Welt, Vater, aber wir begreifen, daß es *deine* Art ist; darum bitten wir dich: Heile uns von unserer Abhängigkeit vom Applaus der Welt, und öffne unsere Ohren, damit wir hören, wie die Engel uns anfeuern. Amen.

Die Hügel der Heimat

Auch einige Griechen waren anwesend – sie gehörten zu den Pilgern, die beim Fest Gott anbeten wollten. Sie traten an Philippus heran, der aus Betsaida in Galiläa stammte, und sagten zu ihm: Herr, wir möchten Jesus sehen. Philippus ging und sagte es Andreas; Andreas und Philippus gingen und sagten es Jesus.

Jesus aber antwortete ihnen: Die Stunde ist gekommen, daß der Menschensohn verherrlicht wird. Amen, amen, ich sagte euch: Wenn das Weizenkorn nicht in die Erde fällt und stirbt, bleibt es allein; wenn es aber stirbt, bringt es reiche Frucht. Wer an seinem Leben hängt, verliert es; wer aber sein Leben in dieser Welt geringachtet, wird es bewahren bis ins ewige Leben. Wenn einer mir dienen will, folge er mir nach; und wo ich bin, dort wird auch mein Diener sein. Wenn einer mir dient, wird der Vater ihn ehren.

Johannes 12,20–26

Von Anfang 1981 bis Ende 1987 arbeiteten Bridget und ich bei einer spätabends ausgestrahlten Fernsehsendung namens «Company» mit. Im Lauf dieser sieben Jahre begegneten wir an einem alten Küchentisch in den TVS-Studios vielen Leuten. Manche von ihnen waren bekannt, andere ganz unbekannt für die relativ kleine Zahl der Zuschauer, die jeden Abend einschalteten. Um ganz ehrlich zu sein, uns war die Aussicht lieber, weithin unbekannte Studiogäste kennenzulernen, weil die persönliche Ausstrahlung christlicher «Stars» manchmal nicht ganz ihrem öffentlichen Image entsprach (Gott, vergib mir meine Arroganz – und meine Heuchelei!).

David Watson, der beliebte Evangelist und Schriftsteller, war keinesfalls eine Enttäuschung. Die Sendungen, die wir mit ihm aufzeichneten, machten uns sehr viel Freude. Noch mehr Freude hatten wir während der Zeit, die wir am Tag vor der Aufzeichnung damit verbrachten, mit David die Sendung vorzubereiten, mit ihm zu essen und zu entspannen. Er war ein Mensch, der voller Freude und Schmerz zugleich zu stecken schien, gepaart mit einer ansteckenden Begeisterung für den Gott, dem er so wirksam gedient hatte.

Die Erfahrung bewegte uns besonders deshalb, weil bei David bereits die Krebserkrankung diagnostiziert worden war, die dann später zu seinem Tod führte. Er wirkte auf uns völlig gesund. Als wir ihn kennenlernten, hatte er sich unter Qualen von der Einstellung, «bleiben zu wollen, aber bereit zu sein zu gehen», zu der Einstellung durchgekämpft, «gehen zu wollen, aber bereit zu sein zu bleiben, falls er geheilt würde». Die Reise von der ersten zur zweiten dieser Aussagen muß wie eine Fußwanderung zum Südpol gewesen sein, aber indem er sie hinter sich brachte, erfüllte er unmittelbar die Worte Jesu:

> Wenn einer mir dienen will, folge er mir nach; und wo ich bin, dort wird auch mein Diener sein. Wenn einer mir dient, wird der Vater ihn ehren.

David folgte den Fußstapfen seines Meisters, und die Ehre dafür wird ihm nicht versagt geblieben sein. Ich bin ziemlich sicher, daß Jesus diese Welt geliebt hat und eine ähnliche Reise des Willens zurücklegen mußte, als er dem Krebs der Sünde gegenüberstand, der am Kreuz in seinen Körper eindringen würde. Wäre es nicht so, wäre er kein wahrer Mensch gewesen.

Könnte ich diese Reise zurücklegen?

Könnte der Himmel mir zur Heimat werden, während ich noch auf der Erde logiere?

Ich fürchte nein, aber da Gott sehr einfallsreich ist, könnte es sein, daß ich mich irre. Die folgenden Zeilen, die ich kürzlich schrieb, sind noch nicht wahr, aber ich bete, daß sie es eines Tages sein werden.

Ein anderes Land
ruft mich jetzt,
doch ich werde bleiben,
denn wir lieben diesen Ort,
und von den oberen Fenstern kann ich stets
die Hügel der Heimat sehen,
freilich nur, wenn ich die Stufen emporsteige.
Lieber sehe ich die Hügel,
als daß ich meine Gebete
am Fuß der Treppe spreche.
Ein anderes Land
ohne diesen geliebten Einwohner,
dessen angestrengt spähende Augen
nie das Land gesehen haben, in das er gehört,
nur die fernen Hügel
von den oberen Fenstern,
wenn er die Stufen emporsteigt
mit anderen, die auch
unwillig sind, Gebete zu murmeln
am Fuß der Treppe.
Ein anderes Land,
wo der Baumeister wartet
und liebevoll die Wohnungen
bereitet, die wir brauchen werden,
alle inmitten der Hügel gelegen,
und alle sind sie von Hand erbaut,
und alle sind sie Heimat,
und alle empfangen sie Besuch,
und keins davon braucht eine Treppe.

Beten Sie mit mir

Herr, heute spüre ich die Wärme, mit der du dich nach der Zeit sehnst, wenn wir alle in unserer wirklichen Heimat zusammensein können. Du weißt, wie es sein wird, aber für uns liegt es noch etwas im Nebel. Hin und wieder jedoch, wenn uns etwas Schönes begegnet, spüren wir einen Hauch von Heimweh nach dem Ort, den wir noch nie gesehen haben. Danke dafür, daß du Wohnungen für uns vorbereitest. Danke für den langsamen Prozeß der Veränderung in unserem Denken. Wir hatten Angst davor, Flüchtlinge und Fremde zu sein an dem Ort, wo du bist, aber du erfüllst uns ganz allmählich mit dem Bewußtsein unserer Bürgerschaft im Himmel, die Jesus für uns am Kreuz erworben hat. Manchmal sehnen wir uns nach den Hügeln der Heimat. Amen.

Da sagte Jesus zu ihnen: Nur noch kurze Zeit ist das Licht bei euch. Geht euren Weg, solange ihr das Licht habt, damit euch nicht die Finsternis überrascht. Wer in der Finsternis geht, weiß nicht, wohin er gerät. Solange ihr das Licht bei euch habt, glaubt an das Licht, damit ihr Söhne des Lichts werdet. Dies sagte Jesus. Und er ging fort und verbarg sich vor ihnen.

Obwohl Jesus so viele Zeichen vor ihren Augen getan hatte, glaubten sie nicht an ihn. So sollte sich das Wort erfüllen, das der Prophet Jesaja gesprochen hat:

Herr, wer hat unserer Botschaft geglaubt? Und der Arm des Herrn – wem wurde seine Macht offenbar?

Denn sie konnten nicht glauben, weil Jesaja an einer anderen Stelle gesagt hat:

Er hat ihre Augen blind gemacht und ihr Herz hart, damit sie mit ihren Augen nicht sehen und mit ihrem Herzen nicht zur Einsicht kommen, damit sie sich nicht bekehren und ich sie nicht heile.

Das sagte Jesaja, weil er Jesu Herrlichkeit gesehen hatte, über ihn nämlich hat er gesprochen.

Dennoch kamen sogar von den führenden Männern viele zum Glauben an ihn; aber wegen der Pharisäer bekannten sie es nicht offen, um nicht aus der Synagoge ausgestoßen zu werden. Denn sie liebten das Ansehen bei den Menschen mehr als das Ansehen bei Gott. Johannes 12,35–43

Lassen Sie mich Ihnen von drei Versuchen erzählen, dem Licht auszuweichen.

Der erste betrifft eine Freundin von mir, die ich Grace nennen möchte, eine unverheiratete Frau von Ende fünfzig. Bridget und ich waren eines Abends in dem Jahrhunderte alten Haus, in dem sie (von einigen sehr menschenähnlichen Hunden abgesehen) alleine wohnt, zum Essen eingeladen. Graces bezaubernde, ein wenig abseitige Sicht des Lebens verhieß, daß es zumindest ein interessanter Abend werden würde. Wurde es auch.

Wir erschienen am richtigen Abend (Sie ahnen nicht, was für eine Leistung das für mich ist) und wurden durch zwei schön möblierte Zimmer des alten Hauses geführt, gefolgt von einem ganzen Strom von Hunden, bis wir die Küchentür erreichten.

«Hier drinnen essen wir», sagte Grace und winkte uns durch, während sie sprach.

Die Küche war eine finstere Höhle mit drei winzigen Lichtquellen, die im Dreieck um den Tisch angeordnet waren, der in der Mitte des Raumes stand. Bridget und ich spähten in die Düsternis, die diese schwach erleuchtete Insel umgab, doch von den anderen Gegenständen waren allenfalls vage Umrisse zu erkennen.

Grace, die offenbar gerade eine ziemlich radikale Karottendiät machte, servierte uns beinahe sofort das Essen, dazu einen vorzüglichen Rotwein. Das Essen war ausgesprochen gut, wenn es auch in dem Dämmerlicht nicht ganz leicht zu finden war. Die Kerzen, die neben jedem der Gedecke brannten, waren nicht besonders groß, und wenn man nur die Umrisse sieht, unterscheidet sich eine Gemüsesorte nicht sehr von der anderen. Wie wir so über unsere Teller gebeugt dasaßen und angestrengt versuchten, die verschiedenen Zutaten unseres Essens zu identifizieren, nur jeweils eine Seite jedes Gesichts im flakkernden Kerzenlicht orange schimmernd, sah es wohl so aus, als posierten wir für ein Schreckensgemälde mit dem Titel «Speisende Gespenster». Ich versuchte Bridgets Blick aufzufangen, aber ich konnte ihre Augen nicht sehen. Ich räusperte mich.

«Äh, es ist ein bißchen dunkel, findest du nicht, Grace? Nette Atmosphäre und so, aber ein bißchen... äh... dunkel.»

Vom anderen Ende der Höhle antwortete Grace gelassen: «Ja, ich weiß, das ist Absicht. Ich wollte nicht, daß ihr seht, in was für einem widerwärtigen Zustand die Küche ist.»

«Aber daß wir wissen, daß sie in einem widerwärtigen Zustand ist, stört dich nicht?» fragte Bridget erstaunt.

«O nein», sagte Grace, «Hauptsache, ihr könnt es nicht sehen. Alles andere ist halb so wichtig.»

Wie nennt man so etwas? Ehrlichen Betrug vielleicht?

Der zweite Versuch, dem Licht auszuweichen, betrifft einen anderen Freund von mir namens Tim. Ein gläubiger Christ, der einen neuen und sehr befriedigenden Job anfing, nur um zu entdecken, daß seine Kollegen, die sonst alle sehr nett waren, allesamt eine ziemlich militant negative Einstellung gegenüber Christen und dem Christentum hatten. Aus ihrer Sicht durfte man so ziemlich alles sein, vom Scientologen bis zum Froschanbeter, solange man sich nur nicht auf all dieses katzbukkelnde Zeug mit Jesus einließ.

Tim hatte es nicht geschafft, seinen Arbeitskollegen die schreckliche Wahrheit zu sagen, und mit jedem Tag, der verging, wurde es schwieriger. Eine Erleichterung war ihm der Gedanke, daß es vielleicht sogar besser war, wenn sie ihn erst einmal etwas kennenlernten, so daß «seine Werke seinen Glauben offenbar werden lassen» könnten, aber ich hatte nicht den Eindruck, daß Tim sich mit dieser Lösung allzu wohl fühlte. Ich frage mich, warum nicht? Übrigens, er hat es ihnen immer noch nicht gesagt.

Die dritte Figur in meiner Galerie nachtaktiver Persönlichkeiten bin ich selbst. Mir steigt die Schamröte ins Gesicht, wenn ich an diesen Vorfall denke.

Ich war damals auf der Schauspielschule in Bristol und schwankte wild zwischen den Exzessen meiner ziemlich fanatisch evangelikalen Einstellung einerseits und andererseits dem Gefühl, zum ersten Mal von zu Hause fort zu sein, und das auch noch in der künstlich amoralischen Umgebung der Theaterschule, hin und her. Eines Abends, als ich mit meiner großen schwarzen Bibel unter dem Arm in einer Cafeteria in der Nähe der Schule Kaffee trank, kam ich mit einem Studenten ins Gespräch, der den törichten Fehler begangen hatte, mich zu fragen, «was für ein Buch» ich denn da läse. Da ich im Moment gerade auf geistlich geschaltet hatte, gab ich es ihm ordentlich, genau zwischen die Augen. Er war beeindruckt. Ich merkte genau, daß er beeindruckt war. Als ich ging (die Tatsache, daß ich vor ihm ging, muß wohl bedeutsam gewesen sein), war er tief in Gedanken versunken. Dementsprechend jubelte ich innerlich.

Weniger als eine Woche später sah ich ihn wieder. Diesmal betrat er eine Kneipe, in der ich gerade unverrückbar auf *nicht* geistlich geschaltet hatte, gemeinsam mit ein paar Bekannten, die überhaupt noch nie so getan hatten, als wären sie geistlich. Wir waren alle schon recht benebelt. Ich begrüßte den Neuankömmling ausgelassen. Ich wußte, daß ich ihm irgendwo schon einmal begegnet war, aber im Augenblick konnte ich mich nicht erinnern, wo. Seine Augen leuchteten auf, als er mich entdeckte, doch der Glanz schwand rasch wieder, als er meinen halb betrunkenen Zustand und die allgemeine Qualität unserer Gespräche bemerkte. Dann erinnerte ich mich, wer er war, und schämte mich. Ich glaube nicht, daß ich ihn noch einmal wiedergesehen habe.

Jesus nachzufolgen ist sehr kostspielig. Ein Teil der Kosten besteht darin, daß wir im Flutlicht seiner Vollkommenheit als das gesehen werden, was wir sind. Viele von uns fürchten, durchaus nicht zu Unrecht, daß unsere Fehler und Torheiten aufgedeckt werden, wenn wir ihm zu nahe sind. Natürlich werden sie das, und so sollte es auch sein. Schließlich ist er es, für den wir werben – nicht wir selbst. Als ich mit diesem Jungen in der Cafeteria sprach, hätte ich mich nicht mit verzücktem Blick in Andeutungen über irgendwelche verborgenen, mystischen Tiefen in mir ergehen sollen. Ich hätte deutlich machen müssen, daß ich ein fehlerhafter Nachfolger war, statt den Eindruck zu erwecken, ich stünde kurz vor der Heiligsprechung. Heute würde ich versuchen, einfach *ich* zu sein.

Wird Tim je die Katze aus dem Sack lassen?

Wagen wir es, das Licht in der Küche anzumachen und immer noch zu behaupten, wir seien Nachfolger Jesu? Ich bin nicht ganz sicher, wie ich diese Frage beantworten würde.

Beten Sie mit mir

Vater, gelegentlich denke ich, es wäre leichter, meinen Glauben aufzugeben, als im Licht zu stehen, aber ich weiß, daß ich das eigentlich nicht will. Ich möchte dich lieben, ohne mich dafür zu schämen. Ich möchte vergessen, wie ich auf andere wirke, und den Leuten helfen, zu sehen, wer *du* bist. Aber Vater, ist es in Ordnung, wenn andere sehen, was für ein unordentliches Durcheinander manchmal aus meinem Leben wird? Stört es dich, daß ich dich niemals zufriedenstellend repräsentieren kann? Ich hoffe, daß du und ich immer weiter daran arbeiten werden, den Müll hinauszuschaffen, aber in der Zwischenzeit werde ich einfach das Küchenlicht anmachen und darauf vertrauen, daß du, wenn ich mich nicht deiner schäme, dich auch nicht meiner schämst. Amen.

Jesus aber rief aus: Wer an mich glaubt, glaubt nicht an mich, sondern an den, der mich gesandt hat, und wer mich sieht, sieht den, der mich gesandt hat. Ich bin das Licht, das in die Welt gekommen ist, damit jeder, der an mich glaubt, nicht in der Finsternis bleibt.

Wer meine Worte nur hört und sie nicht befolgt, den richte nicht ich, denn ich bin nicht gekommen, um die Welt zu richten, sondern um sie zu retten. Wer mich verachtet und meine Worte nicht annimmt, der hat schon seinen Richter: Das Wort, das ich gesprochen habe, wird ihn richten am Letzten Tag. Denn was ich gesagt habe, habe ich nicht aus mir selbst, sondern der Vater, der mich gesandt hat, hat mir aufgetragen, was ich sagen und reden soll. Und ich weiß, daß sein Auftrag ewiges Leben ist. Was ich also sage, sage ich so, wie es mir der Vater gesagt hat. Johannes 12,44–50

Ich glaube nicht, daß ich mich schon jemals wirklich mit der Tragweite dessen auseinandergesetzt habe, was Jesus hier sagt. Er bringt ganz unmißverständlich zum Ausdruck, daß wir, wenn wir ihn ansehen, den sehen, der ihn gesandt hat. Was er sagt und was er tut, sind direkte Akte des Gehorsams gegenüber dem Vater.

Wenn ich akzeptiere, daß Jesus ohne Sünde war (und genau das akzeptiere ich tatsächlich), dann muß ich auch glauben, daß all seine überlieferten Taten und Worte in den Augen Gottes richtig und angemessen waren. Dieser Gedanke wird vermutlich eine ehrliche Untersuchung der Evangelien äußerst interessant und aufschlußreich werden lassen. Es ist möglich, daß sie dazu führt, daß ich meinen persönlichen Begriff von Sünde neu definieren muß. Die Vorstellung macht mir ein wenig Angst, aber das macht nichts. Werfen wir einen kleinen Blick auf die «Sünden» Jesu.

Da ist zuerst der Vorfall beim Passafest, zu dem der zwölfjährige Jesus mit seinen Eltern nach Jerusalem reiste. Nachdem das Fest vorbei war, wanderten Maria und Josef einen ganzen Tagesmarsch weit in Richtung Heimat, bevor sie entdeckten, daß ihr Sohn nicht bei ihnen war. Sie nahmen an, wie Bridget und ich es so oft von unseren eigenen Kindern angenommen haben, Jesus hätte sich fröhlich einer Gruppe gleichaltriger Vettern und Freunde angeschlossen. Schließlich muß man sich diese ganze Heimkehrprozession wie eine Art antikes, mobiles Christival vorstellen. Die erschrockenen Eltern eilten zurück nach Jerusalem, und erst nach drei Tagen voll quälender Sorge fanden sie den Jungen im Tempel, wo er jedermann mit der Reife seiner Bemerkungen in Staunen versetzte. Die gute Maria, ausgelaugt von vier schlaflosen Nächten und nicht enden wollenden Horrorvorstellungen, reiht sich in die Reihe aller Eltern aller Zeiten ein, wenn sie sagt: «Kind, wie konntest du uns das antun?»

Es hat sich nicht viel verändert, nicht wahr?

Ich weiß nicht, wie es Ihnen geht, aber ich war nie sonderlich beeindruckt von der Antwort, die Jesus an dieser Stelle gab. Er meinte nämlich, daß es doch wohl offensichtlich sei, daß er im Haus seines Vaters sein müsse, insbesondere da – wie die Bibel uns sagt – seine Mama und sein Papa mit ihren verweinten Augen nicht die leiseste Ahnung hatten, wovon er da redete. In mancher Hinsicht hat diese Begegnung eine faszinierende Ähnlichkeit mit heutigen Begegnungen: Das Kind mit großen Augen, erstaunt, daß seine dummen Eltern nicht einmal zu so einer Kleinigkeit imstande sind wie seine Gedanken zu lesen, die Eltern ebenso verwirrt darüber, daß das begriffsstutzige Kind partout nicht in der Lage ist, sich eine Erwachsenenperspektive zu eigen zu machen. Das haben wir Eltern (und Kinder) alle schon erlebt.

Ich hoffe sehr, daß Jesus *irgend etwas* Nettes zu seinen erschöpften Eltern sagte. Ich glaube schon, daß er es tat. Wir wissen, daß er hinterher mit ihnen nach Hause ging und von da an nicht mehr aus der Reihe scherte. Offenbar ist ein richtig netter Kerl aus ihm geworden.

Gibt diese Geschichte also allen Zwölfjährigen die göttliche Erlaubnis, ihren Familien davonzulaufen und drei Tage lang zu tun, wozu sie Lust haben, egal, welche Auswirkungen das auf andere Leute hat? Natürlich nicht. Ich kann mich ganz und gar nicht der Ansicht anschließen, Maria und Josef hätten sich das Problem durch Achtlosigkeit selbst eingehandelt. Die Situation ist einfach zu schmerzlich vertraut, als daß das der Fall sein könnte. Jesus verursachte seiner Mutter und seinem Vater unsägliche Sorge und Kummer, als er verschwand. War das richtig oder nicht? War es eine Sünde? Wie ich schon sagte, glaube ich fest daran, daß Jesus ohne Sünde war, aber wenn dieser Akt scheinbarer Rücksichtslosigkeit und mangelnder Anteilnahme keine Sünde war, was war er dann? Und das ist nur einer der Vorfälle, die uns unruhig werden lassen können.

War es eine Sünde, einen unschuldigen Feigenbaum durch einen Fluch zu töten, weil er keine Früchte trug, nur um eine Aussage zu unterstreichen? Und was ist mit all den Schweinen, die ertrinken mußten, weil keine anderen passenden Behältnisse für die herumlungernden bösen Geister zur Hand waren? Die Grünen hätten diese beiden Vorfälle wohl kaum stillschweigend hingenommen, oder?

Und es kommt noch mehr:

Jesus verjagte unerwünschte Elemente vom Tempelhof, nicht durch liebevolle Ermahnungen, sondern durch gewaltsame Anwendung eines geknoteten Seils. Er nannte Petrus, einen seiner engsten Anhänger, «Satan», als dieser versuchte, ihm zur Seite zu stehen. Er befürwortete es, daß man ihn mit kostbaren Ölen salbte, indem er sagte, die Armen wären schließlich immer da, er aber nicht. Er äußerte sich ausgesprochen beleidigend gegenüber Mitgliedern einer wichtigen gesellschaftlichen Gruppe, die Einwände gegen sein Tun hatten. Er machte eine Bemerkung, die sehr rassistisch klingt, gegenüber einer griechischen Frau, die ihn um Hilfe bat. Er rührte keinen wundertätigen Finger, um seinen Vetter Johannes von der Gefangenschaft und Hinrichtung unter Herodes zu retten. Am Kreuz schließlich schien er – zumindest für kurze Zeit – seinen Glauben völlig zu verlieren.

Natürlich könnte ich eine gleichermaßen bizarre Liste von Vorfällen aufstellen, bei denen Jesus mit derselben exzentrischen Maßlosigkeit Barmherzigkeit und Vergebung übt. Aber dadurch wird die Sache nur noch verwirrender – oder?

Ich persönlich glaube, sie wird viel leichter zu begreifen, nicht schwieriger.

Sobald wir aufhören, Sünde als Verstoß gegen eine Liste von Vorschriften zu definieren, die uns sagt, was wir tun sollten und was nicht. Wir sollten sie statt dessen (anhand von Jesu Kriterium) neu definieren als alles, was *in der speziellen Situation, in der wir gerade sind*, nicht akkurat Gottes Willen widerspiegelt, dann sieht die ganze Sache auf einmal viel gefährlicher und viel aufregender aus.

Jede Kirche, jede Denomination und jede Splittergruppe lechzt danach, ein endgültiges Vorschriftenbuch zu schreiben. Manche tun es auch. Sie bleiben in ihrer Entwicklung stehen und sterben schließlich, ohne zu merken, daß sie nicht mehr lebendig sind. Die Bibel ist kein Vorschriftenbuch. Sie ist ein Buch über den lebendigen Gott. Gewiß lernen wir darin, daß sich die grundlegenden Regeln und Anforderungen einer liebevollen Beziehung niemals ändern werden. Natürlich werden sie das nicht. Das wissen wir. Doch ebenso lernen wir, daß die schöpferischen und einfallsreichen Eigenschaften des Gottes, der alle Dinge neu macht, ewig gegenwärtig sind. Er ist es, der uns in dem Durcheinander dieser Welt die handelnde Sprache der Liebe übersetzt. Unsere Aufgabe ist es dann, einfach zu tun, was uns gesagt wird, wenn wir wirklich den Spuren Jesu folgen wollen. Manchmal werden wir vielleicht über die Dinge sehr überrascht sein, zu denen wir aufgefordert werden.

Ich wage es, die Vermutung zu äußern, daß die dreitägige Abwesenheit Jesu in Jerusalem auf einer gewissen Ebene nichts anderes war als einer der jugendlichen Exzesse, die die meisten von uns einmal erlitten haben. Jesus war einfach dabei, zu lernen, wie er die mächtige und alles überdeckende Anziehungskraft, die die Sache seines Vaters für ihn hatte (und das schon mit zwölf Jahren), mit den Bedürfnissen und Erwartungen der Leute ausbalancieren konnte, die ihn liebten und denen die Verantwortung für seine Versorgung und Sicherheit auferlegt war.

Gott lernte, wie man Mensch ist – und auf Gott hört.

Jesus ging es nicht um Bewunderung von Männern und Frauen. Er hat nie in seinem Leben eine Sünde begangen. Er tat einfach, was er seinen Vater tun sah, und sagte, was er seinen Vater sagen hörte. Am Ende führte ihn das ans Kreuz.

Beten Sie mit mir

Herr Jesus, du warst sehr tapfer. Du hast getan, was dein Vater wollte, was immer die anderen darüber dachten. Das muß sehr schwer gewesen sein. Dieselben Leute, die du erretten wolltest, verließen dich, verspotteten dich und brachten dich schließlich um.

Weißt du, Herr, ich wäre wirklich gern ein dynamischerer, positiverer Nachfolger von dir, aber ich bin ein wenig besorgt, wo mich das hinführen wird. Wenn ich mich *tatsächlich* der Leitung des Heiligen Geistes überlasse, besteht da nicht die Möglichkeit, daß ich ein paar Freunde verliere? Dir ging es doch auch so, oder? Könnte ich nicht in sehr seltsame Situationen geraten? Dir ging es doch auch so, oder? Leite mich behutsam, Herr. Hilf mir zu hören – ich möchte mit dir kommen, aber ich habe Angst. Amen.

Ich kann einfach nicht …

Jesus, der wußte, daß ihm der Vater alles in die Hand gegeben hatte und daß er von Gott gekommen war und zu Gott zurückkehrte, stand vom Mahl auf, legte sein Gewand ab und umgürtete sich mit einem Leinentuch. Dann goß er Wasser in eine Schüssel und begann, den Jüngern die Füße zu waschen und mit dem Leinentuch abzutrocknen, mit dem er umgürtet war.

Als er zu Simon Petrus kam, sagte dieser zu ihm: Du, Herr, willst mir die Füße waschen? Jesus antwortete ihm: Was ich tue, verstehst du jetzt noch nicht; doch später wirst du es begreifen.

Petrus entgegnete ihm: Niemals sollst du mir die Füße waschen!

Jesus erwiderte ihm: Wenn ich dich nicht wasche, hast du keinen Anteil an mir.

Da sagte Simon Petrus zu ihm: Herr, dann nicht nur meine Füße, sondern auch die Hände und das Haupt.

Jesus sagte zu ihm: Wer vom Bad kommt, ist ganz rein und braucht sich nur noch die Füße zu waschen. Auch ihr seid rein, aber nicht alle. Er wußte nämlich, wer ihn verraten würde; darum sagte er: Ihr seid nicht alle rein.

Johannes 13,3–11

Ich bin immer wieder erstaunt darüber, was für eine Macht Hemmungen haben. Ich habe das bei anderen beobachtet und bin auch selbst davon schon betroffen gewesen. Wichtige Briefe, die geschrieben, aber nicht abgeschickt wurden, mit den traurigsten Folgen. Wichtige Beziehungen, die durch die Angst davor, ein Telefon zu benutzen, schwer beschädigt werden. Eine ganze Sportsaison, die verloren geht, weil man aus Angst vor Ablehnung nicht zum ersten Training geht. So etwas passiert ständig.

Es ist an der Zeit für eine neuerliche Selbstoffenbarung. Wenn Sie jetzt lachen, werde ich aus dieser Seite herauskommen und Ihnen die Nase langziehen. Hier ist mein Problem:

Ich hasse Füße.

Ich habe schon immer Füße gehaßt. Meine Freundin Jenny, die von Beruf Bibliothekarin ist, haßt auch Füße. Manchmal sitzen wir finster brütend beim Kaffee in meiner Küche und unterhalten uns über unser gemeinsames Problem. Es ist gut, jemanden zu kennen, der einen wirklich versteht. Jenny und ich gründen vielleicht eine Selbsthilfegruppe für Anonyme Füßehasser, wenn Interesse besteht. Ich halte mich von meinen eigenen Füßen so fern wie möglich. Das heißt, jetzt, wo ich darüber nachdenke, fällt mir auf, daß ich die Füße kleiner Kinder doch mag – diese kleinen, dicken Fußpakete. Die sind in Ordnung. Aber keine anderen. Füße – würg!

Auf einer großen Konferenz verkündete ein Redner den versammelten Massen, wir würden jetzt alle einander die Füße waschen. Ich hätte getötet, um aus diesem Saal herauszukommen. Wäre irgendein verzückt dreinblickender Helfer mit einer Waschschüssel in meine Nähe gekommen, so hätte ich ihm das Wasser über den Kopf gegossen, ihn mit dem Handtuch erwürgt und wäre geflohen. Ich war schon drauf und dran, die füllige Dame neben mir als Trampolin zu benutzen, um mich aus meiner Sitzreihe zu katapultieren, als der Redner verkündete, es sei nur ein Scherz gewesen.

Ein Scherz? Über Füße? Das ist morbide. Man macht einfach keine Scherze über Füße. Krieg, Hungersnöte, Seuchen, Tod – über solche leichteren Themen kann man Scherze machen, aber über Füße? Niemals!

Ich frage mich, ob ich genug gesagt habe, um Ihnen begreiflich zu machen, warum ich mit dieser Passage schon immer meine Schwierigkeiten hatte. Ich sehe dieses schreckliche Bild vor meinem geistigen Auge, wie Jesus mit seiner Wasserschüssel auf mich zukommt, um eine der größten symbolischen Handlungen des Neuen Testamentes an mir zu vollziehen, und ich blöke flehend: «Eigentlich möchte ich lieber nicht, wenn es dir nichts ausmacht. Ich habe Füße schon immer gehaßt.»

Dann würde er, wie zu Petrus, sagen: «Wenn ich dich nicht wasche, hast du keinen Anteil an mir.»

«Trotzdem», würde ich mit erstickter, panischer Stimme antworten, «möchte ich meine Socken lieber nicht ausziehen.»

Hinter all diesem Nonsens steckt bei mir eine echte Angst, eine kleine, pulsierende Panik. Esau verkaufte sein Erstgeburtsrecht für eine Schüssel Suppe, weil er in diesem Moment seinen Hunger über seine Vernunft regieren ließ. So *viel* dahingegeben und verloren für so wenig.

Meine Angst ist, daß irgendeine banale fixe Idee oder Hemmung oder Furcht oder Gier oder vielleicht auch ein Prinzip, sich in einem entscheidenden Moment erheben und meine Antwort auf die offenherzige Großzügigkeit Gottes ersticken könnte. Nur gut, daß er ein Vater ist und kein kalter, mitleidloser Richter.

Beten Sie mit mir

Vater, manche von uns stecken in solchen scheinbar banalen Hemmungen und fixen Ideen fest. Sie umklammern uns wie Zwangsjacken, Herr, und wir hassen sie. Sie setzen uns als Menschen herab und hemmen unser Verhalten auf eine demütigende, frustrierende Weise. Wir wissen nicht, wie wir sie loswerden können, aber du weißt es.

Wenn es jemanden gibt, der uns helfen könnte, indem er mit uns redet oder betet – ein Arzt, ein Freund oder sonst jemand –, dann zeig ihn uns, und wir werden uns bemühen, tapfer zu sein und es zu versuchen. Oder vielleicht gibt es ein nützliches Buch, das wir lesen könnten. Wir sind manche Züge unserer Persönlichkeiten leid, und wir möchten gerne glauben, daß Veränderung möglich ist. Bitte leite uns. Amen.

Es war am Rüsttag des Paschafestes, ungefähr um die sechste Stunde.

Pilatus sagte zu den Juden: Da ist euer König!

Sie aber schrien: Weg mit ihm, kreuzige ihn!

Pilatus aber sagte zu ihnen: Euren König soll ich kreuzigen?

Die Hohenpriester antworteten: Wir haben keinen König außer dem Kaiser.

Da lieferte er ihnen Jesus aus, damit er gekreuzigt würde.

Sie übernahmen Jesus. Er trug sein Kreuz und ging hinaus zur sogenannten Schädelhöhe, die auf hebräisch Golgota heißt. Dort kreuzigten sie ihn und mit ihm zwei andere, auf jeder Seite einen, in der Mitte Jesus. Johannes 19,14–18

Lieber Gott,

hör zu – als ich groß, dünn und achtzehn war, verließ ich mein Zuhause in Tunbridge Wells, um einen Schauspielkurs an der Old Vic Theatre School in Bristol zu machen. Na ja, das alles weißt du natürlich, aber wenn ich zuviel Rücksicht auf deine Allwissenheit nehme, werde ich dir am Ende überhaupt nichts mehr erzählen, und das wäre doch schade für uns beide. Während meines ersten Semesters war ich schrecklich einsam, verloren und unorganisiert, und du schienst mir nicht sehr zu helfen. Weißt du noch, wie ich immer in meinem Zimmer auf dem Bett lag und dich anflehte, etwas zu sagen oder leibhaftig zu erscheinen oder überhaupt irgend etwas zu tun, damit ich merkte, daß du noch bei mir warst?

Ich habe einen fürchterlichen Idioten aus mir gemacht in diesem ersten Semester, nicht wahr? Ich trug immer eine große schwarze Bibel mit mir herum wie einen Talisman und erzählte jedem, den ich traf, deine ständige Gegenwart in meinem Leben sei eine Quelle unaussprechlicher Freude. Dann ging ich nach Hause in mein elendes kleines Zimmer und starb tausend einsame Tode, weil mir schien, du seist in Tunbridge Wells zurückgeblieben, als ich ging. Es fiel mir sehr schwer, dir zu vergeben, daß du mich so im Stich gelassen hattest. Da erzählte ich nun jeden Tag den Leuten von dir – wobei ich die Wahrheit verbog, um deinen Ruf zu schonen –, und du warst weg, wer weiß wo, mit irgend etwas anderem beschäftigt, das mit mir nichts zu tun hatte.

Manchmal weinte ich, Gott. Hörst du mich – ich *weinte*.

Eigentlich wollte ich mich darüber gar nicht so weitschweifig auslassen. Was ich eigentlich sagen wollte, war, daß ich während meiner Zeit in Bristol etwas sehr Schwieriges getan habe. Ich habe bisher nur ganz wenige schwierige Dinge getan. Das Schwierigste war, das Rauchen aufzugeben, als ich 1981 bei sechzig Zigaretten am Tag angekommen war. Aber das hier folgt ziemlich dicht auf dem zweiten Platz. Selbst jetzt noch kann ich kaum darüber schreiben.

Ich setzte mich an meinen kleinen wackeligen Tisch und schrieb einen Brief an meinen Vater (du weißt ja, was für ein Wettlauf durch den Treibsand diese Beziehung war), in dem ich all die Dinge sagte, von denen ich meinte, daß er sie gern von seinem Sohn hören würde – dankte ihm für seine Hilfe und seinen Rat und so weiter. Ich kann dir nicht einmal annähernd sagen, wie schwer es mir fiel, diese Worte zu Papier zu bringen, und heute wird mir klar, warum es so entsetzlich schwierig war. Es lag daran, daß das, was ich da schrieb, im großen und ganzen nicht stimmte, genausowenig wie das, was ich den Leuten über meine Erfahrungen mit dir erzählte.

Warum habe ich mich darauf spezialisiert, Vaterfiguren zu verteidigen? Ich weiß es nicht. Sag du es mir. Du bist schließlich allwissend.

Hör zu, ich möchte etwas sagen. Jetzt, wo ich zwar immer noch groß, aber übergewichtig und fünfundvierzig Jahre alt bin, möchte ich diesen Brief schreiben – einen ehrlicheren Brief. Diesmal ist er an dich gerichtet, meinen himmlischen Vater, um dir zu sagen, daß ich es heute ein wenig besser verstehe. Weißt du, inzwischen habe ich selbst Kinder, so daß ich wenigstens einen kleinen Einblick in das Gewicht der Vaterschaft habe. Ich liebe meine vier Kinder, und es hat mir immer sehr weh getan, wenn sie mich verwirrt und vorwurfsvoll angesehen haben, weil ich aus Gründen, die sie nicht begreifen konnten, etwas Unangenehmes getan oder zugelassen habe.

Ich möchte gern in der Lage sein, meinem irdischen Vater zu vergeben und mit der Erinnerung an ihn Frieden zu schließen. Bitte erlaube mir, dir für die Schmerzen jener Tage in Bristol zu vergeben. Ich weiß, daß es dir nichts ausmacht, obwohl du ja eigentlich nichts Falsches getan hast.

Ich möchte nur jetzt die Wahrheit sagen. Die Menge rief «KREUZIGE IHN!», und du mußtest es geschehen lassen.

Danke, daß du es geschehen ließest.

Herzlichst,
Dein Adrian

Beten Sie mit mir

Vater,
Tue ich dir weh mit meiner Furcht?
Verletze ich dich mit meinem verzweifelten Schreien?
Seufzt du und schüttelst den Kopf, wenn ich etwas nicht verstehen kann?
Sehnst du dich danach, es besser zu machen?
Denkst du ernsthaft darüber nach, deine Grundsätze fahren zu lassen?
Schläfst du jemals?
Liegst du jemals wach und denkst an mich?
Rollt dein Schmerz wie Donner durch die Schöpfung?
Ist es wirklich vollbracht?
Papa, wird dann nicht alles gut sein, wenn es soweit ist?
Amen.

Wenn der Morgen kommt

Josef aus Arimathäa war ein Jünger Jesu, aber aus Furcht vor den Juden nur heimlich. Er bat Pilatus, den Leichnam Jesu abnehmen zu dürfen, und Pilatus erlaubte es. Also kam er und nahm den Leichnam ab. Es kam auch Nikodemus, der früher einmal Jesus bei Nacht aufgesucht hatte. Er brachte eine Mischung aus Myrrhe und Aloe, etwa hundert Pfund. Sie nahmen den Leichnam Jesu und umwickelten ihn mit Leinenbinden, zusammen mit den wohlriechenden Salben, wie es beim jüdischen Begräbnis Sitte ist. An dem Ort, wo man ihn gekreuzigt hatte, war ein Garten, und in dem Garten war ein neues Grab, in dem noch niemand bestattet worden war. Wegen des Rüsttages der Juden und weil das Grab in der Nähe lag, setzten sie Jesus dort bei.

Johannes 19,38–42

Hier kommt ein Szenario, das vielen von uns vertraut ist.

Sie wachen plötzlich mitten in der Nacht auf, sei es wegen eines Alptraums oder wegen seltsamer, undefinierbarer Geräusche aus der finsteren Tiefe des Hauses, und Sie wissen ohne jede Frage, daß allenfalls eine Bedrohung des Lebens Ihrer Familie Sie dazu bringen könnte, aus dem Bett aufzustehen und sich den Gefahren des Unbekannten auszusetzen. Starr vor Spannung, mit hervortretenden Augen und gespitzten Ohren, liegen Sie da und warten darauf, daß der Schlaf die Furcht überdeckt.

Am Morgen strömt Licht durch Ihr Schlafzimmerfenster herein, warme, vertraute Geräusche von zwitschernden Vögeln und Hunden, die Briefträger auffressen wollen, dringen von der Außenwelt herein. Plötzlich erscheint das Grauen der vergangenen Nacht absolut lächerlich. Sie sind sicher, wenn dasselbe je wieder geschehen sollte, werden Sie sofort beim Erwachen aus dem Bett springen und das große Unbekannte mit trotziger Gleichgültigkeit in Angriff nehmen. Wie töricht Sie doch waren, sich so leicht von Furcht übermannen zu lassen.

Natürlich ist das alles Blödsinn, denn wenn Sie das nächste Mal mitten in der Nacht erwachen, sind Sie wieder genauso ängstlich und geben der Furcht genauso leicht nach. Zumindest bei mir ist es so.

Darum kann ich mich so leicht mit diesen beiden Männern, Josef und Nikodemus, identifizieren. Beide hatten sich, statt sich auf öffentliche Stellungnahmen einzulassen, unter der Bettdecke verkrochen, solange Jesus lebte. Doch nun, vermute ich, hatten sie etwa das Stadium erreicht, in dem sie sich fragten: «Wie konnten wir nur so töricht sein, uns so leicht von Furcht übermannen zu lassen?» Vielleicht lief etwa folgendes Gespräch zwischen den beiden ab, als sich die Beerdigung ihrem Ende näherte:

J: Ich weiß nicht, warum ich mich nicht einfach zu ihm bekannt habe, solange er noch am Leben war. Wenn die ganze Sache jetzt von vorne anfinge, was natürlich nicht geschehen kann (*beide schütteln traurig den Kopf*), dann stünde ich sofort an seiner Seite. Wäre mir egal, wer davon wüßte – würde mich nicht im geringsten beunruhigen.

N: Sie könnten *mich* auspeitschen, wenn sie wollten – kein Problem.

J: Mich auch. Es wäre mir geradezu willkommen. Sollen sie doch sehen, ob sie mich kleinkriegen. «Los doch, schwingt die Peitsche!» Das würde ich sagen.

N: Treten, schlagen, ja selbst die Kreuzigung – ins Gesicht lachen würde ich ihnen. «Ha, ha, ha!» würde ich rufen.

J: Das würde sie fertig machen!

N: Das würde ihnen eine Lehre sein!

J: Ich sag dir was.

N: Was?

J: Du wirst mich für albern halten.

N: Nein, sag schon.

J: Ich wünschte fast – lach nicht – ich wünschte fast, er würde wieder lebendig, damit wir ihm in den Tod folgen könnten. In aller Öffentlichkeit. Das nächste Mal würden wir es richtig machen, oder?

N: Das würden wir! Das *würden* wir! Aber jetzt ist es zu spät. Man kann die Uhr nicht zurückdrehen, nicht wahr?

J: Nein! Nun ja, sehen wir uns am Sonntag?

N: Ja – bis Sonntag...

Ich weiß nicht, wie diese beiden mit dem erneuten Erscheinen Jesu fertig wurden, aber ich weiß, daß menschliche Wesen sich nicht sehr verändern, und darum mußte der Heilige Geist kommen. Als der Geist Gottes in ihr Leben eintrat, hatten Josef und Nikodemus Zugang zu einer Kraft, die stärker war als ihre Ängste und Schwächen. Es kann nicht oft genug betont werden, daß Jesus fortgehen wollte, damit der Geist kommen konnte. Derselbe Geist ist heute bei uns, und nur sein Eingreifen in unser Leben wird uns fähig machen, uns über die Gewohnheiten der Furcht und des Versagens zu erheben. Leicht wird es niemals sein, aber es wird *möglich* sein, und das allein, das kann ich Ihnen versichern, ist ein Wunder.

Beten Sie mit mir

Vater, je länger ich lebe, desto mehr begreife ich, daß kein menschlicher Optimismus, keine menschliche Anstrengung auch nur annähernd die Kraft ersetzen kann, die der Heilige Geist in unser Leben bringt. Erfülle uns mit der übernatürlichen Gnade, die einen Mann wie Petrus, der die falschen Dinge sagte und tat, an Pfingsten in ein kühnes und wirksames Sprachrohr für Gott verwandelte. Wenn der Geist kommt, finden schwache Leute erstaunliche Stärke; großmäulige Leute werden still; furchtsame Leute werden kühn; unsichere Leute finden Gewißheit, und ängstliche Leute tun tapfere Dinge, selbst wenn es dunkel ist.

Wir brauchen dich, Heiliger Geist. Wir rufen nach dir, damit du zu uns kommst. Komm und fülle uns jetzt, wenn wir dich anrufen. Amen.

Alles in Ordnung

Am ersten Tag der Woche kam Maria von Magdala frühmorgens, als es noch dunkel war, zum Grab und sah, daß der Stein vom Grab weggenommen war.

Am Abend dieses ersten Tages der Woche, als die Jünger aus Furcht vor den Juden die Türen verschlossen hatten, kam Jesus, trat in ihre Mitte und sagte zu ihnen: Friede sei mit euch! Johannes 20,1 und 19

Englisch war mein bestes Fach in der Schule, und Mathematik mein schlechtestes. Wie Linus bin ich unfähig, den Leuten zu sagen, daß ich auf meinen eigenen zwei Füßen stehen kann, ohne sie zuvor nachzuzählen, um mich zu vergewissern. Das ist vielleicht ein wenig übertrieben, aber es ist wahr, daß mein Gehirn schlicht den Dienst verweigerte, sobald man ihm Probleme vorsetzte, die mit quadratischen Gleichungen zu tun hatten, und von dort aus bin ich nie einen Schritt weiter gekommen.

Kürzlich jedoch habe ich etwas über eine sogenannte *Chaos-Theorie* gelesen, und da es in ein populärwissenschaftliches Taschenbuch verpackt war, gelang es mir, etwa ein Zehntel von dem, was ich da las, zu verstehen. Mathematiker, die auf diesem Gebiet arbeiten, behaupten, sich mehr als traditionell üblich um Dinge zu kümmern, die in der wirklichen Welt existieren (anders als manche Theologen).

Die *Chaos-Theorie* besagt unter anderem, daß einfache Systeme ein komplexes Verhalten an den Tag legen können. Es mag zum Beispiel möglich erscheinen, genau vorauszuberechnen, wo eine Billardkugel ankommen wird, nachdem sie eine Stunde lang oder so (wenn das zu bewerkstelligen wäre) auf dem Tisch hin- und hergerollt ist, indem man einfach die Winkel und Entfernungen berechnet. Theoretisch ist das möglich, doch in Wirklichkeit wird es nicht lange dauern, bis winzige Unregelmäßigkeiten in der Kugel und Unebenheiten auf der Oberfläche des Tisches diese Berechnungen ins Wanken bringen. Das (scheinbar) einfache System einer Billardkugel auf einem Tisch zeigt ein unberechenbares Verhalten.

Vielleicht hat die Menschheit diese ureigene Unberechenbarkeit des Lebens schon immer gespürt und gefürchtet. Gesellschaftssysteme mögen einfach erscheinen, aber sie sind es niemals. Nichts ist einfach. Die wilde Willkürlichkeit des Daseins auf diesem Planeten ist eine der tiefsten Ängste der Menschheit ohne Gott. Rituale, Romane, das Theater, Philosophien, Gesetze, Religionen und Märchen, die damit enden, daß alle für alle Zeit glücklich leben, sind Strategien, die wir entworfen haben, um uns selbst davon zu überzeugen, daß einfache, berechenbare Lebensmuster möglich seien. Zwei große Kriege in diesem Jahrhundert sollten uns davon überzeugen, daß wir uns nur etwas vormachen. Wir wissen, daß wir den unberechenbaren Strömungen des Lebens ausgeliefert sind.

Aber all dieses Streben nach Sinn und Bedeutung ist, glaube ich, auch eine instinktive Reaktion einer Rasse, die ursprünglich nach dem Bilde Gottes erschaffen wurde. Wir wissen in der Tiefe unserer Herzen, daß das Leben nicht willkürlich sein sollte – daß die Welt eigentlich schon immer einen Sinn ergeben sollte und daß irgend etwas vollkommen schiefgegangen ist.

Es hat mich früher manchmal ein wenig irritiert, wie Jesus scheinbar sklavisch bestimmte Dinge tat oder sagte, nur damit gewisse Prophezeiungen sich als erfüllt erwiesen. Heute verstehe ich jedoch, daß es nötig ist, daß die Logik oder das Muster des Lebens Gottes in der Geschichte sichtbar wird und Männer und Frauen dazu ermutigt, zu glauben, daß sich das Schicksal beherrschen läßt.

An jenem dunklen Sonntagmorgen hätte Maria niemals erraten können, was für eine kosmische Bedeutung dieses leere Grab hatte. Als Jesus von den Toten auferstand, wurden die uralten Motoren der Ordnung noch einmal angefeuert, und in seinem irdischen Leib wurde das Chaos besiegt.

Und was für ein wunderbarer Moment für Jesus und seine Jünger. Weder Riegel noch Ängste konnten dem Frieden und der Geborgenheit widerstehen, die der auferstandene Retter seinen Leuten brachte und heute noch bringt. Es ist der wahre Friede, zu wissen, daß wir tatsächlich, wie schwer der Weg auch manchmal sein muß (und das ist er oft), im allerwirklichsten Sinne glücklich leben werden, für alle Zeit – und darüber hinaus.

Beten Sie ein letztes Mal mit mir

Es gibt Zeiten, Vater, in denen der scheinbare Mangel an Ordnung in dieser Welt uns in Panik versetzt. Wir fühlen uns wie die Überlebenden einer riesigen, Titanic-ähnlichen Katastrophe, die allein oder zusammen mit ein paar anderen verwirrten Ex-Passagieren auf kleinen Flößen umhertreiben. Heute wollen wir die Tatsache feiern, daß du die Schöpfung und uns fest im Griff hast. Wir preisen dich für das Geschenk deines Sohnes Jesus, der die Herrschaft der Liebe in dieser heruntergekommenen Welt wieder aufgerichtet und uns versichert hat, daß er immer bei uns sein wird. Wir heben unsere sorgenvollen Augen zu dir auf, Vater, und lächeln voll Dankbarkeit dafür, daß du regierst. Wir geben dir unsere Ängste und vertrauen sie dir an. Danke, daß du eine Zukunft organisierst, die einen Sinn ergibt.

Danke, daß du begonnen hast, die Mauern zu sprengen. Amen.

Bridget Plass

Er steht auf deiner Seite

Eine Entdeckungsreise
zum Vaterherzen Gottes

Aus dem Englischen
von Christian Rendel

Die im Text enthaltenen Bibelzitate stammen sämtlich
aus der Übersetzung von Martin Luther in der
revidierten Fassung von 1984 (Dt. Bibelgesellschaft Stuttgart)

Dieses Buch ist in Liebe meiner Mutter und meinem Vater zugeeignet und ebenso Matt, Joe, David und Katy

Inhalt

Vorwort

Bevor Sie Gelegenheit bekommen, sich der ersten Seite von *Er steht auf deiner Seite* zuzuwenden – meinem ersten Buch –, möchte ich sagen, daß ich mich nur mit einigem Zittern bereit erklärt habe, es zu schreiben. Mir ist nur zu bewußt, daß ich keine professionelle Schriftstellerin bin – und ebenso, daß mein Mann Adrian sehr wohl ein professioneller Schriftsteller ist! Dennoch habe ich schon seit Jahren gern die Botschaft der Bibel in Form von Andachten und Predigten weitergegeben, und seit Adrian und ich immer weiter in der Welt herumkommen, erstaunt es mich immer wieder, daß viele Leute in der Gemeinde Jesu die beste Wahrheit von allen zu übersehen scheinen: die Wahrheit, daß sie wirklich und wahrhaftig Gottes Kinder sind und daß Gott seine helle Freude an ihnen hat. Nicht auf irgendeine beiläufige, gleichgültige Art, nicht wie bei einem formellen Händedruck auf Armeslänge, sondern extravagant und überschwenglich; so, wie wir alle von unseren Eltern geliebt werden wollen, und wie unsere Kinder, wenn wir welche haben, von uns geliebt werden wollen.

Auf den folgenden Seiten möchte ich Sie einladen, mit mir einige Aspekte dieser Liebe zu erkunden, insbesondere im Lichte dessen, was Jesus uns über seinen Vater mitgeteilt hat. Wir werden einige Ereignisse, die sich während der letzten Wochen im Leben Jesu hier auf der Erde zutrugen, und Gottes liebevollen Plan im Leben einiger seiner Kinder betrachten. Ich hoffe auch, Sie werden mit mir Jesus selbst auf dem Weg begleiten, den er einschlug, als er entschlossen sein Angesicht Jerusalem und seinem Tod zuwandte.

Dies wird eine ganz persönliche Interpretation sein. Auch mit der größten Phantasie kann man mich nicht als Theologin bezeichnen. Doch meine Hoffnung ist es, daß Sie durch diese Andachten einen Blick darauf erhaschen, was es heißt, daß Gott auf Ihrer Seite steht.

Bridget Plass

»Ach, und bevor ich gehe ...«

Kennen Sie das, wenn Sie einen Ort verlassen und ständig an dringende Botschaften denken, die Sie zurücklassen wollen? Botschaften wie »Ach, und vergiß nicht ...« an die Leute, die zu Hause oder bei der Arbeit zurückbleiben. Und wie Sie diese Botschaften immer wieder vor sich hinsagen, weil Sie in Gedanken so abgelenkt sind? Und jedesmal, wenn Ihnen etwas einfällt, kommt es Ihnen so lebenswichtig vor, daß Sie es einfach noch einmal sagen müssen?

Nun, so scheint es mir auch Jesus ergangen zu sein in der Zeit, bevor er sich zu seiner Hinrichtung führen ließ. Nur betrafen seine dringenden Botschaften nicht den Milchmann oder die Steuererklärung. Sie hatten alle mit Gott zu tun. »Habe ich euch schon gesagt, daß er euer Vater ist? ... Ach, und vergeßt nicht, daß er möchte, daß ihr ihn Vater nennt. ... Ihr müßt unbedingt daran denken, daß er euch wie ein Vater liebt. ... Er liebt euch so, wie ich es tue. ... Wenn ihr mich gesehen habt, habt ihr den Vater gesehen. ... Ach, und vergeßt nicht, er ...«

Wußten Sie, daß Johannes in den Kapiteln vierzehn bis siebzehn seines Berichtes über die letzten Wochen im Leben Jesu neununddreißigmal das Wort »Vater« benutzt?

Wegen des Gefühls der Dringlichkeit, das Jesus in dieser emotional aufgeladenen Zeit empfand, erschien es mir naheliegend, diese Andachten zu eröffnen, indem wir uns auf einige der verblüffenden Tatsachen in bezug auf Gott, unseren Vater, konzentrieren, die seine Kinder durch die ganze Bibel hindurch nach und nach entdeckt haben.

Psalm 139,13–16

Denn du hast meine Nieren bereitet
und hast mich gebildet im Mutterleibe.
Ich danke dir dafür,
daß ich wunderbar gemacht bin;
wunderbar sind deine Werke;
das erkennt meine Seele.
Es war dir mein Gebein nicht verborgen,
als ich im Verborgenen gemacht wurde,
als ich gebildet wurde unten in der Erde.
Deine Augen sahen mich,
als ich noch nicht bereitet war.

Ich weiß nicht, ob Sie schon einmal Gelegenheit hatten, ein Foto von einer Ultraschallaufnahme eines menschlichen Fötus in einem frühen Entwicklungsstadium zu sehen. Ich finde, das ist eines der wunderbarsten Dinge, die ich je gesehen habe. Ein kleiner, knubbeliger Klumpen, der all die komplexen Strukturen dieses kleinen Meisterstückes Gottes enthält. Die Biologiebücher, die heute in den Schulen verwendet werden, enthalten allesamt Bilder des sich entwickelnden Embryos. Meine Lieblingsaufnahme ist ein Foto eines achtzehn Wochen alten Embryos, der deutlich sichtbar an seinem winzigen Daumen lutscht. Haben Sie es gesehen? Es ist wunderschön und scheint voller Geheimnisse zu sein. Welche Farbe haben diese Augen, die im Moment noch von einer empfindlichen rosa Haut überzogen sind? Ist es ein Junge oder ein Mädchen? Wird es große Füße haben wie Oma, oder wird es die Nase des Großonkels bekommen?

Da ich vier Kinder habe, die jedes über eine ganz eigene Persönlichkeit verfügen, interessiert mich besonders eine weitere unbekannte Eigenschaft. Welche Persönlichkeit wird es haben? Wird es ein explosives Temperament haben? Was für Dinge werden es zum Lachen bringen? Wie wird es instinktiv mit Trauer umgehen? Was wird seine größte Schwäche und was seine besondere Gabe sein?

Gott weiß es. Das meine ich wörtlich! Er kennt jede Einzelheit dieses werdenden Wesens, und er liebt es, wie uns gesagt wird, mehr, als es jede Mutter könnte.

Ich könnte auch nicht ansatzweise erklären, warum manche dieser winzigen Wunder schon in diesem Stadium den Keim zukünftigen Leides in sich tragen, irgendeine körperliche oder geistige Behinderung, die das Leben für sie so viel schwieriger machen wird als für die meisten von uns.

Das einzige, was ich zuversichtlich weitergeben kann, ist etwas, das mir eine Freundin einmal sagte. Ihr Name ist Hilary McDowell, und sie wurde mit einer gewaltigen Persönlichkeit geboren, aber auch mit vielfachen Schädigungen an ihrem winzigen Körper. Es waren die Entschlossenheit, die Liebe und der Glaube ihrer Familie, die ihr halfen, das erste zu entwickeln und das zweite so weit zu überwinden, daß sie ein erfülltes Leben führen kann.

Wir lernten uns in Carberry House kennen, einem christlichen Tagungs- und Freizeitzentrum in Schottland. Zwischen ihrem Performance-Lyrik-Abend, ihren Tanz-Workshops für Jugendliche und ihren seelsorgerlichen Gesprächen, die sie als Diakonin führte, fanden wir reichlich Gelegenheit für den einen oder anderen kleinen Schwatz.

Sie erzählte mir davon, daß es ihr manchmal sehr, sehr schwer fällt, morgens aufzustehen. Einem Tag voller schmerzhafter körperlicher Anstrengung entgegenzusehen, erfordert jeden Tag eine Dosis Mut, die ihr gelegentlich um sieben Uhr morgens nicht zur Verfügung steht. An solchen Tagen, sagt sie, muß sie das kleine Gedicht lesen, das sie sich in ihrem Schlafzimmer an den Spiegel gesteckt hat. Es ist das kürzeste Gedicht, das sie je geschrieben hat, und es ist in ihrem faszinierenden ersten Buch *Some Day I'm Going To Fly* enthalten. Es lautet folgendermaßen:

»Bei Beschwerden bezüglich dieses Modells wenden Sie sich direkt an den Hersteller!«

Das ist alles. Eine winzige Aussage, die den Kern des Geheimnisses enthält, warum wir so sind, wie wir sind. So einfach und doch komplex wie ein Embryo.

Viele von uns mögen sich selbst einfach nicht. Wir schauen in den Spiegel, und was wir da sehen oder was sich, wie wir wissen, im Innern befindet, gefällt uns nicht. Das hemmt unsere Fröhlichkeit, ruiniert unsere Beziehung zu Gott und taucht immer wieder auf wie der sprichwörtliche falsche Fünfziger, um uns daran zu hindern, nach vorn zu gehen. Also reden Sie mit Gott darüber. Sagen Sie ihm, daß Sie heute nicht damit fertig werden, wie voll Sie die Nase haben und wie unglücklich Sie sind. Gehen Sie mit Ihren Beschwerden zu ihm. Er hat Sie gemacht, und er allein ist in der Lage, Ihre Fragen zu beantworten. Und vergessen Sie nicht: Er ist es, der Sie schon am längsten liebt!

Gebet

Lieber Vater,

hier bin ich, dein Kind, dein erwachsenes Baby. Manchmal mag ich mich selbst nicht besonders, manchmal werde ich mit meinem Leben nicht fertig. Manchmal möchte ich aufgeben. Manchmal ist es mir fast zu schwer, morgens aufzustehen und mich dem Tag zu stellen. Manchmal hasse ich dich dafür, daß du das nicht in Ordnung bringst, daß du die Dinge zuläßt, die mich so gemacht haben, wie ich bin. Liebe mich durch alles hindurch, mein lieber Vater, und hilf mir, mich selbst so zu sehen, wie du mich siehst. Amen.

Ich bin hier, Gott!

Psalm 17,6–9

Ich rufe zu dir, denn du, Gott, wirst mich erhören;
neige deine Ohren zu mir, höre meine Rede!
Beweise deine wunderbare Güte, du Heiland derer,
die dir vertrauen gegenüber denen, die sich gegen deine
rechte Hand erheben.
Behüte mich wie einen Augapfel im Auge,
beschirme mich unter dem Schatten deiner Flügel
vor den Gottlosen, die mir Gewalt antun,
vor meinen Feinden, die mir von allen Seiten
nach dem Leben trachten.

Ich hatte einen sehr niedergeschlagenen Anruf von Adrian erhalten. Er hatte gerade zum ersten Mal in Deutschland gesprochen, mit Hilfe eines Übersetzers, und es war sehr schwierig gewesen. Trotz all der überwältigenden Gastfreundschaft, und obwohl die Tour gut gelaufen war, hatte er sich sehr einsam gefühlt, weil er kein Wort Deutsch konnte. Er sehnte sich nach Hause. Also beschlossen die Kinder und ich, ihn zu überraschen und ihn am nächsten Tag vom Flughafen abzuholen.

Nun ist es nie so ganz einfach, Adrian eine derartige Überraschung zu bereiten, da er ein notorisch schlechter Organisator ist (wie ich auch), und es stellte sich heraus, daß er sich bei der Ankunftszeit seines Flugzeuges um mehrere Stunden vertan hatte. Aber das wußten wir natürlich nicht, und so verbrachten wir, nachdem wir im Morgengrauen aufgestanden waren, den größten Teil des Tages mit sehr wenig Geld und in immer gereizter werdender Stimmung auf dem Flughafen Heathrow. Als endlich die Nachricht kam, daß sein Flugzeug gelandet sei, waren wir alle ziemlich schlecht drauf!

Die beiden mittleren Jungs, die sich den ganzen Nachmittag über gekabbelt hatten, bekämpften sich nun erbittert, und da die Ankunftshalle in Heathrow kaum der geeignete Ort für einen hemdenzerreißenden Krieg zu sein schien, war ich sehr böse auf die beiden geworden.

Da ich weiß, wie leicht ich mich zu Übertreibungen hinreißen lasse, vermute ich, daß ich ihnen sagte, sie hätten nicht nur ihre gesamte Familie verraten, sondern auch ihre Königin, ihr Land, ja die ganze menschliche Rasse. Ich weiß nicht mehr genau, was ich gesagt habe. Doch ich erinnere mich noch an die Blässe der Scham, die sie zu zwei jämmerlichen, schniefenden Bündeln werden ließ, und an mein eigenes Gefühl, versagt zu haben.

Darum war es eine ziemliche Überraschung für mich, als ich sah, wie beide ganz unabhängig voneinander sich Plätze ganz vorn in der Menge suchten, als auf dem Bildschirm die Worte »Gepäck in der Halle« erschienen. Ich wußte, daß sie sich sehr schämten, und es hätte mich nicht erstaunt, wenn sie sich schmollend nach hinten verzogen hätten. Dann kam Adrian um die Ecke, und ich sah seine müden Augen aufleuchten, als er seine Söhne auf ihn warten sah. In diesem Sekundenbruchteil lernte ich etwas sehr Wichtiges.

Ich begegne so vielen Christen, die ihr Leben sozusagen »schmollend im Hintergrund« zubringen, und weil sie sich so sehr schämen für etwas, das sie getan haben, reden sie sich ein, daß Gott bestimmt nicht viel Wert darauf legt, sie zu sehen. Ich treffe auch ständig Leute, denen es schwerfällt zu beten, weil ihr Selbstwertgefühl so niedrig ist, daß sie sich eigentlich nicht vorstellen können, daß Gott ihnen überhaupt zuhören will.

Als ich sah, wie Adrian seine beiden völlig verdreckten Söhne auf einmal umarmte, wußte ich es besser.

Der Grund, warum wir, die wir unzulänglich sind, das Zutrauen haben sollten, im übertragenen Sinn ganz vorne in der Menge zu stehen und zu rufen: »Ich bin hier, Gott! Schau hierher, ich bin es!« hat nichts damit zu tun, was wir sind oder wie gut wir uns benehmen. Der Grund ist ganz einfach, daß er auf unserer Seite steht und unser Anblick ihm nun einmal Freude macht – weil er verrückt nach uns ist.

Gebet

Lieber Vater,

bedeuten wir dir wirklich so viel? Kann es wirklich wahr sein, daß nichts uns von deiner Liebe trennen kann, was immer wir auch anstellen? Hilf uns, das zu glauben. Hilf uns, aufrecht zu stehen und auf deine Liebe zu vertrauen. Amen.

Himmlischer Leim

Jeremia 18,1–6

Dies ist das Wort, das geschah vom Herrn zu Jeremia: Mach dich auf und geh hinab in des Töpfers Haus; dort will ich dich meine Worte hören lassen.

Und ich ging hinab in des Töpfers Haus, und siehe, er arbeitete eben auf der Scheibe. Und der Topf, den er aus dem Ton machte, mißriet ihm unter den Händen. Da machte er einen andern Topf daraus, wie es ihm gefiel.

Da geschah des Herrn Wort zu mir: Kann ich nicht ebenso mit euch umgehen, ihr vom Hause Israel, wie dieser Töpfer? spricht der Herr. Siehe, wie der Ton in des Töpfers Hand, so seid auch ihr vom Hause Israel in meiner Hand.

Einer unserer besten Freunde hier am Ort ist ein Bauhandwerker und Dekorateur, der nebenbei eine kleine, aber sehr lebendige Gemeindegruppe leitet. Diese Kombination führt dazu, daß er es mit ganz unterschiedlichen Situationen zu tun hat, so daß wir interessiert aufhorchten, als sein kleiner Sohn eines Tages feierlich verkündete: »Ich weiß, was mein Papa macht!«

»Wirklich? Was macht er denn?« fragte Adrian.

»Er füllt Spalten aus«, erwiderte Tom mit beträchtlichem Stolz.

Ich hatte alle Hände voll zu tun, um mein Lachen zu unterdrükken. Da wir die große Bandbreite von Fähigkeiten kannten, die unser Freund braucht, um seine etwas ungewöhnliche Rolle zu erfüllen, hatten wir das Gefühl, daß die Beschreibung seines Sohnes ihm wohl kaum gerecht wurde. Glücklicherweise fand sein Papa das ebenfalls lustig und machte sich nur Sorgen darum, ob sein Sohn sich vielleicht lächerlich gemacht hatte, als er uns das sagte.

Dieser Abschnitt mit dem Töpfer hat mir im Lauf der Jahre eine Menge Probleme bereitet. Ich hatte immer Schwierigkeiten mit dem Gedanken, zerquetscht und neu modelliert zu werden; vielleicht, weil ich das starke Gefühl hatte, daß mein Gefäß so gründlich mißlungen sei, daß dies das einzige wäre, was damit noch anzufangen war! Infolgedessen habe ich eine Menge Zeit damit vergeudet, daß ich versuchte, mich selbst in aller Stille in die richtige Form zu bringen, nur um der Demütigung zu entgehen, daß Gott das tun mußte.

Außerdem hatte ich die Befürchtung, Gott könnte wollen, daß wir alle genau gleich sind. Bei manchen Gelegenheiten hat mich das in Panik versetzt. Die Vorstellung einer Reihe hübscher, vollkommener, identischer kleiner Gefäße, in der ich irgendwie der Außenseiter wäre, ist mir nicht unbekannt. In manchen Gemeinden habe ich Lehren zu hören bekommen, die mir dieses Gefühl vermittelt haben.

Drei Dinge haben mir sehr geholfen, besser zu verstehen, was dieses Bild bedeutet. Vielleicht helfen sie Ihnen ja auch.

Das erste war das oben geschilderte Gespräch. Je mehr ich darüber nachdachte, desto stärker wurde mein Eindruck, daß es ein bemerkenswertes Gleichnis für die Art war, wie Gott mit uns umzugehen beschlossen hat. Er ist der Meistertöpfer, und jeder von uns ist nur ein Fingerhut, den er geschaffen hat. Doch wir erfahren ihn als jemanden, der nicht beleidigt ist über unser begrenztes Verständnis, wie wunderbar er wirklich ist. Er kann das verkraften, weil er gewaltig ist und alles in der Hand hält, nicht wie eine launische Primadonna, die uns gegen die Wand schleudern würde, nur weil wir durch unseren Kontakt mit der Welt schmutzig oder unförmig geworden sind und irgendwie sein Bild herabgesetzt haben. Das Problem ist, daß unser Bild von ihm um so verzerrter wird, je schmutziger wir werden, und um so geringer wird auch die Wahrscheinlichkeit, daß wir ihm die nötigen Reparaturen zutrauen.

Das zweite ist die Information, daß Jesus ständig versucht, seinen Anhängern die Vaterschaft Gottes vor Augen zu führen. Demnach ist viel eher zu erwarten, daß Gott – vielleicht nach einer beträchtlichen Auseinandersetzung – den Zipfel eines Vater-Taschentuchs anlecken und uns den Schmutz abwischen wird, sobald wir »Es tut mir leid« gesagt haben zu dem Schaden und dem Dreck, den wir uns selbst eingebrockt haben. Übrigens hat Jesus auch sehr deutlich gemacht, daß jeder Schaden, der einem seiner neuen, unbeschmutzten Gefäße durch jemanden anderes zugefügt wird, Gott sehr, sehr zornig macht.

Die dritte Sache, die mir sehr geholfen hat, war, als ich jemanden sagen hörte, daß ein Töpfer niemals den Ton wegwirft. Als ich das hörte, begriff ich, daß meine tiefste Befürchtung gewesen war, ich könnte von dem Meistertöpfer völlig verworfen werden Weggeworfen. Für irreparabel gehalten. Ich vermute, daß ich nicht die erste Person bin, die dieses Gefühl erlebt hat.

Eine solche Welle der Begeisterung und Freude überkam mich, als ich die Wahrheit begriff, die in jenem Buch enthalten war, daß ich eine unbändige Lust verspürte, einen jener lächerlich überschwenglichen Faustschläge in die Luft zu vollführen, die man macht, wenn man beim Fußball ein Tor geschossen hat. Jaaaa!!

Natürlich! Er ist verrückt nach dem Ton! Er hat ihn ausgewählt. Er hat uns gemacht. Jede Faser von uns. Er wird uns niemals bis zum Verlust unserer Identität zermalmen. Sondern er wird uns in Form kneten wie ein guter Krankengymnast und uns reinigen, so daß unsere beabsichtigte individuelle Färbung deutlicher zu sehen ist.

Wir sind nicht von irgendeinem Fließband gelaufen, unter Aufsicht gelangweilter Arbeiter, die sich nur auf ihre nächste Teepause freuen. Jeder von uns wurde mit Leidenschaft und Liebe individuell gestaltet und dazu bestimmt, einzigartig zu sein. Jeder kleine Kratzer, der auf der Oberfläche unserer Spezialglasur erscheint, macht unseren Schöpfer traurig, weil es ihm ein Anliegen ist, daß wir uns schön und nützlich fühlen.

Dennoch hat er seit dem Sündenfall stets angeschlagene Gefäße dazu gebraucht, um nützliche Dinge zu tun. Sie sind die einzigen, die er hat, um mit ihnen zu arbeiten. Isaak, Jakob, Mose, Gideon, David, Matthäus, Petrus, Paulus, um nur ein paar zu nennen. Er scheint immer sehr gern bereit gewesen zu sein, den himmlischen

Leim seiner Liebe und Unterstützung in noch so viele Sprünge zu streichen, wenn seine Kinder bereit waren, ihm zu vertrauen.

Gebet

Hier sind wir, Herr.

Ein Haufen angeschlagener, schmutziger Gefäße. Wir wollen wieder von Nutzen sein. Wir wollen schön sein in deinen Augen. Nimm uns in deine meisterlichen Hände, lieber Vater, und tu, was immer getan werden muß, damit es so sein kann. Wir alle können etwas himmlischen Leim gebrauchen! Danke dafür, daß du uns bedingungslos liebst. Danke, daß du uns genau so gemacht hast, wie du uns haben wolltest. Bitte vergib uns allen Schaden, den wir uns selbst und anderen zugefügt haben, und mach uns bereit, damit anzufangen, denen zu vergeben, die uns bewußt verletzt haben.

Hier sind wir, Herr. Bitte fang an, uns zu reparieren – wie lange es auch dauern mag. Amen.

Gott, unsere Stärke

Psalm 73,21–26

***Als es mir wehe tat im Herzen
und mich stach in meinen Nieren,
da war ich ein Narr und wußte nichts,
ich war wie ein Tier vor dir.
Dennoch bleibe ich stets an dir,
denn du hältst mich bei meiner rechten Hand,
du leitest mich nach deinem Rat
und nimmst mich am Ende mit Ehren an.
Wenn ich nur dich habe,
so frage ich nichts nach Himmel und Erde.
Wenn mir gleich Leib und Seele verschmachtet,
so bist du doch, Gott, allezeit meines Herzens
Trost und mein Teil.***

Ich werde Ihnen gleich etwas über mich erzählen, das Sie nicht sehr beeindrucken wird. Gott kommt allerdings recht gut dabei weg! Es war ungefähr ein Jahr, nachdem Gott meinen Mann durch einen Zusammenbruch geschleppt, ihn wieder aufgerichtet und abgestaubt und ihm etwas zu tun gegeben hatte. Zuerst war ich einfach nur begeistert gewesen, zu sehen, wie Adrian wieder Zuversicht gewann, seinen geistlichen Vater besser kennenlernte und sich recht nützlich erwies in der Rolle, die Gott für ihn ausgesucht hatte. Besonders begeisterte es mich zu sehen, wie das, was er schrieb, eine so befreiende Wirkung auf diejenigen hatte, die seine Bücher lasen.

Allmählich jedoch stellte ich fest, daß ich eigentlich gar nicht so glücklich war. Starke Gefühle der Verletzung und Verwirrung begannen mein Leben zu beherrschen. Da ich nicht gerade jemand bin, der vor Zuversicht überquillt, hatten mir manche der Nebenwirkungen von Adrians Krankheit sehr zu schaffen gemacht – die Geldsorgen, die Unsicherheit, die Isolation und Einsamkeit –, doch die ganze Zeit über hatte ich ein unbändiges Vertrauen verspürt, daß Gott alles für uns in die Hand nehmen würde. Nun hatte er das getan, aber damit waren neue Kosten auf uns zugekommen. Ich hatte gedacht, Gott würde unser Leben wieder so einrichten, wie es vor dem Zusammenbruch gewesen war. Hatte er aber nicht!

Es war, als hätte Adrians Leben mit 37 3/4 begonnen, und unser ganzes gemeinsames Leben mit all der Intensität der letzten Zeit existierte überhaupt nicht. Über Nacht war jenes außerordentliche Phänomen, ein »berühmter Christ«, aus ihm geworden, und es war, als wäre er damit zu öffentlichem Eigentum geworden! Er war häufig von zu Hause weg, und ich merkte, daß ich in Wirklichkeit die Nase ziemlich voll hatte von Gott und sogar eifersüchtig auf Adrian war.

»Ich bedeute dir keinen Pfifferling, nicht wahr?« wütete ich gegen Gott. »Dich interessiert nur Adrian. Du wolltest nur, daß Adrian wieder gesund wird, damit er für dich arbeiten kann. Und was ist mit mir? Bin ich dir egal? Liebst du mich denn überhaupt nicht?«

Im Rückblick sehe ich, daß das zu einem großen Teil eine natürliche Reaktion auf die lange Zeit war, in der ich hatte stark sein müssen. Aber zu der Zeit war es schrecklich. Abgesehen von all den scheußlichen Verletzungen fühlte ich mich unendlich schuldig, besonders dann, als ich anfing, alles an Adrian auszulassen. Wenn ich wußte, daß er wegmußte, gab ich mir den ganzen Tag über alle Mühe, mich wie eine gute christliche Ehefrau zu benehmen – und dann, gerade wenn er zur Tür hinausging, lösten sich meine guten Vorsätze auf, und ich hörte mich keifen wie das sprichwörtliche Waschweib.

Der arme Adrian mußte häufig vor Hunderten von Leuten stehen und ihnen erzählen, wie sehr Gott sie liebte und daß er sie frei machen wolle – während ihm meine grausamen Worte in den Ohren hallten.

Endlich begriff ich, daß ich etwas tun mußte, sonst würde ich die ganze Heilung zunichte machen, die in meinem Mann stattgefunden hatte, und die Arbeit gefährden, die Gott ihm gegeben hatte. Ich beschloß, ein paar Tage wegzufahren und »mein Leben in Ordnung zu bringen«.

Ich reiste nach Scargill House in Yorkshire, gewappnet mit Fragen und Argumenten, die ich Gott vorlegen wollte, und ich glaube, ich hatte die feste Absicht, mich, bevor ich nach Hause zurückkehrte, für irgendeinen Job zu entscheiden, der mir Erfüllung bringen und mir helfen würde, weniger Anstoß an Adrians neuer Lebensweise zu nehmen.

Als ich dort ankam, passierte etwas Außergewöhnliches. Es war, als könnte ich nach langer Blindheit plötzlich wieder klar sehen. Dabei überkamen mich absolut keine Einsichten über mein Leben! Das alles erschien mir plötzlich gänzlich belanglos. Alles, woran ich denken konnte, war Jesus. Es war, als hielte er mich volle drei Tage lang an der Hand, und ich empfand eine besinnungslose Freude, wie man sie nur erlebt, wenn man sich zum ersten Mal verliebt.

Natürlich gab es praktische Bereiche in unserem Leben, die wir in Ordnung bringen mußten. Aber ich wußte endlich, daß ich in der Lage sein würde, sie realistisch zu betrachten und mich der Tatsache zu stellen, daß unser Leben nie wieder so sein würde, wie es zuvor war, weil ich daran erinnert worden war, daß Gott meine Stärke ist und alles, was ich je brauchen werde.

Gebet

Lieber Vater,

manchmal entfernen wir uns so weit von dir, geblendet von unserem Zorn, betäubt von unserem Schmerz. Wenn wir verwirrt sind, dann nimm unser Leben in deine Hand, Vater, wir flehen dich an. Wenn wir uns verirrt haben, komm und finde uns, und bring uns nach Hause. Wir vermissen dich. Wir möchten dich wiedersehen. Komm bald. Amen.

Epheser 3,17–21

[Ich bete,] daß Christus durch den Glauben in euren Herzen wohne und ihr in der Liebe eingewurzelt und gegründet seid. So könnt ihr mit allen Heiligen begreifen, welches die Breite und die Länge und die Höhe und die Tiefe ist, auch die Liebe Christi erkennen, die alle Erkenntnis übertrifft, damit ihr erfüllt werdet mit der ganzen Gottesfülle.

Dem aber, der überschwenglich tun kann über alles hinaus, was wir bitten oder verstehen, nach der Kraft, die in uns wirkt, dem sei Ehre in der Gemeinde und in Christus Jesus zu aller Zeit, von Ewigkeit zu Ewigkeit! Amen.

Ich war immer noch in Scargill, und der letzte Tag meiner Mini-Klausur war gekommen. Ich erwachte früh von dem seltsamen Klang des Nichts, und als ich durch das beschlagene Fenster spähte, sah ich, daß es während der Nacht heftig geschneit hatte.

So überwältigend schön die Landschaft auch aussah, ich war beunruhigt. Wie sollten wir alle von hier wegkommen? Das Tagungszentrum war von winzigen Sträßchen umgeben, die jetzt schon mehrere Zoll tief im Schnee versunken sein mußten. Als ich nach unten eilte, traf ich mehrere Leute an, die bereits gepackt hatten und aufbruchbereit waren. »Ich habe mir gerade die Lokalnachrichten angehört«, verkündete einer der Freizeitleiter. »Die Vorhersage für den späteren Tag ist ziemlich trübe, aber die Straßen in der Gegend sind noch befahrbar. Also müssen wir entscheiden, ob wir jetzt aufbrechen oder uns darauf einstellen, für ein paar Tage hier oben einzuschneien.«

Wäre die ganze Familie bei mir gewesen, so hätte ich mich, glaube ich, entschieden zu bleiben. Es wäre himmlisch gewesen, in den Bergen von Yorkshire Schneeballschlachten zu veranstalten und Schlitten zu fahren. Aber sie waren nicht da. Sie waren dreihundert Meilen entfernt in Hailsham, und ich vermißte sie furchtbar. Ich rannte nach oben, schnappte mir meinen Koffer, eilte hinab, bedankte mich unter Umarmungen und schlitterte hinüber zum Auto.

Die ersten zwanzig Meilen waren übel, aber schließlich hatte ich es bis zur Autobahn geschafft. Aufatmend schaltete ich das Radio ein. Die Nachrichten waren schlimmer, als ich es für möglich gehalten hätte. Offenbar herrschte auf den Straßen quer durchs ganze Land ein einziges Chaos. Unfälle waren an der Tagesordnung, und den Leuten wurde nachdrücklich geraten, sich nur hinauszuwagen, wenn es absolut lebensnotwendig war. Mit jeder Minute schien der Straßenzustand tückischer zu werden.

Der Schnee fiel dicht herab, und die Sicht wurde immer schlechter. Die Nachrichten ebenso. Ständig kamen Informationen über Unfälle und Pannen herein, verbunden mit Warnungen, man solle um jeden Preis im Wagen bleiben und sich ohne Enteiser, Thermoskanne und Taschenlampe keinesfalls ins Freie zu wagen. Ich hatte nichts von alledem und war mir nur zu bewußt, wie töricht es von mir gewesen war, die Fahrt anzutreten.

Alle Euphorie, die ich während der letzten Tage erlebt hatte, war verschwunden, und ich fühlte mich verängstigt und unglaublich verletzlich. So viel zu meiner erneuerten Nähe zu Gott. So viel zu meinem Gefühl, daß ich ihm am Ende doch sehr viel bedeutete. Die Sicht wurde noch schlechter, als mir die Tränen übers Gesicht zu laufen begannen. Ich war zweihundert Meilen von zu Hause entfernt in der eisigen Kälte, und nun fing es auch noch an, dunkel zu werden.

In diesem Moment gab mein Wagen ein Ächzen von sich, stockte und kam beinahe zum Stillstand. Jetzt schlich ich mit zwei Meilen in der Stunde dahin und war sicher, daß ich jeden Moment gerammt werden würde. Vor mir konnte ich gerade noch ein Hinweisschild auf einen Abzweig nach links erkennen, und da ich dachte, alles wäre besser, als auf der Autobahn liegenzubleiben, ließ ich den Wagen auf eine Nebenstraße holpern. Ich sah überhaupt nichts mehr. »Meine Scheinwerfer müssen ausgegangen sein«, dachte ich, und im nächsten Moment blieb der Wagen mit einem grauenhaften Knall vollends stehen.

Da saß ich in der stockfinsteren Nacht in meinem Auto, das keinen Ton mehr von sich gab, und schrie verzweifelt zu Gott. Dann schlug ich die Augen auf. Da, links von mir, sah ich durch das Schneetreiben hindurch verschwommene Lichtreklamen – ein Café und ein Motel!

Nun, ich habe von Leuten gehört, die daran glauben, daß Gott jedesmal, wenn sie zum Supermarkt fahren, vor ihnen her eilt und ihnen einen Parkplatz freihält – und, ganz ehrlich gesagt, ich habe nicht viel Verständnis für die Vorstellung, daß Christen ständig mit Privilegien rechnen sollten. Aber ich glaube daran, daß Gott es an jenem Abend genau arrangierte, wann und wo mein Wagen liegenblieb. An jenem Abend, nachdem ich sowohl zu Hause als auch beim Automobilclub angerufen hatte, saß ich warm und sicher mit einer Tasse Tee in einem Bett und schaute mir im Fernsehen fürchterliche Nachrichtenbilder von verlassenen Autos auf Autobahnen überall im Land an.

Ich werde nie dieses Gefühl vergessen, daß mein himmlischer Vater mir ganz nahe war und sagte: »Ich mußte dir irgendwie beweisen, wie breit, lang, hoch und tief meine Liebe zu dir ist, du störrisches Weib!«

Ich frage mich, wie er es Ihnen zeigen wird!

Gebet

Lieber Vater,

wir wünschen uns so sehr, uns dir nahe zu fühlen. Hilf uns, daß wir offen werden für die Möglichkeit, daß du uns begegnen wirst und daß du wirklich möchtest, daß wir die Tiefe der Liebe erleben, von der Paulus hier redet. Amen.

Heraus mit den Smarties!

Psalm 139,1–6

Herr, du erforschest mich und kennest mich.
Ich sitze oder stehe auf, so weißt du es;
du verstehst meine Gedanken von ferne.
Ich gehe oder liege, so bist du um mich
und siehst alle meine Wege.
Denn siehe, es ist kein Wort auf meiner Zunge,
das du, Herr, nicht schon wüßtest.
Von allen Seiten umgibst du mich
und hältst deine Hand über mir.
Diese Erkenntnis ist mir zu wunderbar und zu hoch,
ich kann sie nicht begreifen.

Die überwältigend gute Nachricht, die in diesem Psalm enthalten ist, wurde mir durch etwas verdeutlicht, das gestern passiert ist. Es war auf einem Treffen im gemeinsamen Kinderclub der Kirchen in unserer Stadt, zu dem Kinder aus ganz verschiedenem Hintergrund kommen.

Es war ein anstrengender, aber aufregender Vormittag gewesen, und ich hatte mich besonders über das Verhalten eines kleinen Raufboldes gefreut. Als er anfing, war es unmöglich gewesen, zu ihm durchzukommen, und er hatte so ziemlich auf alles aggressiv reagiert. Doch allmählich, über einen Zeitraum von etwa zwei Jahren hinweg, war sein Mißtrauen so weit gewichen, daß er sogar ein wenig Necken und körperlichen Kontakt zuließ. Heute war er ein Goldstück gewesen, und ich wollte ihm zeigen, wie sehr ich mich darüber freute.

»Patrick, ich bin wirklich stolz auf dich. Hier ist ein besonderer, geheimer Preis dafür, daß du dir so viel Mühe gibst«, flüsterte ich, öffnete verstohlen die »Preiskiste« und drückte ihm ein Röhrchen Smarties in die Hand. »Danke, Miss«, strahlte er und rannte davon, wobei er sich die Süßigkeiten mit vollen Händen in den Mund stopfte. Ich legte den Deckel wieder auf die Schachtel, stellte sie auf den Tisch und ging, um wie üblich am Schluß eines Treffens bei der Beseitigung des Chaos zu helfen, die Kappen wieder auf die Filzstifte zu stecken und den Klebstoff von den Tischen zu kratzen. Ich war voller Freude.

Zehn Minuten später drückte mir meine Freundin Phillippa etwas in die Hand. Es war ein zweites, ungeöffnetes Röhrchen Smarties.

»Ich habe gesehen, wie Patrick es sich auf dem Weg nach draußen aus der Preiskiste fischte«, sagte sie lächelnd, »und da dachte ich, den schnappe ich mir.«

»Oh nein«, stöhnte ich, »dabei habe ich ihm genau dasselbe als Preis gegeben, weil er heute so *lieb* war!«

»Na«, lachte sie, »sieh es einmal so: Vor sechs Monaten hätte er vermutlich noch abgestritten, daß er sie genommen hat, und mir für die Beleidigung gegen das Schienbein getreten!«

Gott weiß genau, wo wir unseren Weg als Christen beginnen. Er weiß genau, warum wir sind, wie wir sind und was unsere Schwächen sind, und es könnte gut sein, daß an diesem Vormittag der ganze Himmel jubelte, weil Phillippa keinen Tritt vors Schienbein bekam!

Es ist leicht, Gottes liebevolle Vergebung und Ermutigung in bezug auf den kleinen Patrick zu erkennen. Aber wie ist es mit Ihnen selbst? Ich frage mich, was wir vielleicht in letzter Zeit getan haben, das den Himmel zum Jubeln gebracht hat? Welchen kleinen Schritt haben wir getan, um ihm mehr zu vertrauen? Welcher Versuchung haben wir widerstanden? Was für ein Gedanke ist uns gekommen? Uns mag es nicht bemerkenswert erscheinen – und ich weiß, daß mir mein eigener Fortschritt immer quälend langsam vorkommt, aber bei einem Gott, der uns bis ins Innerste kennt, hat es vielleicht ein Lächeln oder sogar das himmlische Äquivalent für eine Umarmung und ein Röhrchen Smarties hervorgerufen!

Gebet

Lieber Vater,

dem Himmel sei Dank (!), daß du alles über uns weißt. Du siehst genau, wo wir begonnen haben, welche Hindernisse unserem Fortschritt im Weg stehen, und du weißt genau, was du von uns in diesem Augenblick erwartest. Gib uns Kraft, wieder aufzustehen, wenn wir scheitern, und weiterzumachen, in dem Wissen, daß du dich über jeden kleinen Schritt nach vorn auf unserem holperigen Weg zu dir freust. Amen.

Auf wessen Seite steht Gott?

Jona 3,1–6.10; 4,1–2

Und es geschah das Wort des Herrn zum zweitenmal zu Jona: Mach dich auf, geh in die große Stadt Ninive und predige ihr, was ich dir sage!

Da machte sich Jona auf und ging hin nach Ninive, wie der Herr gesagt hatte.

Ninive aber war eine große Stadt vor Gott, drei Tagereisen groß. Und als Jona anfing, in die Stadt hineinzugehen, und eine Tagereise weit gekommen war, predigte er und sprach: Es sind noch vierzig Tage, so wird Ninive untergehen.

Da glaubten die Leute von Ninive an Gott und ließen ein Fasten ausrufen und zogen alle, groß und klein, den Sack zur Buße an. Und als das vor den König von Ninive kam, stand er auf von seinem Thron und legte seinen Purpur ab und hüllte sich in den Sack und setzte sich in die Asche ...

Als aber Gott ihr Tun sah, wie sie sich bekehrten von ihrem bösen Wege, reute ihn das Übel, das er ihnen angekündigt hatte, und tat's nicht.

Das aber verdroß Jona sehr, und er ward zornig und betete zum Herrn und sprach: Ach, Herr, das ist's ja, was ich dachte, als ich noch in meinem Lande war, weshalb ich auch eilends nach Tarsis fliehen wollte; denn ich wußte, daß du gnädig, barmherzig, langmütig und von großer Güte bist und läßt dich des Übels gereuen.

Diese Geschichte von Jona enthält eine wunderbare Nachricht. Nicht die Tatsache, daß Gott, wenn wir ihm ungehorsam sind, möglicherweise veranlassen wird, daß wir von einem großen Fisch verschlungen werden, sondern der hier wiedergegebene Grund für

Jonas Ungehorsam. Er wollte den Bürgern von Ninive nicht sagen, daß Gott wegen ihres Verhaltens zornig sei, weil er ohne den Schatten eines Zweifels wußte, daß Gott ihnen vergeben würde, sobald sie sagen würden, daß es ihnen leid tat.

Jona kannte Gott. Er betrachtete seine Bereitschaft zur Vergebung als aufreizende Schwäche, bis Gott ihm im weiteren Verlauf der Geschichte durch das Bild der Staude klarmachte, daß der Grund, warum er immer wieder versuchen würde, den Leuten von Ninive Chancen zur Umkehr zu geben, darin bestand, daß er sie hatte aufwachsen sehen und jeder von ihnen ihm zutiefst am Herzen lag.

Vor einigen Jahren stieß ich auf ein Beispiel für dieselbe unzweideutige Gewißheit, was Gott tun würde. Wir haben eine Freundin, die in einer Reihe von Kinderheimen aufgewachsen ist. Durch diesen Prozeß wurde sie immer belasteter, bis sie schließlich mit achtzehn, gewappnet mit Beruhigungsmitteln und einem schweren Mangel an Selbstvertrauen, entlassen wurde, um sich allein durchzuschlagen.

In dieser Phase ihres Lebens war sie am Boden zerstört und ging durch eine Reihe unglücklicher Beziehungen. Sie wußte, daß wir uns Sorgen um sie machten, und rief häufig an, um uns über ihre Kämpfe auf dem laufenden zu halten. Einmal lebte sie mit einem Mann zusammen, der seine Frau verlassen hatte, und wir wußten, daß sie gegen alle Wahrscheinlichkeit hoffte, daß dieses Mal die Beziehung in eine Ehe führen würde.

Eines Abends rief sie uns sehr spät an und erzählte uns unter vielen Tränen, daß er daran dachte, zu seiner Frau zurückzukehren. Natürlich tat es uns beiden entsetzlich leid um sie, und ich beendete unser langes Gespräch, indem ich sagte: »Bevor ich schlafen gehe, werde ich für euch beide beten.«

»Äh, tu das lieber nicht, Bridget«, kam die entsetzte Antwort. »Du weißt ja, auf wessen Seite er stehen wird!«

Ihre instinktive Antwort verriet mehr Glauben und Zutrauen zu der Wirklichkeit und Gerechtigkeit Gottes als viele Predigten, die ich bis dahin oder seither gehört habe. Sie und Jona hatten eine Menge gemeinsam. Keiner von ihnen wollte, daß Gott eingreift, weil sie sicher waren, daß sie wußten, auf wessen Seite er stehen würde.

Habe ich diese Zuversicht? Ich merke, jetzt, wo ich älter werde, bin ich mir nicht mehr so sicher wie früher, wie Gott sich in konkreten Situationen verhalten wird, aber meine Zuversicht nimmt zu, daß, was immer er tut, es das Richtige sein wird. Ja, je mehr ich nur einen winzigen Bruchteil seines Herzens kennenlerne, desto mehr kann ich mit dem übereinstimmen, was Julian von Norwich sagte: »Alles wird gut sein, und alle Arten von Dingen werden gut sein.«

Gebet

Lieber Vater,

danke für die Geschichte von Jona. Sie ist überwältigend. Wir möchten dich kennenlernen, wie Jona dich kannte. Wir wollen aus tiefstem Innern vertrauen, daß du immer tun wirst, was gerecht und fair ist. Hilf uns. Amen.

Das Angebot der Sicherheit

Sacharja 8,4–5

So spricht der Herr Zebaoth: Es sollen hinfort wieder sitzen auf den Plätzen Jerusalems alte Männer und Frauen, jeder mit seinem Stock in der Hand vor hohem Alter, und die Plätze der Stadt sollen voll sein von Knaben und Mädchen, die dort spielen.

Als ich kürzlich auf diese Verse stieß, war mir, als hätte ich eine Antwort auf etwas gefunden, das mir lange Zeit zu schaffen machte. Warum empfinden wir nicht dieselbe Dringlichkeit wie Jesus, der Welt von unserem Vater Gott zu erzählen? Manche der Gründe sind natürlich offensichtlich: Faulheit, Furcht, Gleichgültigkeit ... aber ich glaube, einer der wichtigsten Gründe ist, daß wir tief im Innern gar nicht glauben, daß Gott etwas zu bieten hat, was die Welt haben will. Wir meinen, unsere Botschaft sei zu unweltlich für unsere Welt.

Als wir zum ersten Mal nach Australien reisten, nahmen wir an einer hervorragenden Konferenz teil, die von der Uniting Church organisiert wurde. Als Motto hatte man »So läßt es sich leben« gewählt, und ich erinnere mich, wie uns am Tag unserer Ankunft der Grund für diese Wahl genannt wurde. Man erklärte uns, daß die Australier nur auf eine positive, lebensbejahende Botschaft reagieren würden wegen der tief verwurzelten Aufsteigerphilosophie, die sie so weit gebracht hatte. Das Evangelium mit seiner Botschaft der Selbstaufopferung hatte da offenbar keine großen Chancen.

Als wir zwei Jahre später wieder hinfuhren und viele Australier aus viel weiter verstreuten Gegenden kennenlernten, begriffen wir allmählich, warum diese Mottowahl nicht unberechtigt war. Doch gleichzeitig merkten wir, daß sich die Menschen auf einer tieferen Ebene verzweifelt danach sehnten, sich verletzlich zeigen und ihre

Gefühle der Angst und Unsicherheit zugeben zu dürfen. Während dieser Tour wurden mehr Tränen vergossen als während irgendeiner anderen, und viele davon von Männern, die entdeckten, daß das, was Gott ihnen anbot, genau das war, was sie im Grunde immer gewollt hatten.

Für mich war das der Schlüssel zum Verständnis dessen, was Gott hier zu Sacharja sagt, denn ich merkte, daß Gott uns das geben will, was wir – und damit meine ich die ganze Welt – uns für uns selbst am meisten wünschen. Sicherheit. Eine Welt, in der unsere alten Leute und unsere Kinder sicher auf unseren Straßen gehen und spielen können.

Ich stand auf unserem Kinderspielplatz in der Nachbarschaft und beobachtete mit gespielten Entsetzensschreien, wie der kleine Junge meiner Freundin versuchte, sich Hand über Hand an einem leuchtend bunten Balken entlangzuschwingen. »Wenigstens kann er sich nicht weh tun«, flüsterte ich. »Diese neue Oberfläche ist hervorragend, er wird abprallen wie von einem Trampolin.« Ich drehte mich um und wollte nach der vierjährigen Katy rufen, sie solle von der Rutsche herunterkommen und es auch einmal versuchen. Doch es war niemand auf der Rutsche. Oder bei den Schaukeln. Oder auf dem Karussell. Drei kleine Jungen hielten das hölzerne Piratenschiff mit furchterregenden Drohungen besetzt, jedweden Eindringling über die Planke gehen zu lassen, so daß ich wußte, daß sie dort nicht sein konnte.

Panik überkommt einen nicht allmählich. Sie rauscht heran und umspült einen wie eine gewaltige Welle. Ich fing an, um das kleine, eingezäunte Gelände herumzurennen und klammerte mich an die Hoffnung, sie würde hinter der Holzbank oder unter der Rutsche versteckt sein. Das Gespenst, das alle Eltern fürchten, erfüllte mein ganzes Denken.

Dann sah ich sie. Sie tanzte und hüpfte durch den Park, die Hand sicher in der ihres großen Bruders. Sie hatte ihn kommen sehen und war ihm entgegengerannt. Diesmal also kein Anlaß zur Sorge – doch als ich dastand und sie herankommen sah wie Winnie Pus Freund Ferkel, ging mir eine erschreckende Wahrheit auf. Die neuen, technisch fortschrittlichen Oberflächen haben es endlich möglich gemacht, daß kleine Kinder auf Spielplätzen ungefährdet spielen können. Doch keine Mutter und kein Vater darf ein kleines Kind aus den Augen lassen, wenn es darauf spielt. Die Gefahr ist zu groß!

Vielleicht ist das ein Schlüssel dazu, wie wir zuversichtlicher mit solchen Menschen reden können, die von Gott nichts hören wollen. Wie oft hören wir, wie Gott von Leuten, die ihm nicht begegnet sind, als fordernder Tyrann oder gleichgültiger Richter beschrieben wird. Hier jedoch erkennt er genau das, wonach wir uns am meisten sehnen, als lebenswichtig an.

Gebet

Lieber Vater,

gib uns die Zuversicht, unserer Welt von dir zu erzählen. Hilf uns, daran zu denken, daß dir deine Welt sehr am Herzen liegt und du jedem deiner Kinder, jung und alt, Sicherheit und Frieden schenken willst. Wir bitten dich, vergib uns all die Gelegenheiten, über dich zu reden, die wir versäumt haben. Und all die Gespräche, in denen wir dich auf irgendeine Weise falsch dargestellt und so die Wirkung deines Wortes geschwächt haben. Zuletzt, Vater, bitten wir dich als deine Kinder, daß du die Menschen, die wir lieben, sicher behütest. Amen.

Zurück nach Eden?

1. Mose 1,26–31

Und Gott sprach: Lasset uns Menschen machen, ein Bild, das uns gleich sei, die da herrschen über die Fische im Meer und über die Vögel unter dem Himmel und über das Vieh und über alle Tiere des Feldes und über alles Gewürm, das auf Erden kriecht.

Und Gott schuf den Menschen zu seinem Bilde, zum Bilde Gottes schuf er ihn; und schuf sie als Mann und Weib.

Und Gott segnete sie und sprach zu ihnen: Seid fruchtbar und mehret euch und füllet die Erde und machet sie euch untertan und herrschet über die Fische im Meer und über die Vögel unter dem Himmel und über das Vieh und über alles Getier, das auf Erden kriecht.

Und Gott sprach: Sehet da, ich habe euch gegeben alle Pflanzen, die Samen bringen, auf der ganzen Erde, und alle Bäume mit Früchten, die Samen bringen, zu eurer Speise.

Aber allen Tieren auf Erden und allen Vögeln unter dem Himmel und allem Gewürm, das auf Erden lebt, habe ich alles grüne Kraut zur Nahrung gegeben. Und es geschah so.

Und Gott sah an alles, was er gemacht hatte, und siehe, es war sehr gut.

Wir verbrachten den Sommer 1995 damit, in Südafrika zu arbeiten. Es war ein unglaubliches Erlebnis für uns alle, und wir haben eine Menge faszinierender Leute kennengelernt.

Yuri und seine Frau Pippa betrieben eine kleine Safari-Station am Rande des Krüger-Nationalparks. Am Ende unserer Vortragstour verbrachten wir dort drei der aufregendsten Tage unseres Lebens.

Keiner von uns wird je die Gerüche und Anblicke unserer frühmorgendlichen Ausflüge ins Grasland vergessen, bei denen wir voller Begeisterung in einem offenen Jeep dahinholperten. Wir bekamen jede Menge wilde Tiere zu sehen, manchmal aus beängstigend geringer Entfernung.

Eines unserer eindrücklichsten Erlebnisse jedoch hatte nichts mit Elefanten oder Löwen zu tun. Es war eine Wanderung über einen abgeschiedenen Pfad durch die Wildnis, die direkt an das Lager angrenzte. Wir gingen mit Yuri, der ein ausgebildeter Ökologe war, und Dixon, unserem schwarzen südafrikanischen Ranger, der uns mit geladenem Gewehr auf dem Fuße folgte, für alle Fälle! Yuri war eine regelrechte Goldmine, was die Kenntnis der Gegend betraf, und warf ständig mit aufschlußreichen Nuggets um sich, während wir wanderten. Wir lernten mehr in dieser Stunde, während wir dahinschlenderten und uns Büsche und Insekten ansahen, als ich je für möglich gehalten hätte.

Da gab es den Baobab-Baum, der über eine feuerfeste Rinde verfügte, die ihn vor den Steppenbränden schützt, die jedes Jahr in der heißen Trockenphase die Savanne niederbrennen und fruchtbaren Boden für neues Wachstum erzeugen. Da gab es die militärisch organisierten Ameisenheere; einen abgelegten Schildkrötenpanzer, dessen Muster das Alter seines lange verstorbenen früheren Besitzers verriet; Zweige, die früher als Zahnbürsten verwendet wurden, und, von einem anderen Strauch, Blätter, die einst das einzig verfügbare Toilettenpapier waren.

Wir sahen Termitenhaufen, die, wenn sie nicht mehr gebraucht werden, zu begehrten Behausungen für Zwergmungos werden, und erhaschten faszinierende Blicke auf Meerkatzen auf der Suche nach Beeren. Das Bewegendste waren die kleinen Häufchen von Knochen, die die Begräbnisstätten der einheimischen Stämme markierten, die dort gelebt hatten, bis der Ansturm der Apartheid sie gezwungen hatte, ihre Heimat zu verlassen.

Die Gegend, die wir durchwanderten, gilt als die Wiege der Menschheit, und an jenem sonnendurchfluteten Tag wirkte sie wie der Garten Eden.

Dieses Gefühl wurde durch etwas verstärkt, das Yuri uns sagte. Offenbar straft das Ökosystem jenes Gebietes die Theorie Lügen, der Mensch sei für die Natur überflüssig. Jeder, der *Das Dschungelbuch* gesehen oder gelesen hat, weiß, daß selbst der König des Dschungels nicht das Geheimnis kannte, wie man Feuer macht, und daß dies der Grund dafür war, daß das Menschenjunge Mowgli gefangengenommen wurde. Die Savanne brauchte schon immer Feuer, um ein übermäßiges Vordringen des Busches zu verhindern und dafür zu sorgen, daß Gras in üppigem, nahrhaftem Zustand für die vielen Pflanzenfresser vorhanden war, die wiederum den Fleischfressern Nahrung liefern, und so weiter die Nahrungskette hinauf. Menschen lieferten das Wissen, das die Savanne zum Überleben brauchte.

Vieles von dem, was Yuri sagte, war viel zu hoch für mich, aber ich hatte das Gefühl, als würden wir in ein ganz besonderes Verständnis der Schöpfungsgeschichte eingeweiht, was noch eindrücklicher wurde, als er einen winzigen Vogel namens »Honiganzeiger« erwähnte, dessen einzige Funktion seit Menschengedenken darin bestand, Menschen zu verraten, wo Honig zu finden sei. Er sitzt auf einem Baum und ruft, bis ein menschliches Wesen ihn hört. Indem er ständig ruft und von Baum zu Baum flattert, führt er seinen Verfolger weiter, manchmal über mehrere Tage hinweg, bis sie einen Ort erreichen, wo ein Stock voller Honig sie erwartet.

Man kann sich leicht vorstellen, was für eine wichtige Rolle er in Zeiten gespielt haben muß, als dies vielleicht die einzige Möglichkeit für Menschen war, an etwas Süßes zu kommen. Heute ist er überflüssig. Die Menschen, die hierher gehören, sind aus ihren Territorien in die fälschlicherweise so genannten »Homelands« vertrieben worden und machen, obwohl schon über ein Jahr seit den demokratischen Wahlen vergangen ist, kaum Anstalten zurückzukehren. Die einzigen Bewohner der Gegend sind Touristen und Besitzer von Safari-Stationen, die viel zu beschäftigt sind, um mehrere Tage lang nach etwas Süßem zu suchen, das sie im nächsten Supermarkt kaufen können. Nun steht der Honiganzeiger vor dem Aussterben.

Diese tieftraurige Geschichte scheint eine Einsicht in die noch größere Tragödie der Erbsünde zu vermitteln. Die »Sündenkette«, fast so alt wie die Welt selbst, die unausweichliche, rollende Konsequenz von Gier, Selbstsucht und Machtlüsternheit, hat immer und immer wieder die empfindliche Balance mißachtet und zerstört, von der man seit Urzeiten annahm, daß sie zwischen Menschen, Gott und Natur besteht.

Gebet

Lieber Vater,

wir wissen, daß wir die Uhr nicht zurückdrehen können zu der Zeit, als deine ganze schöne Welt in Harmonie bestand. Alles, was wir tun können, ist, dich um Vergebung zu bitten für die Art und Weise, wie wir mit unserem Teil davon umgegangen sind. Hilf uns zu verstehen, wie wir unseren Winkel des Universums am wirksamsten verbessern können. Und gib uns den Mut, uns gegen die zu stellen, die versuchen, dieses Gleichgewicht noch weiter zu zerstören. Amen.

Galater 3,26 – 4,7

Denn ihr seid alle durch den Glauben Gottes Kinder in Christus Jesus. Denn ihr alle, die ihr auf Christus getauft seid, habt Christus angezogen.

Hier ist nicht Jude noch Grieche, hier ist nicht Sklave noch Freier, hier ist nicht Mann noch Frau; denn ihr seid allesamt einer in Christus Jesus.

Gehört ihr aber Christus an, so seid ihr ja Abrahams Kinder und nach der Verheißung Erben.

Ich sage aber: Solange der Erbe unmündig ist, ist zwischen ihm und einem Knecht kein Unterschied, obwohl er Herr ist über alle Güter; sondern er untersteht Vormündern und Pflegern bis zu der Zeit, die der Vater bestimmt hat.

So auch wir: Als wir unmündig waren, waren wir in der Knechtschaft der Mächte der Welt.

Als aber die Zeit erfüllt war, sandte Gott seinen Sohn, geboren von einer Frau und unter das Gesetz getan, damit er die, die unter dem Gesetz waren, erlöste, damit wir die Kindschaft empfingen.

Weil ihr nun Kinder seid, hat Gott den Geist seines Sohnes gesandt in unsre Herzen, der da ruft: Abba, lieber Vater!

So bist du nun nicht mehr Knecht, sondern Kind; wenn aber Kind, dann auch Erbe durch Gott.

Nachdem ich gerade von unserer letzten Tour zurückgekehrt bin, wird mir klar, daß einer der Begleitumstände des Reisens darin besteht, wie man sowohl Dinge verliert als auch zu Dingen kommt. Ein Haufen Unterwäsche blieb in einer Schublade im Hotel zurück, ein Sweatshirt auf einem Schiff, eine Handtasche wurde gestohlen, und die ganze südliche Halbkugel muß bis an den Rand der ökologischen Katastrophe mit den Kämmen und einzelnen Socken der Familie Plass übersät sein! Trotzdem wurden unsere Taschen immer schwerer. Unzählige Mini-Shampoos und Duschgel-Packungen, ein wunderhübsches Geschenk, sorgfältig gewebt von einer Gruppe von Frauen in Queensland, eine ganz besondere Flasche Wein aus dem Barossa-Tal, eine Flut geschenkter Mini-Koalas, Känguruhs und Schlüsselanhänger, ein Hotelhandtuch, das sich in der Gästewäsche versehentlich rosa verfärbte und zu dem Schluß kam, es würde unter seinen makellos schneeweißen Artgenossen nur noch ein unerwünschtes häßliches Entlein sein ... die Liste erscheint endlos.

Aber man kommt unterwegs auch zu anderen, noch interessanteren Dingen. Dingen, die helfen, den immer schwerer werdenden Koffer zu tragen. Innerhalb von vierundzwanzig Stunden geschlossene Freundschaften, die sich gerade wegen des Zeitmangels tiefer ins Herz eingraben als viele jahrelange Bekanntschaften. Kontakt zu Enthusiasten, die mit solcher Hingabe und Freude von ihrem Engagement reden, daß man sich ihrer Sache kaum entziehen kann, wie etwa World Vision, einer unserer Tour-Sponsoren.

Doch mehr noch als all das haben wir eine Wahrheit mitgebracht, die uns nie verlassen wird. Das Wissen, wie wahrhaft winzig und verletzlich wir alle sind und wie sehr Gott uns lieben und für uns sorgen muß. Das mag banal klingen, aber wohin immer wir kommen, begegnen wir Menschen, die mit ihren Beziehungen, ihrer Gesundheit, ihrer Arbeit zu kämpfen haben; Menschen, die sich aneinanderklammern, um nicht vom Tornado des Lebens fortgeblasen zu werden; Menschen, die lieben und Liebe brauchen, sorgenvolle Menschen, Menschen, deren harte Erfolgsschale von Gott aufgebrochen wurde, so daß seine Liebe hineinfließen kann; Menschen, die nie eine solche Schale entwickelt haben Kinder. Alles Kinder. Eine riesige, liebende, zankende Schar von Kindern, die noch nicht verstanden haben, daß sie es nicht nötig haben, etwas zu beweisen, recht zu haben, die Ersten zu sein, größer oder schöner, cleverer oder talentierter zu sein, weil er uns allen zum Vater geworden ist und uns auf eine Weise, die wir nie verstehen werden, alle in seiner Hand halten, all unsere Tränen abwischen und sich all unsere Abenteuer anhören kann. Unser Vater, *Abba*, im Himmel, geheiligt werde dein Name.

Gebet

Lieber Vater,

es ist so leicht für uns, immer nur kritisch auf die Unterschiede zwischen uns, deinen Kindern, zu sehen. Hilf uns, nur ein kleines bißchen von dem Geheimnis zu verstehen, daß du fähig bist, uns alle mit solcher Leidenschaft zu lieben, daß du deinen Sohn für uns in den Tod gegeben hast. Hilf uns, mit dem Zanken aufzuhören; das zu teilen, was wir haben, und die besonderen Gaben der anderen zu genießen, ohne eifersüchtig zu sein. Vor allem aber hilf uns, voneinander zu lernen, damit auch unser Verständnis von deiner Größe wachsen kann. Amen.

Zu beschäftigt?

Offenbarung 3,14–20

Das sagt, der Amen heißt, der treue und wahrhaftige Zeuge, der Anfang der Schöpfung Gottes:

Ich kenne deine Werke, daß du weder kalt noch warm bist. Ach, daß du kalt oder warm wärest!

Weil du aber lau bist und weder warm noch kalt, werde ich dich ausspeien aus meinem Munde.

Du sprichst: Ich bin reich und habe genug und brauche nichts! und weißt nicht, daß du elend und jämmerlich bist, arm, blind und bloß.

Ich rate dir, daß du Gold von mir kaufst, das im Feuer geläutert ist, damit du reich werdest, und weiße Kleider, damit du sie anziehst und die Schande deiner Blöße nicht offenbar werde, und Augensalbe, deine Augen zu salben, damit du sehen mögest.

Welche ich lieb habe, die weise ich zurecht und züchtige ich. So sei nun eifrig und tue Buße!

Siehe, ich stehe vor der Tür und klopfe an. Wenn jemand meine Stimme hören wird und die Tür auftun, zu dem werde ich hineingehen und das Abendmahl mit ihm halten und er mit mir.

Jahrelang habe ich ein befreundetes Ehepaar beneidet, das wir kurz nach unserer Hochzeit kennenlernten. Bei uns ging es sehr knapp zu, und sie schienen im Vergleich dazu in Saus und Braus zu leben. Sie hatten Geld und ein schönes Haus, und Freikarten für Ascot, die Londoner Theater und Lord's, Reisen erster Klasse und ein kostspieliges Auto waren nur einige der Bonbons, die der Job des Mannes mit sich brachte.

Dann wurde er eines Tages entlassen. Einfach so. Geld war nicht in erster Linie das Problem; dafür sorgte eine großzügige Abfindung. Doch die Bombe, die auf sie niedergegangen war, brachte böse Nebenwirkungen mit sich. Manche der Auswirkungen waren unmittelbar, symbolisiert durch die Zurücknahme des Firmenwagens. Während der nächsten Wochen traten weitere Wunden auf. Schlaflosigkeit, Angst vor der Zukunft, Stimmungsschwankungen zwischen Zorn und Tränen der Unzulänglichkeit. Und die unvermeidliche Frage, was er falsch gemacht hatte. All das war schlimm anzusehen, doch die schlimmste Wunde sollte sich erst noch zeigen.

Ein paar Monate später kam meine Freundin in einem fürchterlichen Zustand zu mir. »Unsere Ehe ist zu Ende«, schluchzte sie. »Wir sind unaufhörlich zusammengewesen, seit er entlassen wurde, und wir haben festgestellt, daß wir uns überhaupt nicht mehr kennen und ganz bestimmt nicht lieben.«

»Aber das ist alles ein fürchterlicher Schock für euch, ihr müßt so viel durchmachen, ich bin sicher, ihr werdet euch wieder fangen ...«, stammelte ich herum.

»Du verstehst nicht. Wir sind uns jahrelang nicht wirklich nahe gewesen, und wir haben es eigentlich beide gewußt, aber wir haben uns ein schönes Leben gemacht und unser Leben so vollgestopft, daß wir uns nicht allzu viele Sorgen gemacht haben. Er geht um sechs zur Arbeit und kommt vor acht nicht wieder zurück, und sonntags spielt er Golf, so daß wir nur an einem Tag in der Woche miteinander auskommen müssen, und da haben wir meistens eine Einladung zum Essen oder Karten für eine Vorstellung, so daß wir überhaupt nicht daran arbeiten mußten. Und jetzt ist das alles weg. Die Liebe? Die muß sich schon vor Jahren davongeschlichen haben. Wir haben gar nicht mitgekriegt, wie sie verschwand – und jetzt, wo wir sie brauchen, ist sie nicht mehr da.«

Es war so traurig und so endgültig, und es erinnerte mich vage an etwas; neulich blätterte ich durch eines von Adrians Büchern und fand ein Gedicht, das er vor Jahren auf meine Bitte hin geschrieben hatte, damit ich es vortragen konnte.

Anruf

(Telefon klingelt. Nimmt ab.)

Ach, Jesus? Komm heut' nicht vorbei.
Ich hab' zuviel zu tun.
Vor heut' spätabends komme ich bestimmt nicht aus den Schuh'n.
So viele brauchen mich, ich kann nicht alle warten lassen.
Tja! Sieht so aus, als würden wir uns wieder mal verpassen.
Dienstag? Das ginge, doch der Mann von gegenüber sieht, find' ich, ziemlich fertig aus;
nach dem seh' ich mal lieber.
Ein Freund in Not, davor kann man die Augen nicht verschließen.
Komm morgen lieber nicht vorbei, soll ich ihn
von dir grüßen?
Am Mittwoch ist hier Bibelkreis, am Donnerstag muß ich weg.
Freitag? Da hab' ich Gäste hier zu Wein und Salzgebäck.
Am Samstag ist Missionsbasar, da komm' ich nicht
vor sieben.
Nein, laß es uns doch lieber auf Sonntag abend verschieben.

(Legt den Hörer fast auf und reißt ihn dann wieder ans Ohr.)

Du, Jesus? Willst du überhaupt
noch etwas von mir wissen?
Ich hab' mich eingekerkert
und den Schlüssel weggeschmissen.
Ich weine in der Dunkelheit
und warte hier auf dich;
will hören, was du denkst und willst.
Bitte komm, besuche mich.

Seien wir doch ehrlich. Wir müssen an all unseren Beziehungen arbeiten, sonst werden sie lauwarm. Das gilt besonders für unsere Beziehung zu Gott. Wir können so sehr damit beschäftigt sein, die Gottesdienste zu genießen, die Redner, die Geselligkeit, die Versammlungen (selbst das Meckern über die Leiter) – den ganzen Klimbim, den wir Gemeinde nennen –, daß wir, ohne es zu merken, dazu kommen können, zu glauben: »Ich bin reich und habe genug und brauche nichts«, und daß wir unsere persönliche Beziehung zu unserem Vater völlig vergessen.

Aber wenn wir keine Zeit mit ihm verbringen, ihm unsere Bedürfnisse sagen, ihn in unsere Belastungen einbeziehen, ihn mit Tränen der Freude und des Dankes überschütten, ja manchmal sogar gegen ihn meckern, dann ist diese Art blinder Selbstgenügsamkeit unweigerlich die Folge. Die größte Gefahr liegt in der Tatsache, daß wir, je weiter wir uns von ihm entfernen, um so weniger das Gefühl haben, daß wir ihn brauchen, und je weniger wir ihn verstehen, desto unwahrscheinlicher ist es, daß wir unsere Beziehung zu ihm in Ordnung bringen wollen.

Wenn das passiert, stellen wir vielleicht auch fest, daß wir uns selbst eingekerkert und den Schlüssel weggeschmissen haben.

Es gibt immer Hoffnung. Die Ehe unserer Freunde erholte sich nicht mehr – aber da war ja auch nicht einer der beiden Partner Gott! Schauen Sie sich nur diese erstaunliche Botschaft an, die uns der auferstandene Herr Jesus durch einen seiner engsten Freunde, die er hier auf der Erde zurückließ, ausrichten läßt. Er mag die Nase ziemlich voll haben von der Gemeinde in Laodizea, aber hier bietet er an, alles Nötige zur Verfügung zu stellen, um die zerbrochene Beziehung wiederherzustellen. Sobald wir uns Sorgen um die Distanz machen, die sich zwischen uns aufgetan hat, und uns ernstlich an ihn wenden, ist er für uns da. Er wird niemals gewaltsam die Tür aufstoßen, doch wenn wir ihn einladen, hereinzukommen, dann wird er es tun. Er wird sich hinsetzen und mit uns essen, und wir werden mit ihm essen. Nichts wird sich verändert haben.

Gebet

Lieber Vater,

bitte laß uns nicht so weit von dir weggehen, daß unsere Liebe kalt wird. Halte uns fest. Laß uns niemals gehen. Wir bringen dir jetzt alle unsere Beziehungen. Wir bitten dich um deine Hilfe und deinen Rat in den Bereichen, wo Dinge schiefgegangen sind. Danke, daß du in deiner Liebe zu uns immer beständig bist. Bitte komm und besuche uns heute. Wir werden versuchen, dir die Tür offenzuhalten. Amen.

2. Mose 18,14–19. 24–27

Als aber sein Schwiegervater alles sah, was er mit dem Volk tat, sprach er: Was tust du denn mit dem Volk? Warum mußt du ganz allein da sitzen, und alles Volk steht um dich her vom Morgen bis zum Abend?

Mose antwortete ihm: Das Volk kommt zu mir, um Gott zu befragen. Denn wenn sie einen Streitfall haben, kommen sie zu mir, damit ich richte zwischen dem einen und dem andern und tue ihnen kund die Satzungen Gottes und seine Weisungen.

Sein Schwiegervater sprach zu ihm: Es ist nicht gut, wie du das tust. Du machst dich zu müde, dazu auch das Volk, das mit dir ist. Das Geschäft ist dir zu schwer; du kannst es allein nicht ausrichten. Aber gehorche meiner Stimme; ich will dir raten, und Gott wird mit dir sein. ...

Mose gehorchte dem Wort seines Schwiegervaters und tat alles, was er sagte, und er wählte redliche Leute aus ganz Israel und machte sie zu Häuptern über das Volk, zu Obersten über tausend, über hundert, über fünfzig und über zehn, daß sie das Volk allezeit richteten, die schwereren Sachen vor Mose brächten und die kleineren Sachen selber richteten. Und Mose ließ seinen Schwiegervater wieder in sein Land ziehen.

Als ich ein paar von den Dingen schilderte, die Yuri uns während unserer denkwürdigen Wanderung durch den südafrikanischen Busch erzählte, fiel mir eine andere erstaunliche Geschichte ein, in der seinerzeit sowohl Adrian als auch ich eine allzu treffende Parabel auf eine der Arten sahen, wie wir manchmal bis zur Erschöpfung unsere Energien verschleudern. Unsere Aufmerksamkeit wurde von einem Busch angezogen, der, wie ich mich erinnere, etwa so hoch war wie ein Mensch und zahllose hübsche silbrige Blätter hatte.

»Dies ist die silberblättrige Terminalia«, informierte uns Yuri. »Fällt euch etwas Ungewöhnliches daran auf?«

Wir studierten den Busch hoffnungsvoll, wie Kinder auf einem Schulausflug Relikte in einem Museum studieren, und suchten fieberhaft nach einer intelligenten Antwort. Alles, was ich sah, war ein Busch, dessen Schönheit durch einen häßlichen Auswuchs an einem seiner Zweige beeinträchtigt war.

»Sie hat einen häßlichen Auswuchs an einem ihrer Zweige?« versuchte ich es.

»Genau«, sagte Yuri, »daher der Name Terminalia.«

Er fuhr fort, uns mehr über diesen Busch zu erzählen. Offenbar ist dies ein ziemlich beschränkter Vertreter der afrikanischen Flora, der Schwierigkeiten hat, den Unterschied zwischen einem Ei, das in seiner Rinde abgelegt wird, und seinem eigenen Nachwuchs zu erkennen. Da sie das Ei für eine Blütenknospe hält, lenkt die stolze, aber irregeleitete Mutterpflanze all ihre Energie in das Wachstum dieser »Knospe«. Das führt leider dazu, daß diese Nährstoffe einen Auswuchs fördern, der sich um den heranwachsenden Parasiten bildet. Die Pflanze, die den immer häßlicheren Auswuchs für eine Blüte hält, gibt sich immer mehr Mühe und konzentriert immer mehr wertvolle Nährstoffe auf diesen Bereich, wobei sie sich selbst lebenswichtige Nährstoffe vorenthält und sich manchmal bis zum Absterben schwächt.

Ich finde dieses Gleichnis wesentlich weniger undurchsichtig als manche von denen, die Jesus gebrauchte! Gelegentlich fühle ich mich völlig ausgelaugt von den unersättlichen Bedürfnissen von Menschen und Ereignissen. Sie scheinen mir einen unverhältnismäßig hohen Anteil meiner Zeit und Energie abzuverlangen. Manchmal bin ich mir ganz sicher, daß das genau so ist, wie es sein sollte. Ich weiß nicht, wo wir heute wären, wenn wir nicht zu bestimmten Zeiten unseres Lebens die Erlaubnis bekommen hätten, die Kräfte unserer Freunde auszulaugen oder sie die unseren, und ich bin ebenso sicher, daß Gott von uns erwartet, daß wir so manche sehr anstrengende »zweite Meile« für ihn gehen. Sicher haben auch Sie es erlebt, auf diese Weise sich zu nähren und genährt zu werden.

Dennoch gibt es, glaube ich, eine Gefahr, daß Christen sich so sehr anstrengen, alles richtig zu machen, daß sie auf dieselbe Art und Weise in die Irre gehen wie die silberblättrige Terminalia. Es hat mich viele Jahre gekostet, zu akzeptieren, daß wir gelegentlich jemandem begegnen, der ein Parasit ist und uns gierig unsere Energie aussaugt, bis wir so geschwächt sind, daß wir zu nichts mehr nütze sein können. An diesem Punkt ziehen solche Leute dann oft weiter und suchen sich eine neue verwirrte, bereitwillige »Eltern«-Figur, die ihre scheinbar arglose und verzweifelte Bedürftigkeit mit etwas potentiell Schönem verwechseln, für das es sich lohnt, all ihre Kräfte einzusetzen. (Es fällt mir sehr schwer, dies zu schreiben, weil ich Angst habe, Leute, die mich kennen, könnten dies als einen Kommentar zu unserer Beziehung auffassen, aber ich kann Ihnen versichern: Wenn Ihnen auch nur der Gedanke kommt, daß Sie gemeint sein könnten, dann sind Sie es ganz bestimmt nicht, denn Parasiten ziehen ihre Motivation niemals in Frage oder in Zweifel. Sie saugen nur!)

Gebet

Lieber Vater,

du weißt, wie leicht wir auf Abwege geraten, wenn wir versuchen, deinen Willen zu tun. Bitte schütze uns vor solchen, die uns nur aussaugen und dann ausspeien wollen, und schenke uns die Fähigkeit, zu beurteilen, wann du möchtest, daß wir unseren Alltag beiseite legen, und wann nicht. Amen.

Drei ganz besondere Freunde

Das Wunder der Auferweckung des Lazarus ist von Jesus so sorgfältig inszeniert und so unauflöslich mit seiner späteren Verhaftung verbunden, daß ich schon immer besonders fasziniert davon war. Teilweise auch deswegen, weil er, wie bei dem Wein in Kana, das Beste bis zum Schluß aufgehoben hat.

Einen Mann eine Woche nach dessen Tod wieder aufzuerwecken war vielleicht das spektakulärste aller Wunder Jesu. Seine Beziehung zu der Familie; die Nähe Betaniens zu Jerusalem – die unvermeidlich dazu führte, daß der Sanhedrin von dem Wunder hörte – und der Zeitpunkt des Wunders unmittelbar vor dem Passafest tragen allesamt zu der einzigartigen Wirkung dieser öffentlichen Ausrufung der Herrschaft Gottes bei.

Kommt herein!

Lukas 10,38

Als sie aber weiterzogen, kam er in ein Dorf. Da war eine Frau mit Namen Marta, die nahm ihn auf.

Ich liebe die kleinen Einblicke, die wir in diese Familie gewinnen. Ich hätte viel darum gegeben, eine kleine Fliege an der Wand gewesen zu sein, während Maria und Marta aufwuchsen. »So verschieden wie Tag und Nacht«, höre ich ihre Mutter sagen, während sie ihr eines stürmisches kleines Mädchen beruhigt und vielleicht wünscht, das andere könnte ein wenig weicher werden. Oder während sie die eine für ihre Gewissenhaftigkeit lobt und an der Wildheit der anderen verzweifelt.

Nun ist es Martas Haus, und Maria muß ihre Geduld auf eine üble Probe gestellt haben! Lazarus lernen wir an dieser Stelle noch nicht kennen, aber er ist irgendwo im Hintergrund, und da ich zwei Söhne habe, die sich eine Weile lang nicht im selben Zimmer aufhalten konnten, ohne sich in die Haare zu kriegen, habe ich volles Mitgefühl mit seiner unvermeidlichen Rolle als Friedensstifter zwischen den beiden Schwestern.

Noch etwas über diese ganz gewöhnliche kleine Familie ist uns überliefert. Wir wissen, daß Jesus gerne bei ihnen auftauchte und mit ihnen zusammen aß, wenn er in Betanien war. Vielleicht konnte er sich hier für eine Weile außer Dienst fühlen, in der beruhigenden Gewißheit, daß niemand das, was er in ihrer gemütlichen Küche sagte, notieren würde, um es gegen ihn zu verwenden. Wir wissen, daß Marta ihn, wenn auch die Menge ihn als Rabbi und Wundertäter und die Pharisäer ihn als große Bedrohung betrachteten, als Freund und potentiellen Verbündeten in ihrer Unzufriedenheit über Maria ansprechen konnte.

Ich frage mich, ob sie je merkten, was ihre Gastfreundschaft diesem einsamen Sohn Gottes bedeutete, wenn er bei ihnen war, oder was für ein Privileg es war, Jesus als engen Freund der Familie zu haben.

Vor einigen Jahren war ich an der Leitung einer Selbsthilfegruppe für Frauen beteiligt, die in ihren Familien mit besonders schmerzhaften Problemen konfrontiert waren. Ich konnte nicht genug staunen über den Mut und die Beharrlichkeit, die sie Tag für Tag im Kampf mit Umständen zeigten, unter denen ich zugrunde gegangen wäre.

Im Lauf der Wochen begeisterte es mich, zu sehen, wie sie in der Gruppe immer tiefere Beziehungen entwickelten und wie offen sie von ihren Problemen erzählten und sich gegenseitig Rat gaben. Doch eines machte mich stutzig. Trotz ihrer Begeisterung darüber, daß sie sich nicht nur während unserer gemeinsamen Stunde, sondern auch während der Woche gegenseitig unterstützen sollten, stellte ich fest, daß sie sich überhaupt nicht gegenseitig zu Hause besuchten. Die Entfernung konnte nicht das Problem sein, da sie alle in derselben Siedlung wohnten. Am Zeitmangel konnte es auch nicht liegen, denn keine von ihnen war berufstätig.

Schließlich beschloß ich, das Thema anzusprechen. Offenbar hatten sie sich alle ohne Ausnahme danach gesehnt, genau das zu tun, doch es war ihnen zu peinlich gewesen, weil sie meinten, daß es bei ihnen zu Hause nicht so schön sei, wie sie es gerne hätten. Eine der Frauen sagte sogar, sie hätte eine andere Teilnehmerin der Gruppe weinend mit ihren beiden Kindern die Straße entlanggehen sehen und sich danach gesehnt, sie hereinzubitten. Aber sie hatte keinen Kaffee und keine Milch mehr, so daß sie sie statt dessen nur durch die Vorhänge beobachtete. Nach all diesen gegenseitigen Bekenntnissen gab es, wie Sie sich denken können, eine Menge erleichtertes Gelächter, und ein paar wirklich hilfreiche Freundschaften begannen, von denen einige, wie ich weiß, heute noch bestehen.

Die Furcht, verurteilt zu werden, und Gefühle der Unzulänglichkeit betreffen uns alle, nicht wahr? Wenn wir nur genug Selbstvertrauen hätten, Leute, die weit über uns zu stehen scheinen, mitten in das Auf und Ab unserer Familien hinein einzuladen, statt uns Sorgen zu machen, ob unser Familienleben gut genug ist, dann könnten wir vielleicht das Privileg teilen und dasselbe Gefühl der Zugehörigkeit einem anderen Kind Gottes zuteil werden lassen – mit anderen Worten Jesus selbst.

Gebet

Lieber Vater,

wir haben so oft das Gefühl, wir seien nicht gut genug, um in deinen Plänen überhaupt eine nennenswerte Rolle zu spielen. Vergib uns, wo wir zugelassen haben, daß solche Gefühle dein Werk der Liebe behinderten. Hilf uns, daß wir aufhören, durch unsere Gardinen in die Welt zu spähen, daß wir die Türen unseres Lebens aufstoßen und dich willkommen heißen. Amen.

Großzügiges Leben

Lukas 10,39–42

Und sie hatte eine Schwester, die hieß Maria; die setzte sich dem Herrn zu Füßen und hörte seiner Rede zu. Marta aber machte sich viel zu schaffen, ihm zu dienen. Und sie trat hinzu und sprach: Herr, fragst du nicht danach, daß mich meine Schwester läßt allein dienen? Sage ihr doch, daß sie mir helfen soll!

Der Herr aber antwortete und sprach zu ihr: Marta, Marta, du hast viel Sorge und Mühe. Eins aber ist not. Maria hat das gute Teil erwählt; das soll nicht von ihr genommen werden.

Es gab einen bestimmten Tag in meinem Leben, der, glaube ich, den lächerlichen Druck, unter dem Frauen manchmal stehen, beispielhaft deutlich werden läßt.

Es war Samstag vormittag, und ich war in der Küche. Auf den Arbeitsflächen befanden sich Reihen von Eisbergsalatblättern, auf denen jeweils zwei Vierteltomaten und drei Gurkenscheiben lagen. Auf unserem hölzernen Küchentisch befanden sich ein riesiger Klecks Marmelade, ein halb ausgetrunkener Becher Tee und ein Teller mit den Überresten einer Scheibe Toast. Am Ende des Tisches saß ein trübsinniger Amerikaner und aß Lasagne, und neben mir stand ein kleines Mädchen, das meinen schwarzen Unterrock und einen hoffnungsvollen Gesichtsausdruck trug und einen langen Schal und mehrere Plastik-Halsketten in der Hand hielt.

Bevor Sie jetzt versuchen, die am Tatort vorgefundenen Spuren zu enträtseln, lassen Sie mich erklären. Die Minisalate waren das Ergebnis eines voreiligen Versprechens, das ich auf einer kürzlichen Planungssitzung in der Gemeinde gegeben hatte. Es war unser fünfjähriges Jubiläum, und wir wollten es mit einem Grillfest feiern. Ich hatte vorgeschlagen, wir könnten statt Salatschüsseln diese kleinen Salate vorbereiten, um sicherzustellen, daß für jeden genug da war. Nun weiß jeder, daß man auf einer Planungssitzung niemals etwas vorschlagen sollte, falls man nicht bereit ist, es selbst zu erledigen, und so ...!

Der Marmeladenklecks war ein ungehört verhallter Protest. Ich hatte zu einem meiner heranwachsenden Söhne gesagt, was zuviel sei, sei zuviel, ich sei schließlich nicht seine Hausangestellte, und von nun an könne er das Durcheinander von seinem Frühstück selbst wegräumen. So weit, so gut, doch nachdem er sich großzügig bereit erklärt hatte, das in einer Minute zu erledigen, hatte er es völlig vergessen und war aus dem Haus gegangen! Ich hatte das Gefühl, hartnäckig bleiben zu müssen, also mußte der Marmeladenklecks bleiben, wo er war.

Der trübsinnige Amerikaner war ein Freund, der zu Besuch gekommen war, um mit meinem Mann gemeinsam zu arbeiten. Das idyllische Bild, auf das er sich vermutlich gefreut hatte, wie die beiden völlig losgelöst ihrer Kreativität freien Lauf ließen, wurde Minute für Minute zerschlagen, und was noch schlimmer war, ich hatte plötzlich gemerkt, daß ich ganz vergessen hatte, ihm etwas zum Mittagessen zu machen, und mußte ihm den Inhalt des einzigen im Kühlschrank noch vorhandenen Behälters vorsetzen.

Das kleine Mädchen schließlich war meine Tochter. Am Nachmittag sollte eine Verkleidungsparade stattfinden, basierend auf Gestalten aus der Bibel. Aus irgendeinem undurchschaubaren Grund hatte sie sich für die Königin von Saba entschieden und war überzeugt davon, daß mein schwarzer, glänzender Unterrock genau das richtige Kostüm dafür war. Nachdem ich ihr den Schal wie einen Turban um den Kopf gewickelt und sie sich selbst mit »kostbaren Juwelen« vollgehängt hatte, sah sie einigermaßen vampartig aus, aber ich war inzwischen zu müde, um mich darum zu scheren.

Warum machen wir das? Warum verbringen wir unsere Zeit nicht damit, im Schatten der Bäume entlangzuflanieren und auf der Terrasse Earl Grey zu schlürfen? Nun, vielleicht tun Sie das ja, und wenn es so ist, müssen Sie mir das Geheimnis verraten.

Ich weiß nur, daß das Leben für viele von uns einer lächerlichen

Hetzjagd gleicht und wir viel zu wenig Zeit haben, einfach zu »sein«. Das wäre nicht so schlimm, wenn nicht, ohne daß wir es richtig merkten, die Qualität unseres Lebens allmählich absinken und wir das Zutrauen zu unserer Fähigkeit verlieren würden, irgend etwas zu tun. Schlimmer noch, nachdem wir uns wie die Verrückten abgerackert haben, um irgendeiner unsichtbaren Erwartung gerecht zu werden, endet alles damit, daß wir irgend jemanden oder alle im Stich lassen, weil wir so erschöpft sind, daß wir etwas wirklich Wichtiges vergessen. Oder wir fühlen uns ausgenutzt und bitter, werden mürrisch und geizen mit unserer Zeit, unserer Vergebung und unserem Verständnis.

So oder so bleibt kaum etwas von der inneren Freude, die Jesus uns verheißen hat.

Vielleicht sollten wir jeden Tag ein wenig Zeit einbauen, in der wir Gott in einer für uns entspannenden Situation genießen können. Das kann sogar bedeuten, daß wir ein bißchen im Schatten der Bäume flanieren!

Sollte ich einstweilen jemals eine Autobiographie verfassen (keine Sorge, ich tue es nicht), so müßte der Titel lauten: *Fünfzig Salate und die Königin von Saba.*

Gebet

Lieber Vater,

hilf uns zu lernen, wie wir uns mit dir entspannen und unsere Zeit mit dir teilen können. Für die unter uns, die ihre Freude verloren haben, bitten wir um Erfrischung. Für die unter uns, die sich verhärtet haben, bitten wir, daß du unsere Herzen weich machst und uns ein besseres Verständnis für deine Liebe zu uns schenkst, ob wir nun Dinge für dich tun oder nicht. Hilf uns, weise zu unterscheiden zwischen Dingen, die wichtig sind, und Dingen, die so wichtig sind wie Minisalate, damit wir unsere Zeit in den Griff bekommen. Danke, Vater. Amen.

»Der, den du lieb hast, liegt krank«

Johannes 11,1–3

Es lag aber einer krank, Lazarus aus Betanien, dem Dorf Marias und ihrer Schwester Marta.

Maria aber war es, die den Herrn mit Salböl gesalbt und seine Füße mit ihrem Haar getrocknet hatte. Deren Bruder Lazarus war krank.

Da sandten die Schwestern zu Jesus und ließen ihm sagen: Herr, siehe, der, den du lieb hast, liegt krank.

Ich bin in meinem Leben als Christ schon auf vielen verschiedenen Arten von Gebetstreffen gewesen und habe auf vielerlei unterschiedliche Weise um Heilung gebetet. Eine meiner schlimmsten Erinnerungen ist diese: Ein kalter Saal mit einem kleinen, wenig einladenden Kreis aus harten Stühlen in der Mitte und eine winzige Gruppe der pessimistischsten Leute, die man sich vorstellen kann. Es dauerte lange, bis die Liste der Kranken und Sterbenden vorgelesen war, weil sie immer wieder durch sogenannte Neuigkeiten ergänzt wurde, die in Wirklichkeit nur Klatsch waren, den man sich an den Krankenbetten unter Verschwiegenheitsbeteuerungen erschlichen hatte.

Das war schlimm genug. Doch was darauf folgte, waren deprimiert geflüsterte Gebete, die Gott händeringend um eine winzige, vorübergehende Erleichterung für den Kranken anflehten, als ob der Gott, den diese Leute kannten, zu beschäftigt oder zu knauserig wäre, als daß sie ihn mit etwas anderem hätten belästigen können.

Mein anderes Lieblingsfeindbild ist die Art des Betens, die darin besteht, daß man Gott anbrüllt, als wäre er stocktaub, und wie aufsässige Kleinkinder, die an der Supermarktkasse nach Süßigkeiten schreien, verlangt, der Heilige Geist möge JETZT kommen. Ich würde meinen Kindern niemals geben, was sie wollen, wenn sie so mit mir sprächen, also wüßte ich nicht, warum Gott es tun sollte! Es kommt mir so ungehobelt vor, wenn Sie verstehen, was ich meine. Beide Situationen hinterließen bei mir einen steifen Hintern und eine verärgerte Seele!

Nicht, daß es eine Rolle spielte, was ich denke. Das habe ich schon vor langer Zeit von einem Freund erfahren, der geschäftlich nach Amerika gereist war. Er erzählte uns von einem Erlebnis, das er in einer riesigen Kirche in Kalifornien hatte. Wie er sagte, hatte er dort gesessen, erstaunt und amüsiert über die Protzigkeit der ganzen Sache. Es gab künstliche Palmen und schwere, bauschige Vorhänge und einen riesigen Chor in prunkvollen Roben. Er sei sich sehr gerecht vorgekommen, sagte er. Was für ein Unsinn! Wie abscheulich! Was mußte Gott darüber denken!

Plötzlich fand er es heraus. Mitten in dem Getöse des Singens und der laut gerufenen Gebete hörte er jemanden weinen, und als er sich umdrehte, sah er ein junges Mädchen aus seinem Rollstuhl aufstehen und vor Freude tanzen. Ihre Eltern schluchzten vor fassungsloser Freude. Als er sich umblickte, sah er inmitten aufrichtigen Jubels weitere Wunder geschehen, und er merkte, daß der ganze Zinnober Gott nichts ausmachte, solange ihm wirklich Herzen zugekehrt wurden.

Diese Geschichte habe ich nie vergessen, und sie hat mir geholfen zu erkennen, daß es keinen Wert hat, über den Frömmigkeitsstil verschiedener Gruppen zu urteilen. Entscheidend ist nicht, ob wir Statuen, Kreuze, Kathedralen oder Gemeindesäle haben. Es kommt auch nicht darauf an, ob wir zur Gitarre oder zur Orgel singen. Was Gott sehen wird, ist die Liebe in unseren Herzen, und die wird süße Musik in seinen Ohren sein.

Ich glaube also nicht, daß es eine Rolle spielt, wie wir beten. Aber ich glaube, von nun an werde ich die Botschaft, die Maria und Marta zu Jesus schickten, als die ideale Form des Gebets um Heilung betrachten. Was für ein besseres Gebet könnte es geben als die Feststellung »Herr, siehe, der, den du lieb hast, liegt krank.« Ihr Entschluß, Jesus rufen zu lassen, war gemeinsam und spontan.

Kein Betteln, keine unwesentlichen Einzelheiten, nur die Zuversicht, daß er als enger Freund eingreifen wollen wird, und daß er etwas tun wird, weil er sie lieb hat.

Gebet

Lieber Vater,

du kennst uns so gut. Du weißt, wie wir in Krisen manchmal Wände der Panik aufrichten, so daß wir dich für eine Weile nicht mehr sehen können, und dann auf so seltsame Art mit dir zu reden beginnen. Hilf uns, daran zu denken, wie es Maria und Marta gemacht haben. Stärke unser Vertrauen, damit wir einfach nach dir rufen können, wenn wir dich brauchen, in dem Wissen, daß du uns hörst, was immer du zu tun beschließt. Amen.

Schmerzhaftes Schweigen

Johannes 11,4–6

Als Jesus das hörte, sprach er: Diese Krankheit ist nicht zum Tode, sondern zur Verherrlichung Gottes, damit der Sohn Gottes dadurch verherrlicht werde. Jesus aber hatte Marta lieb und ihre Schwester und Lazarus. Als er nun hörte, daß er krank war, blieb er noch zwei Tage an dem Ort, wo er war.

Wie müssen Maria und Marta sich gefühlt haben während der Stunden und dann der Tage, die auf das Absenden ihrer Botschaft folgten? Zuerst fragten sie sich vielleicht, ob der Bote angekommen sei, und unterhielten sich zuversichtlich darüber, was Jesus tun würde, wenn er käme. Ich sehe sie zum Fenster eilen, wann immer sie Schritte hören, und angestrengt die staubige Straße entlang nach ihrem geliebten Jesus ausspähen. Dann bricht die Nacht herein, und sie liegen in der Dunkelheit und lauschen auf das Geräusch, das sie herbeisehnen. Dann, allmählich, weicht die Hoffnung immer größerer Verzweiflung, als sie sehen, wie Lazarus unter allen schrecklichen Symptomen einer tödlichen Krankheit immer schwächer wird.

Was dachten sie in diesem Moment? Stellten sie die ganze Grundlage ihrer Beziehung zu Jesus in Frage? Vielleicht liebte er sie doch nicht so sehr, wie sie geglaubt hatten. Vielleicht fand er ihre Bitte unverschämt. Vielleicht hätten sie doch nicht nach ihm schicken sollen.

Viele von uns wissen nur zu gut, wie sie sich gefühlt haben müssen, weil wir auch schon in dieser Situation waren. Wir haben gewartet, wir haben gegen die Türen des Himmels gehämmert, wir sind verzweifelt und wir haben gefragt, ob das Ganze nur ein grausiger, geschmackloser Witz ist. Warum ist er nicht hier? Warum verändert er die Situation nicht? Unsere Zuversicht zerfällt, und das einzige Salz, das wir der Erde zu bieten haben, ist das Salz unserer Tränen.

Nichts auf der Welt ist entmutigender als ein langes Schweigen. Nichts scheint so beredt von einer zerbrochenen Beziehung zu sprechen. Dennoch wissen wir aus Erfahrung, wie irreführend unsere Gefühle sein können. Ich weiß nicht, wie oft ich schon Kindern Geschichten vorgelesen habe von Häschen oder Teddys, die denken, alle hätten ihren Geburtstag vergessen – und dann (nach trostlosen, in übergroße Taschentücher geweinten Tränen) feststellen, daß eine Geburtstags-Überraschungsparty mit riesigen Wakkelpuddings und gewaltigen rosafarbenen Geburtstagstorten und einem Heer von strahlenden, wuscheligen Kreaturen sie erwartet. Und ich bin vielen einsamen Menschen begegnet, die Zeitmangel als Aus-dem-Weg-Gehen und Faulheit oder schlechte Organisation als bewußtes Signal der Gleichgültigkeit mißverstanden haben.

Für manche von uns ist es nicht so einfach. Es gibt keinen Tisch, der sich unter den Partyleckereien biegt. Das Geheimnis des Schweigens Gottes bleibt diesseits des Himmels auf schmerzhafte Weise unerklärt. Aber auch in diesem Teil der Geschichte gibt es etwas, das uns ein wenig helfen könnte.

Im Fall von Maria und Marta stellt sich heraus, daß es nichts mit ihrer Beziehung zu Jesus zu tun hat, sondern mit ihrem kleinen Anteil an dem riesigen, komplizierten Plan, der mit der Kreuzigung und der Versöhnung der ganzen Menschheit mit ihrem Vater im Himmel enden würde. Was für ein überwältigender Gedanke! Gerade dann, wenn wir uns am meisten von Gott verlassen fühlen, spielen wir vielleicht die Hauptrolle in unserer Szene des Dramas, dessen letzter Vorhang die Wiederkunft Jesu sein wird.

Wohlgemerkt, auch wenn man das weiß, kann es noch sehr weh tun, nicht wahr?

Gebet

Lieber Vater,

viele deiner Kinder werden, noch während sie dies lesen, innerlich schreien: »Warum, warum hast du das zugelassen, Gott?« Nur wenige von uns werden jemals verstehen, warum das Leben so verwirrend hart zu manchen Leuten sein muß, oder warum du es manchmal vorziehst zu schweigen. Bitte hilf ihnen, zu sehen, daß es nicht daran liegt, daß du sie nicht von ganzem Herzen liebtest. Nimm sie heute fest in die Arme, Vater, und gib denen unter uns, die hilflos und ratlos dabeistehen und zuschauen, die Worte des Trostes und der Hoffnung, die du sie von dir hören lassen möchtest. Amen.

Laßt uns mit ihm gehen!

Johannes 11,7–16

Danach spricht er zu seinen Jüngern: Laßt uns wieder nach Judäa ziehen!

Seine Jünger aber sprachen zu ihm: Meister, eben noch wollten die Juden dich steinigen, und du willst wieder dorthin ziehen?

Jesus antwortete: Hat nicht der Tag zwölf Stunden? Wer bei Tag umhergeht, der stößt sich nicht; denn er sieht das Licht dieser Welt. Wer aber bei Nacht umhergeht, der stößt sich; denn es ist kein Licht in ihm. Das sagte er, und danach spricht er zu ihnen: Lazarus, unser Freund, schläft, aber ich gehe hin, ihn aufzuwecken.

Da sprachen seine Jünger: Herr, wenn er schläft, wird's besser mit ihm. Jesus aber sprach von seinem Tode; sie meinten aber, er rede vom leiblichen Schlaf. Da sagte es ihnen Jesus frei heraus: Lazarus ist gestorben; und ich bin froh um euretwillen, daß ich nicht dagewesen bin, damit ihr glaubt. Aber laßt uns zu ihm gehen!

Da sprach Thomas, der Zwilling genannt wird, zu den Jüngern: Laßt uns mit ihm gehen, daß wir mit ihm sterben!

Ich habe das schreckliche Gefühl, daß ich, wenn ich dabeigewesen wäre, wohl eine von denen gewesen wäre, die versuchten, Jesus davon zu überzeugen, sich von Jerusalem fernzuhalten. Ich kann mir vorstellen, wie entsetzt sie über Jesus offenkundige Entschlossenheit waren, seinem möglichen Verhängnis entgegenzugehen, nur um Lazarus aus seinem vermeintlichen heilsamen Schlaf zu erwecken, wie sie dachten. Wirklich? Hatten sie Jesus wirklich mißverstanden, als er sagte, Lazarus schläft? Es fällt uns so leicht, uns selbst einzureden, unsere Motive seien vollkommen vernünftig, wenn wir Angst haben.

Ein Kind, das vor einem schweren Tag in der Schule Bauchweh hat, glaubt vollkommen an dieses Bauchweh. Der Beweis für die Krankheit offenbart sich erst, wenn die Schulglocke schon geläutet hat und das Kind behaglich zu Hause sitzt. Da Kinder nicht versiert in Täuschungsmanövern sind, sind wilde Trampolinsprünge im Bett das beliebteste Indiz für den berühmten Trick mit dem verschwundenen Bauchweh! Der Kopfschmerz, mit dem wir vor einem besonders schwierigen Arbeitstag erwachen, wird sich zweifellos zu einem Migräneanfall auswachsen – während wir sicher sind, daß eine Tablette Paracetamol die Sache schon beheben wird, wenn wir uns auf den vor uns liegenden Tag gefreut haben. Ich halte das nicht für bösartig. Aber diese Art der Selbsttäuschung kann auch ernstere Konsequenzen haben.

Ich habe mir viel zu oft selbst eingeredet, ich hätte keine Zeit, mit einem Bekannten zu reden, während die Wahrheit ist, daß es mir sehr schwer fällt, Leute anzurufen. Es scheint weniger Geistliche zu geben, die sich von Gott nach Brixton geführt wissen, als solche, die seinen Ruf nach Bath vernehmen. Viel mehr Leute scheinen zu hören, daß Gott sie eher zu einem Gebetsmarsch rund um ein problematisches Wohngebiet ruft als dazu, in diesem Wohngebiet zu arbeiten. Und aus persönlicher Erfahrung kann ich Ihnen sagen, daß vielen Leuten, die mit gestörten Jugendlichen arbeiten, die Sprache, die sie dabei zu hören bekommen, ihren Tempel des Heiligen Geistes derartig besudelt, daß sie ganz sicher sind, in einer solchen Umgebung nicht weiterarbeiten zu können. Wir sind so fehlerhaft, nicht wahr?

Die Jünger hatten viel mehr vor sich als einen schlechten Tag in der Schule oder einen fluchenden Jugendlichen. Dem Himmel sei Dank für Thomas. Übrigens, ist es nicht herrlich, daß gerade dieser Jünger, der nur für sein Zweifeln berühmt ist, es war, der sich seinen Ängsten offen stellte und Jesus die Unterstützung bot, die er brauchte?

Gebet

Lieber Vater,

bitte laß den Heiligen Geist kommen und während dieses Tages neben uns sitzen und uns helfen, bei allen Entscheidungen, die wir treffen, ehrlich auf unsere Motivation zu schauen. Bitte laß uns nicht jemanden wegen unserer eigenen Ängste, unserer Selbstsucht oder unserer Eifersucht daran hindern, den Auftrag zu erfüllen, den du ihm gegeben hast.

Danke für Thomas. Hilf uns durch das, was wir über ihn wissen, einzusehen, wie leicht wir verurteilen und unsere Meinung nur auf einen kleinen Teil des Verhaltens einer Person in der Vergangenheit gründen.

Heute könnte es ein bißchen unbequem werden, Herr. Aber bitte, laß es uns nicht durchgehen, wenn wir versuchen, in diesen Bereichen nicht rücksichtslos gegen uns selbst zu sein. Amen.

Wirklich sein

Johannes 11,17–20

Als Jesus kam, fand er Lazarus schon vier Tage im Grabe liegen.

Betanien aber war nahe bei Jerusalem, etwa eine halbe Stunde entfernt.

Und viele Juden waren zu Marta und Maria gekommen, sie zu trösten wegen ihres Bruders.

Als Marta nun hörte, daß Jesus kommt, geht sie ihm entgegen; Maria aber blieb daheim sitzen.

In der wunderbaren Kindergeschichte *The Velveteen Rabbit* führen die Spielzeuge Skin Horse und Rabbit eine eingehende Diskussion darüber, was es bedeutet, Wirklich zu sein. Auf Rabbits Frage, ob es weh tue, Wirklich zu werden, erwidert Skin Horse: »›Manchmal‹, und erklärt weiter: ›Es passiert nicht auf einmal. ... Es braucht eine lange Zeit. Darum passiert es nicht oft mit Leuten, die leicht kaputtgehen oder scharfe Kanten haben oder die man vorsichtig aufbewahren muß. Meistens ist, bis du erst einmal so weit bist, Wirklich zu werden, dein Haar zum größten Teil weggeschmust, und deine Augen fallen heraus, und du wirst schon locker in den Gelenken und siehst ziemlich schäbig aus. Aber das spielt alles keine Rolle, denn wenn du erst einmal Wirklich bist, kannst du nicht mehr häßlich sein, außer für Leute, die nichts verstehen ...‹ Rabbit seufzte. Er sehnte sich danach, Wirklich zu werden ... Er wünschte, er könnte es werden, ohne daß ihm all diese unangenehmen Dinge passierten.«

Ich habe mehrere Freunde, die bei »Cruse« mitarbeiten, dem Beratungsdienst für Leute, die geliebte Menschen verloren haben. Eine Sache, die dort sehr betont wird, ist, daß keine zwei Menschen auf dieselbe Art trauern, sondern daß der Schlüssel darin besteht, sich selbst treu zu sein. Maria und Marta waren gleichermaßen am Boden zerstört über den Tod ihres Bruders, doch Marta stürmte die Straße hinab, um Jesus voller blinder Empörung gehörig die Meinung zu sagen, während Maria zu Hause weinte und mit ihrer Trauer allein sein mußte.

Ich erwähnte dies einer Freundin gegenüber, deren Mann kürzlich gestorben war, und sie identifizierte sich sofort mit Maria. Erst jetzt, sechs Monate später, ist sie in der Lage, mit anderen Leuten zusammenzusein, ohne einen Zusammenbruch zu riskieren. Ich kenne eine andere Frau, die am Tag nach dem Tod ihres geliebten Mannes einem Wohltätigkeitsladen beitrat, weil sie Beschäftigung und so viele Leute wie möglich um sich brauchte. Ganz offensichtlich gibt es keinen *richtigen* Weg, und die Reaktion Jesu auf seine beiden lieben Freundinnen zeigte, daß er sie beide liebte und gleichermaßen mit ihnen fühlte.

Gebet

Lieber Vater,

wir glauben so leicht, wir *wüßten*, was ein anderer tun oder empfinden sollte, weil wir eben selbst so auf eine Situation reagieren würden. Hilf uns, unser Denken von allen Vorurteilen zu befreien und heute Zeit damit zu verbringen, auf dich zu hören, damit wir, wenn wir dir heute auf irgendeine kleine Weise nützlich sein können, es nicht versäumen, nur weil wir so beschäftigt damit sind, anderen Leuten aufzuzwingen, was wir meinen, das sie tun sollten, und wie wir denken, daß sie sein sollten. Amen.

Johannes 11,20–27

Als Marta nun hörte, daß Jesus kommt, geht sie ihm entgegen; Maria aber blieb daheim sitzen.

Da sprach Marta zu Jesus: Herr, wärst du hier gewesen, mein Bruder wäre nicht gestorben. Aber auch jetzt weiß ich: Was du bittest von Gott, das wird dir Gott geben.

Jesus spricht zu ihr: Dein Bruder wird auferstehen.

Marta spricht zu ihm: Ich weiß wohl, daß er auferstehen wird – bei der Auferstehung am Jüngsten Tage.

Jesus spricht zu ihr: Ich bin die Auferstehung und das Leben. Wer an mich glaubt, der wird leben, auch wenn er stirbt; und wer da lebt und glaubt an mich, der wird nimmermehr sterben. Glaubst du das?

Sie spricht zu ihm: Ja, Herr, ich glaube, daß du der Christus bist, der Sohn Gottes, der in die Welt gekommen ist.

Ich liebe diese Frau! Nie wieder soll sie jemand als Langweilerin herabsetzen. Ich liebe es, mir vorzustellen, wie sie sich die Schürze vom Leib riß, die Tür hinter sich zuknallte und ihre Röcke hob, um die Straße hinunter Jesus entgegenzurennen und ihm die Meinung zu sagen.

In einem Atemzug macht sie ihrem Freund bittere Vorwürfe, weil er nicht rechtzeitig gekommen ist, um ihren Bruder zu retten, und im nächsten offenbart sie ein erstaunliches Zutrauen zu ihrem Meister. Die Tatsache, daß Lazarus schon seit vier Tagen tot ist, könnte ihre Zuversicht verständlicherweise ein wenig geschmälert haben, aber sie sagt: »Auch jetzt weiß ich: Was du bittest von Gott, das wird Gott dir geben«, und dann beweist sie sowohl ihr Verständnis der Heiligen Schrift als auch ihre prophetische Erkenntnis, daß Jesus der Christus ist, der Sohn Gottes.

Ich kann mir nicht helfen; ich wünschte, auch wir wären wie Marta in der Lage, die Straße hinabzurennen und Jesus wirklich von Angesicht zu Angesicht gegenüberzutreten, wenn Krisen uns überwältigen. Was immer Marta empfunden haben mag, bevor sie vor ihm stand, löste sich offenbar in der Greifbarkeit seiner Gegenwart in Nichts auf. Plötzlich würde alles wieder gut werden, weil er endlich da war.

Ich kenne eine Menge Leute, die Gott eine Menge Dinge zu sagen haben, wenn sie ihm begegnen, mich selbst eingeschlossen! Gerade jetzt, während ich dies schreibe, kämpfe ich mit einer Menge Zorn und Verwirrung über den vorzeitigen Tod einer lieben Freundin – und in ganz Großbritannien versuchen Leute mit der Tatsache fertig zu werden, daß ein Amokschütze in einer Grundschule in Schottland ein ganzes Klassenzimmer voller Kinder niedergemäht hat.

Ich glaube nicht, daß es viel Sinn hätte, sich eine saubere, geistliche Erklärung für eine so grausige, unnütze Tragödie zu überlegen. Aber ich glaube, wir *dürfen* Gott unsere Verwirrung entgegenschleudern: Wo warst du? Wie konntest du das zulassen? Ist es dir gleichgültig? Siehst du nicht, daß es solche Dinge sind, die mögliche Nachfolger abschrecken und deine Kinder zum Straucheln bringen?

Mein einziger Trost in solchen Zeiten ist das Wissen, daß immer dann, wenn Menschen inmitten ihrer Verzweiflung tatsächlich Jesus begegneten, irgend etwas an ihm ihre Hoffnung wieder aufleben ließ – und ihnen irgendwie das völlige Vertrauen einflößte, daß er mit ihnen mittendrin steckte.

Gebet

Lieber Vater,

wir müssen heute mit dir reden. Wir müssen dir mit aller Deutlichkeit sagen, wie wir über etwas denken, das in unserem Leben oder im Leben unserer Freunde geschehen ist. Danke, daß du dir Martas ehrlichen und verletzenden Ausbruch so liebevoll angehört hast. Bitte höre heute auch auf uns, wenn wir unsere tiefen Gefühle der Verwirrung herauslassen, vielleicht, nachdem wir sie lange Zeit in unserem Innern eingeschlossen haben. Hilf uns, daß wir uns endlich von dir in die Arme nehmen lassen. Amen.

Jesus weinte

Johannes 11,28–29. 32–35

Und als sie das gesagt hatte, ging sie hin und rief ihre Schwester Maria heimlich und sprach zu ihr: Der Meister ist da und ruft dich.

Als Maria das hörte, stand sie eilend auf und kam zu ihm. ... Als nun Maria dahin kam, wo Jesus war, und sah ihn, fiel sie ihm zu Füßen und sprach zu ihm: Herr, wärst du hier gewesen, mein Bruder wäre nicht gestorben.

Als Jesus sah, wie sie weinte und wie auch die Juden weinten, die mit ihr gekommen waren, ergrimmte er im Geist und wurde sehr betrübt und sprach: Wo habt ihr ihn hingelegt?

Sie antworteten ihm: Herr, komm und sieh es!

Und Jesus gingen die Augen über.

Warum? Warum weinte er? Er wußte doch sicher, daß alles wieder gut werden würde für diese Familie, die er so liebte?

Fühlte er sich etwa schuldig, weil er ihren Schmerz hätte verhüten können, indem er früher gekommen wäre, aber er hatte sie leiden lassen müssen, weil er die Heilung des Lazarus als ein großes Wunder brauchte?

Oder weil Jesus wußte, daß das, was er jetzt tun würde, der Beginn seiner eigenen langen Reise in den Tod sein würde? Oder weil er als Gottes Sohn wußte, daß sie ihn nicht verstehen würden, was immer er ihnen sagte? Oder ganz einfach, weil er es nicht ertragen konnte, seine lieben Freunde in solchen Qualen zu sehen?

Was immer der Grund war, ich bin sehr froh darüber, daß er weinte.

Manchmal, besonders, seit ich Mutter bin, bin ich in Situationen gewesen, in denen ich wußte, daß der Kummer eines anderen nur vorübergehend sein würde. Ich habe aufgeschürfte Knie verpflastert und erfolglos versucht, Lieblingsspielzeuge zu reparieren. Ich habe ein Kleinkind in den Schlaf gewiegt, das völlig verzweifelt über den Verlust eines einohrigen Plüschhasen war. Ich habe an Beerdigungen von Wellensittichen und Hamstern teilgenommen. Ich habe hilflos der Qual zugesehen, die durch den Verrat eines besten Freundes ausgelöst wurde, der sich entschieden hatte, sich im Bus neben jemanden anderes zu setzen. Ich habe voller Mitgefühl Hände gehalten nach einem erfolglosen Vorsingen. Ich habe dem bebenden Kummer eines kleinen, schlammverkrusteten Fußballspielers zugehört, der gerade ein Eigentor geschossen hatte. Und ich habe das auch selbst erlebt.

Ganz langsam habe ich gelernt, daß es nutzlos ist und sogar schädlich sein kann, wenn man das Wissen weitergibt, daß solcher Kummer vorübergehend ist, nach dem Motto: »Mach dir nichts draus. Du wirst darüber hinwegkommen.« Ja, der Schmerz wird mit der Zeit nachlassen. Vielleicht hört er sogar ganz auf. Doch in diesem Moment leidet die Person, sie kann es nicht begreifen, und nichts wird je wieder so sein, wie es war.

Wenn Sie im Moment in dieser Situation sind, daß Sie jemanden brauchen, der Sie in die Arme nimmt, und das Gefühl brauchen, daß jemand, der Sie liebt, dort im Dunkeln bei Ihnen sitzt, erinnern Sie sich daran, daß Jesus weinte. Er wußte, daß er Lazarus heilen würde. Doch er weinte trotzdem. Er wird Ihren Schmerz nie herunterspielen. So, wie er nach Maria fragte, die sich in ihrem Kummer vor allen abgeschottet hatte, so fragt er nach Ihnen. Lassen Sie ihn mit Ihnen weinen.

Gebet

Lieber Vater,

du kennst uns so gut. Du kennst den Schmerz, der uns durch Köpfe und Herzen blutet. Du kennst die Panik und Einsamkeit, die aus dem Gefühl kommt, daß es niemanden gibt, der uns verstehen kann oder will. Hilf uns, aus unserer dunklen Ecke herauszukommen und uns dir zuzuwenden. Hilf uns, dir all die kleinen Dinge zu sagen, die sie oder er gesagt oder nicht gesagt haben. Hilf uns dich anzuschauen, damit wir deine Tränen sehen. Amen.

»Hebt den Stein weg!«

Johannes 11,38–41

Da ergrimmte Jesus abermals und kam zum Grab. Es war aber eine Höhle, und ein Stein lag davor. Jesus sprach: Hebt den Stein weg!

Spricht zu ihm Marta, die Schwester des Verstorbenen: Herr, er stinkt schon; denn er liegt seit vier Tagen.

Jesus spricht zu ihr: Habe ich dir nicht gesagt: Wenn du glaubst, wirst du die Herrlichkeit Gottes sehen?

Da hoben sie den Stein weg. Jesus aber hob seine Augen auf und sprach: Vater, ich danke dir, daß du mich erhört hast.

Manche von uns haben Probleme, die stinken. Ich weiß, das ist ein äußerst abstoßendes Bild, aber ich habe Leute kennengelernt, die ein unverarbeitetes Grauen in sich trugen, das seit Jahren vor sich hinfaulte, eingeschlossen in Gräbern durch Felsbrocken, die unverrückbar sind. Oder scheinbar unverrückbar.

Manche Leute sind sich nur zu bewußt, daß das Gift schon durch die Ritzen sickert und ihre Geborgenheit gefährdet – oder gar ihren Verstand. Andere weigern sich, zuzugeben, daß da hinter dem Felsbrocken etwas ist, und versuchen verzweifelt, den Eingang zu tarnen, voller Furcht, wie sie es verkraften sollen, wenn das, was dahinter ist, jemals entdeckt wird. Manche haben sich von anderen einreden lassen, daß ihr Problem in Wirklichkeit gar nicht so tief sitzt und sich leicht beseitigen ließe, wenn sie nicht so störrisch wären.

Wenn es je eine Illustration dafür gab, daß für Gott kein Problem zu groß ist, dann muß es diese sein. Man hat das Gefühl, daß dies für Jesus ein Testfall ist, eine überwältigend anschauliche Erinnerung für die Jünger im besonderen, aber auch für alle anderen, die dabei waren, daß Gott nicht nur ein Gott der Liebe, sondern auch der Macht ist. Das ist etwas, woran sie sich während der nächsten Wochen werden klammern müssen, wenn sie mit der Machtlosigkeit ihres Herrn in den Händen der Pharisäer konfrontiert werden.

Noch bevor er in Betanien ankam, hatte Jesus ausdrücklich gesagt, daß das, was dort geschehen würde, zur Verherrlichung Gottes dienen sollte. Und er scheint absichtlich so lange ausgeblieben zu sein, um eine Situation entstehen zu lassen, die scheinbar völlig unlösbar war.

Die Reaktion der Jünger ist sehr verständlich. Wir reagieren heute auf dieselbe Weise. Wir scheinen immer noch einen sozialen Kodex zu haben, der darüber entscheidet, was für Gott angemessen ist und was er tun kann und was nicht. Das spiegelt unsere Gefühle der Unzulänglichkeit und unsere Unfähigkeit wider, mit unseren Problemen fertig zu werden. Wo zwei oder drei sich in seinem Namen versammeln, stellen sie ziemlich häufig fest, daß sie (welche Überraschung!) alle ganz sicher sind, daß Gott vollkommen mit ihrer Entscheidung übereinstimmt, das Problem zu ignorieren, zu verschieben oder dem Leidtragenden zuzuschieben.

Ich sage das aus meiner jahrelangen Erfahrung in der Sozialarbeit in Heimen heraus. Das Muster läuft folgendermaßen ab: Ein Kind trifft ein, das in seinem letzten Heim ein so entsetzliches Problemverhalten an den Tag gelegt hat, daß eine Besprechung abgehalten wurde, auf der man entschied, daß das Kind (in seinem ureigensten Interesse und keinesfalls deshalb, weil es die Sozialarbeiter ans Ende ihrer Kräfte gebracht hat und sie sich seinetwegen blöd vorkamen) in eine andere Einrichtung überführt werden sollte.

Bei der Ankunft wird dem Kind versichert, daß es langfristig bleiben darf und daß dies der ideale Ort für es ist. Drei Monate später wird erneut eine Besprechung abgehalten. Man einigt sich in dem tiefen Bewußtsein, nur an das Wohlergehen des Kindes denken zu dürfen, daß es in eine andere Einrichtung überführt werden sollte – keinesfalls deshalb, weil es die Sozialarbeiter ans Ende ihrer Kräfte gebracht hat und sie sich seinetwegen blöd vorkamen!!

Das soll nicht witzig sein. Wenn ein Kind als zu schwierig angesehen wird, als daß man mit ihm fertig werden könnte, verschafft ihm das vielleicht kurzfristig ein Gefühl der Macht, und ganz bestimmt verschafft es ihm einen Ruf, der gepflegt sein will. Aber es wird auch die entsetzliche Angst verstärken, daß das, was es in sich hat, so furchtbar ist, daß ihm niemand helfen kann.

Das Ergebnis ist zweifach: eine erschreckende Eskalation des Verhaltens, das zu der Verlegung führte, und eine immer stärkere Isolation von den Entscheidungsbefugten, die die Chance vertan haben, die sie einmal hatten, den Felsbrocken zur Seite zu rollen und gegen das Gift im Innern anzugehen.

Ich habe eine junge Freundin, der das Gefühl vermittelt wurde, sie sei eine Art Freak, weil das Problem, das sie hat (und das sie nicht einmal selbst hervorgerufen hat), sich als zu groß für die Leiter ihrer Gemeinde erwiesen hat. »Sie sagten, sie würden mit mir nicht fertig«, erzählte sie eines Abends schluchzend. »Bin ich so schrecklich, so schmutzig, daß nicht einmal Gott etwas von mir wissen will?«

Natürlich wissen wir nicht immer, was zu tun ist. Ich denke manchmal, daß ich es niemals weiß! Manche Probleme sitzen so tief, daß jemand mit Kenntnissen auf diesem speziellen Gebiet nötig ist, um mit der Person zu arbeiten – und wenn wir versuchen, selbst daran herumzudoktern, machen wir womöglich alles nur schlimmer. Aber das ist eine ganz andere Sache als anzudeuten, daß Gott entweder nicht damit fertig werden könne, sich seine Hände nicht schmutzig machen wolle oder die Person einfach nicht genug lieben würde, um es zu wollen.

Gebet

Lieber Vater,

wir sind mal wieder in zu tiefe Gewässer geraten! Gib uns heute den Mut dazu, anzufangen, den Felsbrocken wegzurollen, den wir vor den Eingang zu unseren tiefsitzenden, ungelösten Problemen gewälzt haben, und dir zu erlauben, in die Dunkelheit dahinter hineinzusehen. Stärke unser Vertrauen zu dir, daß du nicht schokkiert oder angewidert sein wirst von dem, was du finden wirst. Hilf uns, an deine Liebe und Weisheit zu glauben, damit wir langsam, mit dir an unserer Seite, anfangen können, die angemessene Hilfe zu suchen, und schließlich zulassen, daß unser Leben in deinem heilenden Wasser reingewaschen wird. Amen.

Bitte greife ein

Johannes 11,43–44

Als er das gesagt hatte, rief er mit lauter Stimme: Lazarus, komm heraus!

Und der Verstorbene kam heraus, gebunden mit Grabtüchern an Füßen und Händen, und sein Gesicht war verhüllt mit einem Schweißtuch. Jesus spricht zu ihnen: Löst die Binden und laßt ihn gehen!

Es ist nicht leicht, ein Zuschauer zu sein. Es ist nicht angenehm, sich hilflos zu fühlen. Aber was können wir tun, um die Gefühle der Unzulänglichkeit zu vermeiden, die uns in die Art von Versuchung führen, von denen im vorherigen Text die Rede war? Damit hatte ich schon immer Schwierigkeiten. Adrian, mein Mann, sagt, als er mich kennenlernte, wäre ich, bildlich gesprochen, mit Eimer und Schrubber um meine Freunde herumgerannt und hätte versucht, Probleme aufzuwischen, die ich unmöglich lösen konnte.

Vor einigen Jahren ging eine liebe Freundin durch das grauenhafte Erlebnis, daß ihr Mann sie wegen einer anderen Frau verließ. Da sie in dem Glauben aufgewachsen war, daß eine christliche Ehe unweigerlich irgendwie gutgehen mußte, war sie völlig am Boden zerstört. Warum war das geschehen? Wie hatte Gott das zulassen können? Was hatte sie falsch gemacht? Warum hatte ihr niemand etwas gesagt? Was für ein Mensch war sie, war er?

Ich fühlte mich völlig hilflos. Nichts wünschte ich mir sehnlicher, als die Sache für sie in Ordnung zu bringen, ihr die Qualen wegzunehmen, die auf ihr lasteten, und ihr die Zuversicht zurückzugeben, die ihr zerstört worden war. Hilflos sah ich zu, wie sie, um mit ihrem Alltag fertig zu werden und für ihr Kind zu sorgen, den Schmerz immer weiter nach innen verdrängte und einen Felsbrocken vor den Eingang wälzte. Diesmal trieb mich meine Verzweiflung dazu, mich ehrlich zu meinen Begrenzungen zu stellen.

»Ich würde dir gern sagen, daß ich für dich da bin, wann immer du mich brauchst«, sagte ich, »aber ich weiß, daß ich das nicht kann. Ich weiß, daß ich dich im Stich lassen werde. Ich weiß, daß es Momente geben wird, mitten in der Nacht, in denen du vollkommen allein und verzweifelt sein wirst und ich nicht einmal etwas davon ahnen werde. Ich möchte dir deinen Schmerz abnehmen, aber ich weiß, daß ich nur das Falsche sagen und tun werde. Ich werde vergessen, für dich zu beten. Aber ich habe dich lieb und werde mein Bestes tun.«

Es war das Beste, das ich tun konnte. Wir beide fühlten uns von dem Druck befreit, besser mit der Sache fertig zu werden, als wir konnten. Und ich lernte eine der wertvollsten Lektionen meines Lebens. Ja, es gibt jede Menge Situationen, die zu schwierig sind, als daß wir sie in Ordnung bringen könnten. Wir können den Schmerz nicht wegnehmen. Wir vollbringen keine Wunder. Aber wir können eine Menge tun, um zu helfen, den Stein wegzurollen. Einige davon werden aus diesem Abschnitt deutlich.

Wir können Gott um Hilfe bitten. Wir können hören, beobachten und beten, so daß wir, wenn die Zeit kommt, uns angemessen so einschalten können, wie er es will. Wir können die Hilfe von Fachleuten suchen und uns der beängstigenden Aufgabe stellen, zum ersten Mal die Quelle des Gestanks zu betrachten. Wenn es dann tatsächlich zur Heilung kommt, können wir helfen, langsam und behutsam die Grabtücher abzunehmen, die schmutzigen Überreste von Furcht und Panik, die noch haften. Dann können wir der Person vertrauen und sie unterstützen und ihre Unabhängigkeit von uns fördern. Und wir können ihr ein Freund sein, wie kostspielig das auch sein mag.

Gebet

Lieber Vater,

heute möchte ich zurücktreten und dich alle Aspekte der Dinge in die Hand nehmen lassen, die mir zu schaffen machen. Hilf mir, meine Rolle bei alledem anzunehmen und dir die chirurgischen Instrumente anzureichen, die du brauchst. Bitte laß mich nicht dazwischenpfuschen und durcheinanderbringen, was du tust, und bitte hindere mich daran, mehr anzubieten, was Fachkenntnis und Zeit betrifft, als ich wirklich bieten kann. Ja, Vater, bitte greife ein in alles, was ich heute tue. Amen.

Nutze Gottes Gabe

Johannes 12,1–3

Sechs Tage vor dem Passafest kam Jesus nach Betanien, wo Lazarus war, den Jesus auferweckt hatte von den Toten.

Dort machten sie ihm ein Mahl, und Marta diente ihm; Lazarus aber war einer von denen, die mit ihm zu Tisch saßen.

Da nahm Maria ein Pfund Salböl von unverfälschter, kostbarer Narde und salbte die Füße Jesu und trocknete mit ihrem Haar seine Füße; das Haus aber wurde erfüllt vom Duft des Öls.

Was für eine berauschende Mischung aus Freude und Schmerz muß an jenem Abend in Betanien geherrscht haben! Die beiden Schwestern haben ein Festmahl bereitet, um sich bei ihrem lieben Freund zu bedanken, und bei ihm und den Jüngern sitzt der Bruder, der ihnen auf so wunderbare Weise zurückgegeben wurde. Was gab es da zu feiern!

Doch wie hohl muß ihr Jubel gewirkt haben angesichts der anschwellenden Atmosphäre des Hasses gegen Jesus. Was besonders schrecklich für sie gewesen sein muß, ist die Tatsache, daß dieser Haß unter anderem von Juden kam, die das Wunder mit angesehen hatten, als Lazarus ins Leben zurückgerufen wurde. Wie erschrekkend, daß etwas, das so offensichtlich durch Liebe motiviert war, sich für Leute, die wegen seiner steigenden Popularität eifersüchtig waren, als der Tropfen erwies, der das Faß zum Überlaufen brachte. Gerüchten zufolge stand sogar Lazarus' Leben auf dem Spiel.

Was sollte aus ihnen allen werden? Würde dies der letzte Abend sein, an dem sie gemeinsam bei Tisch saßen, aßen, redeten und lachten; das letzte Mal, daß Marta geschäftig um sie herumeilte und sie bediente; das letzte Mal, daß diese besondere Stille sich herabsenkte, wenn ihr Freund Jesus eine seiner wunderbaren Geschichten begann ...?

Plötzlich wird Martas Versuch, die Normalität aufrechtzuerhalten, zuviel für Maria, und sie läßt alles Gefühl für Anstand fahren und gießt impulsiv ihre kostbarste Salbe über die Füße ihres Herrn und trocknet sie mit ihren Haaren. Oh, Maria, worauf kommt es denn noch an als darauf, daß er erfährt, daß du verstanden hast, und wie könntest du es ihm besser zeigen, als indem du deinen Ruf und deinen kostbarsten Besitz in einem herrlichen Moment der Anbetung opferst? Wie er dich in diesem Augenblick geliebt haben muß – nicht für das, was du tatest, sondern einfach dafür, daß du so »du« warst. Das Haus wurde vom Duft erfüllt, lesen wir.

Ich weiß nicht, wie es bei Ihnen ist, aber ich bin schon manchmal in Situationen gewesen, in denen ich spürte, daß ich genau im richtigen Moment einen Krug voller unbezahlbaren Öls in meinem Besitz habe. Ich habe intuitiv in mir die Worte, das Verständnis oder die Geste, die den Raum mit dem Duft der Heilung, der Barmherzigkeit oder der Vergebung erfüllen könnte. Aber ich habe es vorgezogen, meinen Krug unangebrochen wieder mit nach Hause zu nehmen. Vielleicht hatte ich Angst davor, mich zum Narren zu machen, oder ich war mir unsicher, wie meine Geste aufgenommen werden würde. Vielleicht habe ich nicht genug Anteil genommen, oder ich war wütend oder gleichgültig oder beleidigt. Was immer meine Motivation war, ich ließ meine Chance verstreichen, eine wichtige Aufgabe für Gott zu erfüllen, eine Aufgabe, die von Gott auf meine Persönlichkeit zugeschnitten war.

Wenn ich ehrlich bin, glaube ich nicht, daß die meisten Gemeinden die Gaben der impulsiveren Persönlichkeiten in ihrer Mitte angemessen schätzen. Ihnen wird in vielen Situationen, in denen sich die Martas dieser Welt leicht einfügen, oft das Gefühl gegeben, sie benähmen sich unbeholfen und ungehörig. Und ihre Sünden neigen wirklich dazu, ziemlich offensichtlich zu sein. Sie fallen nicht, sie stürzen ab! Doch Gott hat ihnen einige seiner herrlichsten Geschenke gegeben, in dem Wissen, daß sie sie großzügig weiterverteilen werden. Da ich selbst ein wenig von Maria in mir habe und unzählige Fehler mache, während ich durchs Leben stolpere, macht es mir große Freude, zu erkennen, daß sie an diesem bewegenden Abend etwas absolut richtig gemacht hat.

Gebet

Lieber Vater,

hilf uns heute, den Inhalt unseres Ölkruges zu betrachten. Was haben wir in unserem Besitz, das wir großzügig für dich vergießen könnten? Gibt es eine Situation, in der wir absichtlich auch nur eine kostbare Unze Worte oder Gesten zurückgehalten haben, die anderen Trost und Unterstützung hätte bringen sollen? Es tut uns so leid, Vater. Bitte gib uns eine neue Chance, die einzigartige Gabe, die du jedem von uns gegeben hast, so zu gebrauchen, wie du es willst. Amen.

Johannes 12,4–11

Da sprach einer seiner Jünger, Judas Iskariot, der ihn hernach verriet:

Warum ist dieses Öl nicht für dreihundert Silbergroschen verkauft worden und den Armen gegeben?

Das sagte er aber nicht, weil er nach den Armen fragte, sondern er war ein Dieb, denn er hatte den Geldbeutel und nahm an sich, was gegeben war.

Da sprach Jesus: Laß sie in Frieden! Es soll gelten für den Tag meines Begräbnisses.

Denn Arme habt ihr allezeit bei euch; mich aber habt ihr nicht allezeit.

Da erfuhr eine große Menge der Juden, daß er dort war, und sie kamen nicht allein um Jesu willen, sondern um auch Lazarus zu sehen, den er von den Toten erweckt hatte.

Aber die Hohenpriester beschlossen, auch Lazarus zu töten; denn um seinetwillen gingen viele Juden hin und glaubten an Jesus.

Das ist interessant, nicht wahr? Aus dem Kontext gerissen, könnte es Wasser auf die Mühlen der Gesundheits- und Wohlstandsfanatiker sein, wenn Jesus selbst sagt: »Arme habt ihr allezeit bei euch ...« Ziemlich ungewöhnlich. Judas hatte doch nicht ganz unrecht. Und dennoch, und dennoch. Dies ist derselbe Jesus, der während seiner drei Wirkungsjahre stets auf die Schwachen, die Armen, die Leidenden, die aus der Gesellschaft Ausgestoßenen zuging. Die Seligpreisungen lassen keinen Zweifel daran, wie er über die Armen und Verwundbaren dachte.

Was wir hier sehen, ist die herrliche Wahrheit, daß jede Situation einzigartig ist, wie oft wir ihr auch begegnen mögen. Und gelegentlich wird von uns erwartet werden, daß wir unsere normale Routine verlassen und etwas ganz wunderbar Bizarres tun. So, wie Paulus es nur einmal für richtig hielt, den Kurs zu ändern und nach Mazedonien zu gehen, obwohl es viel logischer erschien, weiter nach Bithynien zu ziehen. In neun von zehn Fällen dürfte es also richtig sein, den allgemeinen Regeln der Barmherzigkeit und der Vernunft zu gehorchen, die Jesus immer wieder niedergelegt hat. Doch in diesem einen Fall war es anders.

1995 besuchten wir Soweto und nahmen an einem der vielen täglichen Gottesdienste teil, die Nick Misupi in einem Missionszelt abhielt. Die aufwallende Freude, die tief empfundenen Emotionen und der herrliche, rhythmische Gesang, der das Zelt erschütterte, das sich an den Nähten regelrecht nach außen wölbte, lassen sich mit Worten nicht beschreiben. Als Adrian die Gelegenheit hatte, der Versammlung zu sagen, was für ein Vorrecht es für uns war, mit unseren Brüdern und Schwestern in Soweto zusammen Gottesdienst zu feiern, hätte das dröhnende »Amen!« beinahe das Zelt flachgelegt!

Hinterher, nachdem wir uns vergewissert hatten, daß wir damit keinen Anstoß erregen würden, verbrauchten wir meterweise Film für die Kinder der Gemeinde – und ihre strahlenden, offenen Gesichter erinnern uns jetzt noch von unserem Kaminsims aus an diese bezaubernde Zeit.

Doch ein Foto bedeutet mir mehr als alle anderen. Es ist ein Foto von einem Haufen Matratzen, Stühlen, Radios, Fahrrädern und unzähligen anderen Gegenständen, die in einem kleinen Schuppen hinter dem Zelt bis zur Decke gestapelt waren. Als Nick uns das zeigte, leuchtete sein breites Zulugesicht vor Freude. Offenbar kommen nach jeder Versammlung die Neubekehrten (und das sind etwa fünfzig pro Tag) in die Seelsorge. Dort wird ihnen gesagt, daß die Kosten der Nachfolge Jesu sehr hoch sind und daß sie als Symbol ihres neuen Lebens alle Gegenstände, die sie vom weißen Mann gestohlen haben, zurückgeben und ihre Waffen abliefern müssen.

Die Waffen werden bei der Polizei abgegeben, und das Diebesgut wird in diesem kleinen Schuppen gesammelt und einmal in der Woche verbrannt. Ein Symbol dafür, daß sie für die Sünde gestorben sind und ein neues Leben beginnen. Unsere ganze Familie war davon tief bewegt, und Adrian erzählte davon in einem regelmäßigen Brief, den er für die Bible Society schreibt. Daraufhin bekam er eine sehr wütende Antwort von einer Dame, die ganz empört über diese Verschwendung wertvoller Güter war. Für sie war es offensichtlich, daß die Gegenstände an die Armen und Bedürftigen verteilt werden sollten.

Als ich den Brief las, war ich für einen Moment völlig verwirrt. Was dachte sich Nick dabei? Im nächsten Augenblick wußte ich es. Sein gesamter Dienst und der seiner Mitpastoren war, nach dem Vorbild Jesu, ganz darauf ausgerichtet, die Leiden der Armen zu lindern. Aber diese Güter zu verteilen wäre völlig falsch gewesen. Sie waren gestohlen. Sie repräsentierten eine alte Lebensweise. Sie standen für die Sünde, von der man sich abgewandt hatte. Wie nützlich sie auch immer hätten sein können, in dieser Situation war es richtig, sie zu verschwenden.

Also zurück zu Maria und ihrem kostbaren Nardenöl. Bei dieser einzigartigen Gelegenheit mußten Regeln gebrochen und mußte das bevorstehende Opfer auf extravagante Weise hervorgehoben werden. Darum mußten für einen Moment die Armen warten. Der Augenblick war alles.

Und damit sind wir bei uns. Für Leute, die ständig großzügig mit Nardenöl um sich werfen, wird es Zeiten geben, in denen die göttliche Ausnahme von unserer Regel darin besteht, Zurückhaltung zu üben. Für den sparsamen Haushalter wird es Situationen geben, in denen es richtig ist, ein bißchen mit Nardenöl um sich zu werfen. Es wird für jeden von uns gottgegebene Gelegenheiten geben, die Situationen, in denen wir uns befinden, auf eine höhere Ebene zu heben. Wenn wir ein offenes Ohr für den Heiligen Geist haben, werden wir sie entdecken. Aber ich glaube, wir werden vielleicht überrascht sein über das, was er von uns erbitten wird!

Gebet

Öffne unsere Ohren, Herr.

Hilf uns heute, zu hören, was der Heilige Geist uns für dich zu tun bittet, für wie überraschend wir es auch halten mögen. Amen.

Der Mut, schwach zu sein

Johannes 12,42–43

Doch auch von den Oberen glaubten viele an ihn; aber um der Pharisäer willen bekannten sie es nicht, um nicht aus der Synagoge ausgestoßen zu werden. Denn sie hatten lieber Ehre bei den Menschen als Ehre bei Gott.

O je, ich glaube, das trifft wirklich den Kern, warum die meisten von uns sich nicht stärker öffentlich zu ihrem Glauben bekennen. Wir haben alle unsere Synagogen, aus denen wir aus diesen oder jenen Gründen nicht ausgestoßen werden wollen, und manche von uns haben sogar ihren eigenen Pharisäer im Nacken, dem es eine Freude wäre, unsere Ausstoßung voranzutreiben. Offensichtlich hätte es für führende Juden zur Zeit Jesu sehr ernste Konsequenzen gehabt, wenn sie aus der Synagoge ausgestoßen worden wären. Zumindest wäre es bestimmt der Karriere nicht dienlich gewesen. Für die meisten von uns bedeutet es schlimmstenfalls, daß wir mit den lächerlichen Karikaturen auf eine Stufe gestellt werden, für die Fernseh-Sitcoms eine so große Vorliebe haben. Also warum bedeutet es uns so viel?

Vor kurzem hatte ich eine interessante Gelegenheit, zu entdekken, was für ein erbärmlicher Schwächling ich bin. Ich nahm an einem Kurs teil, mit dem ich mich auf den Wiedereinstieg in meine Tätigkeit als Grundschullehrerin vorbereiten wollte. Es war das erste Mal seit einigen Jahren, daß ich mich in einer großen Gruppe von Leuten befand, die nicht unbedingt etwas mit dem Christentum zu tun hatten, und ich genoß jede Minute in vollen Zügen. Die einzige kleine Sorge, die ich hatte, war, daß aus den Bemerkungen einiger dieser Leute zu entnehmen war, daß in der Gruppe allgemein eine sehr schlechte Meinung über die Kirche herrschte.

Ich fühlte mich ein bißchen schuldig, aber ich genoß es so sehr, neue Freundschaften zu schließen und wieder einmal Berührung mit dem normalen Leben zu haben, daß ich mir einredete, dieses eine Mal müßte ich die Kirche nicht verteidigen, solange niemand das angriff, was ich selbst glaubte. Seit einiger Zeit hatte man mich lediglich für ein Anhängsel der Tätigkeit meines Mannes als christlicher Schriftsteller und Redner gehalten, und es war einfach schön, einmal nur um meiner selbst willen akzeptiert zu werden. Ich sagte ja schon, es war ziemlich erbärmlich!

Wie auch immer, eines Morgens war das Thema unseres Referats der Religionsunterricht. Es faszinierte mich, zu hören, was von uns als Grundschullehrern erwartet werden würde, doch die ersten Bemerkungen des Referenten trafen mich völlig unvorbereitet. »Dies ist ein umstrittenes Thema, und bevor ich im einzelnen darauf eingehe, was der nationale Rahmenlehrplan beinhaltet, würde ich gerne Ihre Ansichten zu diesem Thema hören. Ich werde durch den Raum gehen und jedem von Ihnen Gelegenheit geben, Ihre Ansichten zu äußern.«

Hier war sie endlich: Meine Gelegenheit, allen von meinem Glauben zu erzählen. Warum also wurde mir plötzlich schlecht? Warum pochte mir das Herz gegen die Rippen, und warum trocknete meine Zunge aus? Ich würde wohl kaum den Löwen vorgeworfen werden. Diese Leute waren meine Freunde. Außerdem war ich stolz auf meinen Glauben. Es war meine Chance, das Evangelium zu verkünden. Was in aller Welt war mit mir los?

Bis ich an der Reihe war, war ich so nervös, daß ich nur noch flüstern konnte. Natürlich war ich sehr erleichtert, nachdem ich es geschafft hatte zu sagen, wie wichtig mir meine Beziehung zu Jesus war – und hinterher gab es keine dramatische Veränderung in der Art, wie die Leute mir begegneten. Aber ich wußte, daß da eine Kluft war. Abgesehen davon, daß sie sich für alles entschuldigten, wovon sie meinten, daß es mich verletzen könnte, breitete sich eine Art unausgesprochenen Mitleids mir gegenüber aus.

Ich war in ihren Augen zu einem dieser merkwürdigen, bedauernswerten Menschen geworden, die die Religion als Krücke brauchten oder die durch Gehirnwäsche dazu gebracht worden waren, etwas zu glauben, das sie selbst in ihrer Abgeklärtheit längst als Unsinn erkannt hatten. Ich habe eine Freundin, die seit vielen Jahren in einer Gruppe für Mißhandlungsopfer mitarbeitet. Wie sie mir erzählt, lädt diese Gruppe alle möglichen Leute als Referenten ein, aber auf keinen Fall einen Christen, aus eben diesen Gründen.

Ich weiß, daß mein Erlebnis harmlos war im Vergleich zu den fürchterlichen Aggressionen, denen viele Christen an ihrem Arbeitsplatz und zu Hause ausgesetzt sind. Aber ich erinnere mich sehr deutlich an den Spott, den ich vor Jahren in meiner Zeit als Mitarbeiterin in einem Kinderheim manchmal ertragen mußte.

Mit Schwachheit in Verbindung gebracht zu werden, ist immer schwierig, und es gibt keinen Zweifel, daß für die allermeisten Leute heutzutage das Christsein eine wenig ehrenvolle Sache ist. Es gilt entweder als verstaubt und irrelevant oder als lächerlich und unwirksam. Dazu kommt die Tatsache, daß wir versuchen, freiwillig die Waffen der aggressiven Entgegnung niederzulegen, und unsere neue Munition, die darin besteht, Angriffe zu absorbieren und uns um Vergebung zu bemühen, erscheint im grellen Neonlicht der Welt als kümmerlich.

Aber vielleicht geht es um noch Grundsätzlicheres. Wir alle sind darauf angewiesen, gemocht und akzeptiert zu werden, und es ist nun einmal so, daß man die Ehre bei den Menschen regelrecht *hören* kann, während man auf die Ehre bei Gott *vertrauen* muß!

Gebet

Lieber Vater,

hilf uns, uns daran zu erinnern, daß wir etwas haben, worauf wir wirklich stolz sein können, etwas, wofür es sich lohnt, uns aus den Synagogen ausstoßen zu lassen. Gib uns den Mut, herabsetzenden Beleidigungen und herablassendem Mitgefühl ins Gesicht zu lachen. Vergib uns, wo wir von deiner Seite gewichen sind, nur um von einer Gruppe von Leuten akzeptiert zu werden, die dich nicht kennen. Amen.

»Ja« zum Abenteuer

In manchen Bereichen der protestantischen Kirchen entwickelt sich so eine Art Tabu gegen die bloße Erwähnung der Maria. Man hat den Eindruck, daß hier wieder einmal das Kind mit dem Bade ausgeschüttet wird. In unserer Entschlossenheit, zu zeigen, wie wenig uns ihre Stellung als »meist angebetete Heilige« in der katholischen Kirche beeindruckt, scheinen wir unfähig geworden zu sein, uns überhaupt mit ihr zu befassen. Erwähnen wir sie doch einmal, wie es vor Weihnachten obligatorisch ist, so ist es oft ihre Eigenschaft der Sanftmut, die betont wird, und die Tatsache, daß sie in den Krippenspielen der Grundschulen meistens von dem kleinsten und süßesten Mädchen dargestellt wird, trägt nichts dazu bei, diesen Mythos zu zerstreuen.

Ich persönlich glaube, daß sie nicht nur das ganz besondere Augenmerk ihres himmlischen Vaters genießt, sondern eine der zähesten und mutigsten Jüngerinnen war, die ihr Sohn und Erlöser jemals hatte. Geben wir ihr also eine Chance, und zwar außerhalb des Kontextes von Weihnachten, uns zu lehren, was es heißt, ein Kind Gottes und ein Jünger Jesu zu sein.

»Ja« zum Abenteuer

Lukas 1,26–38

Und im sechsten Monat wurde der Engel Gabriel von Gott gesandt in eine Stadt in Galiläa, die heißt Nazareth, zu einer Jungfrau, die vertraut war einem Mann mit Namen Josef vom Hause David; und die Jungfrau hieß Maria.

Und der Engel kam zu ihr hinein und sprach: Sei gegrüßt, du Begnadete! Der Herr ist mit dir!

Sie aber erschrak über die Rede und dachte: Welch ein Gruß ist das? Und der Engel sprach zu ihr: Fürchte dich nicht, Maria, du hast Gnade bei Gott gefunden. Siehe, du wirst schwanger werden und einen Sohn gebären, und du sollst ihm den Namen Jesus geben.

Der wird groß sein und Sohn des Höchsten genannt werden; und Gott der Herr wird ihm den Thron seines Vaters David geben, und er wird König sein über das Haus Jakob in Ewigkeit, und sein Reich wird kein Ende haben.

Da sprach Maria zu dem Engel: Wie soll das zugehen, da ich doch von keinem Mann weiß?

Der Engel antwortete und sprach zu ihr: Der heilige Geist wird über dich kommen, und die Kraft des Höchsten wird dich überschatten; darum wird auch das Heilige, das geboren wird, Gottes Sohn genannt werden.

Und siehe, Elisabeth, deine Verwandte, ist auch schwanger mit einem Sohn, in ihrem Alter, und ist jetzt im sechsten Monat, von der man sagt, daß sie unfruchtbar sei. Denn bei Gott ist kein Ding unmöglich.

Maria aber sprach: Siehe, ich bin des Herrn Magd; mir geschehe, wie du gesagt hast. Und der Engel schied von ihr.

Dieses Mädchen sollte nie wieder als gefügig dargestellt werden. Sie war offensichtlich jung, und sie war eine Jungfrau, aber Gefügigkeit und Jungfräulichkeit gehören nicht automatisch zusammen. Gefügigkeit und Jugend auch nicht. (Ich glaube, das taten sie noch nie.)

Als sie sich mit diesem außergewöhnlichen Verlangen einverstanden erklärte, zeigte sie einen Mut, wie er in der Bibel kaum noch einmal zu finden ist. Gabriel verrät ihr nicht, daß er bei Josef für sie sprechen wird. Er verspricht ihr eigentlich gar nichts. Sie wird aufgefordert, ihre Ehe zu riskieren, ihren Ruf, vielleicht sogar ihr Leben! Doch ihre sofortige Antwort ist ein volltönendes »Ja«. Keine Vliese wie bei Gideon. Keine Ausreden wie bei Mose. Einfach nur ja.

Oft scheint es Gottes Weg mit uns zu sein, daß wir die Herausforderung annehmen, die er uns gibt, ohne zu wissen, was uns bevorsteht. Abraham mußte seine lange Reise antreten, ohne zu wissen, wohin er ging. Noah mußte eine Arche bauen, obwohl er von seinen Nachbarn deswegen verspottet wurde.

Vor einigen Jahren hatten Adrian und ich die Freude, David Watson noch einige Male zu begegnen, bevor er starb. Als wir uns das erste Mal trafen, war bei ihm gerade die Diagnose gestellt worden, daß er Krebs hatte. Er schilderte uns seinen langsamen, aber entschlossenen Weg dahin, die Möglichkeit zu akzeptieren, daß er sterben könnte, und sich gleichzeitig verzweifelt zu wünschen, geheilt zu werden. Er wollte in der Lage sein, ja zu sagen zu allem, was Gott ihm zugedacht hatte. Und als wir ihm zum zweiten Mal begegneten, hatte er es geschafft.

»Das Beste kommt noch«, war der Satz, den wir nie vergessen werden. Er war an einen Punkt gekommen, an dem er sich auf den Tod freute, aber auch bereit war, noch zu bleiben, falls das Gottes Wille sein sollte. Er hatte sich entschieden, wie Maria zu sagen: »Ich bin des Herrn Knecht, mir geschehe, wie du gesagt hast.«

Für mich als Frau ist etwas sehr Beruhigendes an dem ganzen Dialog zwischen Maria und Gabriel, und zwar die Tatsache, daß Gott beschloß, sich direkt an sie zu wenden. Josef wird nicht zuerst nach seiner Meinung gefragt. Ihr Vater wird nicht einmal erwähnt.

Ich finde, daß in manchen Bereichen der Kirche heute bei vielen Frauen das Gefühl erzeugt worden ist, ihre Beziehung zu ihrem himmlischen Vater sei wegen der Rolle des Mannes als »Haupt der Frau« irgendwie der ihres Mannes nachgeordnet, und Gott würde sich kaum zuerst an sie wenden.

Darin liegen schreckliche Gefahren. Wenn unsere Beziehung nicht unmittelbar zu Gott besteht, kann leicht alles aus dem Ruder laufen. Wir können zu viele Erwartungen daran knüpfen, daß unsere Männer uns Neuigkeiten von Gott bringen. Wir können bitter und voller Groll werden, und vor allem können wir aus dem Blick verlieren, wie sehr unser Vater uns liebt und wie wertvoll wir in seinen Augen sind.

Maria wurde direkt angesprochen, und aus ihrer Antwort geht klar hervor, daß sie bereits eine gereifte Liebe zu ihrem Herrn und das Verlangen in sich hatte, ihm gehorsam zu sein, was es auch kosten mochte. Offenbar war einer der Gründe für ihre Erwählung ihre bevorstehende Heirat mit einem Nachkommen Davids, aber es müssen im Laufe der Jahre Hunderte solcher Frauen zur Auswahl gestanden haben. Nein, ganz offensichtlich wurde Maria um ihrer selbst willen erwählt, und ebenso offensichtlich hatte sie die Wahl, den Auftrag anzunehmen oder nicht. Die Tatsache, daß Gabriel erst geht, nachdem sie gesprochen hat, zeigt, daß ihre Antwort wichtig war. Es würde nichts mit ihr geschehen, wenn sie nicht zustimmte.

Vor einigen Jahren leitete ich eine kleine Jugendgruppe, die sich nach dem Gottesdienst bei mir zu Hause traf. Als Einstieg hatte ich eines Abends einen Fragebogen vorbereitet, auf dem sie Wertungen von eins bis zehn für Dinge vergeben sollten, die sie sich von der Zukunft erhofften. Auf der Liste standen Geld, Karriere, Familie und Abenteuer. Ich war verblüfft, als ich feststellte, daß ein Mädchen für »Abenteuer« überhaupt keine Punkte vergeben hatte. Null für Abenteuer!

Maria, die ungefähr genauso alt war, hat dafür zehn gegeben.

Gebet

Lieber Vater,

wir wünschen uns so sehr, »Ja« sagen zu können zu allem, was du für uns geplant hast. Bitte hilf uns, die Dinge zu überwinden, die uns abhalten. Bei manchen von uns ist es die Furcht vor dem Unbekannten; bei manchen ist es der Mangel an Zuversicht, daß du tatsächlich einen Auftrag für uns haben könntest; bei manchen ist es so, daß wir noch nicht gelernt haben, auf dich zu hören. Hilf uns, heute dem Tag ein wenig näher zu kommen, an dem auch wir dem Abenteuer zehn Punkte geben können. Amen.

Lukas 1,39–56

Maria aber machte sich auf in diesen Tagen und ging eilends in das Gebirge zu einer Stadt in Juda und kam in das Haus des Zacharias und begrüßte Elisabeth.

Und es begab sich, als Elisabeth den Gruß Marias hörte, hüpfte das Kind in ihrem Leibe. Und Elisabeth wurde vom heiligen Geist erfüllt und rief laut und sprach: Gepriesen bist du unter den Frauen, und gepriesen ist die Frucht deines Leibes!

Und wie geschieht mir das, daß die Mutter meines Herrn zu mir kommt?

Denn siehe, als ich die Stimme deines Grußes hörte, hüpfte das Kind vor Freude in meinem Leibe.

Und selig bist du, die du geglaubt hast! Denn es wird vollendet werden, was dir gesagt ist von dem Herrn.

Und Maria sprach:

Meine Seele erhebt den Herrn, und mein Geist freut sich Gottes, meines Heilandes;

denn er hat die Niedrigkeit seiner Magd angesehen. Siehe, von nun an werden mich selig preisen alle Kindeskinder.

Denn er hat große Dinge an mir getan, der da mächtig ist und dessen Name heilig ist.

Und seine Barmherzigkeit währt von Geschlecht zu Geschlecht bei denen, die ihn fürchten.

Er übt Gewalt mit seinem Arm und zerstreut, die hoffärtig sind in ihres Herzens Sinn.

Er stößt die Gewaltigen vom Thron und erhebt die Niedrigen.

Die Hungrigen füllt er mit Gütern und läßt die Reichen leer ausgehen.

Er gedenkt der Barmherzigkeit und hilft seinem Diener Israel

auf, wie er geredet hat zu unsern Vätern, Abraham und seinen Kindern in Ewigkeit.

Und Maria blieb bei ihr etwa drei Monate; danach kehrte sie wieder heim.

Es ist sicherlich nicht bedeutungslos, daß Gabriel Elisabeths Schwangerschaft gegenüber ihrer jungen Cousine erwähnte und wir dann unmittelbar danach lesen, daß Maria sich eilends aufmachte, um Elisabeth aufzusuchen und Zeit bei ihr zu verbringen. In Krisenzeiten brauchen wir alle jemanden, der versteht, was wir durchmachen. Manchmal ist es ein Verwandter, doch häufiger ist es jemand, der in derselben Situation ist wie wir oder war. Die meisten Selbsthilfegruppen arbeiten auf dieser Basis.

Maria hat erfahren, daß Elisabeth im selben Boot sitzt wie sie selbst; in beiden wächst durch ein Wunder ein Kind heran, und es muß ihr wie ein buchstäbliches Gottesgeschenk erschienen sein, daß sie Zeit mit jemandem verbringen konnte, der so sehr in der Lage war, sich in sie hineinzufühlen.

Was für eine Begegnung das war! Diese zwei gewöhnlichen Frauen, die nahezu platzen vor Babys und vor heiligem Geist. Welche Zuversicht muß die junge Besucherin erfüllt haben, als sie Elisabeths Worte hörte. Hier kam die Bestätigung, daß sie recht daran getan hatte, der Botschaft des Engels zu vertrauen. Hier kam die Bekräftigung, die sie brauchte, daß all das die Wahrheit war, daß sie wirklich die Mutter des Herrn werden sollte.

Für mich ist das ein ganz besonderer Teil der ganzen Geschichte. Ich liebe die Vorstellung, wie der ungeborene Johannes vor Aufregung im Leib seiner Mutter herumhüpft. Was für ein geisterfüllter Charakter er damals schon war! Ich liebe die Vorstellung, wie Elisabeth, verjüngt durch die Schwangerschaft, die (ihren eigenen Worten zufolge) ihre Schmach von ihr genommen hatte, sich um ein Mädchen kümmerte, dem möglicherweise eine noch größere Schmach bevorstand, wenn sie zurückkehrte.

Ich liebe Marias mädchenhafte Begeisterung über das, was mit ihr geschieht. Kein Wort über die Probleme. Nichts als ein herrlicher Strom von Freude und Lobpreis. Aber mehr als all das liebe ich die Tatsache, daß Gott ihnen diese kostbare Zeit miteinander schenkte. Beide Frauen werden ihre Söhne schon in jungen Jahren verlieren. Beiden wird die Freude vorenthalten bleiben, auf den Hochzeiten ihrer Söhne Tränen zu vergießen. Keine wird jemals Großmutter werden. Das Opfer, das beiden abverlangt wird, ist gewaltig. Doch für den Augenblick können sie dort oben in den Bergen Judas glücklich und geborgen sein.

Gebet

Lieber Vater,

wir wissen, daß du bereitwillige Diener brauchst, damit dein Wille hier auf Erden geschehen kann. Wir danken dir für Maria und Elisabeth, die dir ihr Leben und das Leben ihrer Kinder so rückhaltlos zur Verfügung gestellt haben. Hilf uns, daß wir bereit sind, dasselbe zu tun, wenn du es von uns möchtest. Hilf uns zur Freude an der Aufgabe, die du uns gegeben hast, was immer sie uns kostet – und danke für die Freunde, die du uns in unseren Krisenzeiten zur Seite stellst. Amen.

Lukas 2,1. 3–12. 15–16

Es begab sich aber zu der Zeit, daß ein Gebot von dem Kaiser Augustus ausging, daß alle Welt geschätzt würde. ...

Und jedermann ging, daß er sich schätzen ließe, ein jeder in seine Stadt.

Da machte sich auf auch Josef aus Galiläa, aus der Stadt Nazareth, in das jüdische Land zur Stadt Davids, die da heißt Bethlehem, weil er aus dem Hause und Geschlechte Davids war, damit er sich schätzen ließe mit Maria, seinem vertrauten Weibe; die war schwanger.

Und als sie dort waren, kam die Zeit, daß sie gebären sollte.

Und sie gebar ihren ersten Sohn und wickelte ihn in Windeln und legte ihn in eine Krippe; denn sie hatten sonst keinen Raum in der Herberge.

Und es waren Hirten in derselben Gegend auf dem Felde bei den Hürden, die hüteten des Nachts ihre Herde.

Und der Engel des Herrn trat zu ihnen, und die Klarheit des Herrn leuchtete um sie; und sie fürchteten sich sehr.

Und der Engel sprach zu ihnen: ... euch ist heute der Heiland geboren, welcher ist Christus, der Herr, in der Stadt Davids.

Und das habt zum Zeichen: ihr werdet finden das Kind in Windeln gewickelt und in einer Krippe liegen. ...

Und als die Engel von ihnen gen Himmel fuhren, sprachen die Hirten untereinander: Laßt uns nun gehen nach Bethlehem und die Geschichte sehen, die da geschehen ist, die uns der Herr kundgetan hat.

Und sie kamen eilend und fanden beide, Maria und Josef, dazu das Kind in der Krippe liegen.

Es ist mitten im Sommer, und ich sitze hier und schreibe dies vor einem Motel in Beverly Hills, wo ich darauf warte, zu unserem ersten Konzert in Amerika abgeholt zu werden.

Heute haben wir am Santa Monica Boulevard zu Mittag gegessen und sind in Universal City einkaufen gegangen. Cool, was?

In Wirklichkeit ist mir schrecklich heiß, ich bin entsetzlich müde, unglaublich nervös und ein bißchen niedergeschlagen. Ich kann keine Haarbürste finden, wir haben all die Postkarten verloren, die wir eine Woche lang mit uns herumgeschleppt haben, und ich habe mehrere dicke Taschen voller schmutziger Wäsche und keine Möglichkeit zu waschen! Außerdem ist meine innere Uhr völlig durcheinander, weil wir gestern von Neuseeland aus hierhergereist sind, wo wir um elf Uhr abends aufbrachen, um am selben Tag um drei Uhr nachmittags hier anzukommen. Ach ja, und ich würde alles geben für eine schöne Tasse englischen Tee! Die Wirklichkeit ist ziemlich unsauber, nicht?

Zum ersten Mal in meinem Leben hatte ich Gelegenheit, mir den amerikanischen christlichen Fernsehkanal anzuschauen. Ich habe gehört, wie mir Idealgewicht, beruflicher Erfolg, Geld, Einfluß und Macht zuteil werden, wenn ich nur ja zu Jesus sage. Mir sind Verse aus so ziemlich jedem Buch der Bibel genannt worden, die diese Aussagen stützen, und alles, was dazu notwendig ist, ist eine lächerlich kleine Geldspende. So viele Worte, so viele Versprechungen. Es kommt mir immer mehr vor wie die Werbeanzeigen für Autos, die man in den Hochglanzmagazinen findet, und erinnert mich an die Wurfsendungen, die einem den Briefkasten verstopfen und einmalige Sonderangebote für alles von Doppelverglasungen bis zu Särgen verheißen, nebst den »persönlichen« computergenerierten Mitteilungen, die uns außen auf dem Umschlag (in großen Lettern) informieren, wir hätten fünfzigtausend Pfund gewonnen und uns im Innern (in extrem kleinen Buchstaben) mitteilen, dies bedeute, daß wir zusammen mit einer Million anderer glücklicher Gewinner an einer Ziehung teilnehmen könnten – wenn wir innerhalb eines Tages antworten und zustimmen, uns noch weiteres Altpapier schicken zu lassen.

Maria ist ein Beispiel für die Unwirklichkeit all dessen. Wie

Adrian einmal schrieb, scheint Gott auf etwas bizarre Weise auf die Geburt Jesu reagiert zu haben, indem er das ganze Budget für Engelseffekte verschleuderte, bis es schließlich nicht einmal mehr für ein Hotelzimmer für die auserwählte Mutter seines Sohnes reichte.

Ihr Lebensstil hat sich um keinen Deut dadurch verbessert, daß sie den Auftrag annahm, den Gott ihr zugedacht hatte. Es gab keine besonderen Bonbons, keine Vergünstigungen, keinen Bonus und keine langfristige Sicherheit. Dieselben etwas ungewöhnlichen Jobaussichten galten für Johannes den Täufer, die Jünger, Paulus und bis heute für diejenigen unter uns, die ja gesagt haben zu der Chance, Angestellte in Gottes Firma zu sein.

Die Wirklichkeit ist ganz anders als im Märchen. Ziemlich unsauber.

Nur ein Gedanke: Wäre Jesus in der Herberge geboren worden, umgeben von gurrenden Verwandten, so zweifle ich, ob die Hirten es gewagt hätten, hineinzugehen und ihn zu besuchen, schon gar nicht in ihrer Arbeitskleidung. Diese unsaubere Verwundbarkeit gab das Muster der außergewöhnlichen Zugänglichkeit vor, die das Leben Jesu so herausragend kennzeichnete, und ist ein Kennzeichen seiner engsten Nachfolger.

Aber schließlich sind die Evangelien auch keine Märchen!

Gebet

Lieber Vater,

danke, daß du uns daran erinnerst, daß das, was du uns bietest, nicht das ist, was die Welt uns bietet. Hilf uns, zu unterscheiden zwischen dem, was wir gierig für uns selbst haben wollen, und den Dingen, die wir wirklich brauchen, um uns näher zu dir zu bringen. Hilf uns, offen zu bleiben für alle Dinge und Menschen, die du in unser Leben hineinbringen willst. Bitte gebrauche uns in deinem Dienst. Amen.

Nichts verschütten!

Lukas 2,25–33.41–43.46–49.51

Und siehe, ein Mann war in Jerusalem, mit Namen Simeon; und dieser Mann war fromm und gottesfürchtig und wartete auf den Trost Israels, und der heilige Geist war mit ihm.

Und ihm war ein Wort zuteil geworden von dem heiligen Geist, er solle den Tod nicht sehen, er habe denn zuvor den Christus des Herrn gesehen.

Und er kam auf Anregen des Geistes in den Tempel. Und als die Eltern das Kind Jesus in den Tempel brachten, um mit ihm zu tun, wie es Brauch ist nach dem Gesetz, da nahm er ihn auf seine Arme und lobte Gott und sprach:

Herr, nun läßt du deinen Diener in Frieden fahren, wie du gesagt hast; denn meine Augen haben deinen Heiland gesehen, den du bereitet hast vor allen Völkern, ein Licht, zu erleuchten die Heiden und zum Preis deines Volkes Israel.

Und sein Vater und seine Mutter wunderten sich über das, was von ihm gesagt wurde. ...

Und seine Eltern gingen alle Jahre nach Jerusalem zum Passafest. Und als er zwölf Jahre alt war, gingen sie hinauf nach dem Brauch des Festes. Und als die Tage vorüber waren und sie wieder nach Hause gingen, blieb der Knabe Jesus in Jerusalem ...

Und es begab sich nach drei Tagen, da fanden sie ihn im Tempel sitzen, mitten unter den Lehrern, wie er ihnen zuhörte und sie fragte.

Und alle, die ihm zuhörten, verwunderten sich über seinen Verstand und seine Antworten.

Und als sie ihn sahen, entsetzten sie sich. Und seine Mutter sprach zu ihm: Mein Sohn, warum hast du uns das getan? Siehe, dein Vater und ich haben dich mit Schmerzen gesucht.

Und er sprach zu ihnen: Warum habt ihr mich gesucht? Wißt

ihr nicht, daß ich sein muß in dem, was meines Vaters ist? ... Und seine Mutter behielt alle diese Worte in ihrem Herzen.

In den frühen Jahren unserer Ehe führte Adrian seine lange unterbrochene Berufsausbildung zu Ende und kehrte an die Universität zurück, um Lehrer zu werden – und er war mit einer wichtigen Aufgabe weit im Rückstand.

»Laß mich dir helfen«, beschwor ich ihn. »Du diktierst – ich schreibe.« Was für ein idyllisches kleines Bild des jungen Eheglücks einem da vor Augen steht, nicht wahr? Vergessen Sie es! Stundenlang saß ich da, den Stift in der Hand, und sah mit steigender Frustration zu, wie er in unserem winzigen Wohnzimmer auf und ab marschierte, durch die Fernsehkanäle zappte, Kaffee kochte und trank und kein Wort hervorbrachte. Gerade in dem Augenblick, als ich drauf und dran war, den Stift hinzuschmeißen und verärgert ins Bett zu gehen, sagte er: »Okay, es geht los.« Sodann diktierte er mir einen zweitausend Wörter langen Aufsatz, ohne einmal innezuhalten. Das ganze Ding war in seinem Kopf fertig geschrieben, einschließlich aller Kommas und Punkte. Ein langsamer Filtrationsprozeß hatte stattgefunden, und das Gebräu war voller Geschmack, ohne daß auch nur ein Tropfen verschüttet worden wäre.

Viele Jahre später wurde ich an diesen Abend erinnert. Einige Monate, nachdem Adrian seinen Zusammenbruch erlebt hatte, unterzog er sich einer analytischen Therapie, bis der Streß, den wir auf uns nehmen mußten, um dafür zu bezahlen, schwerer wog als ihr Nutzen! Diese Zeit war eine schwere Belastung für mich, weil seine Therapeutin darauf bestand, daß er über seine Gedanken und Gefühle nicht mit mir sprechen dürfe, sondern sie für sie aufbewahren solle. Es solle »nichts verschüttet« werden, meinte sie.

So schwierig das für uns beide war, verstand ich schon damals, worum es ihr ging. Es wäre so leicht gewesen, die Stärke zu verwässern, indem man tassenweise schwache Weisheiten und »ähnliche« Erinnerungen hinzufügte, während Teelöffel voll Trost, die den beißenden Geschmack der bittersten Erinnerungen versüßen sollten, diese Zeit für uns hätten genießbarer machen, aber auch das

Gift überdecken und es für die Therapeutin schwerer auffindbar machen können.

Heute beobachte ich denselben Vorgang in einem anderen Zusammenhang. »Das kann unmöglich funktionieren«, »Ich sehe es einfach nicht«, »Das werden die dir nie abkaufen!« sind Sätze, auf die eine neue, noch unausgegorene Idee stoßen kann, die Adrian äußert, und solche Sätze bringen ihn dazu, an ihrem Potential zu zweifeln. Darum achtet er einfach darauf, nichts zu verschütten!

Maria scheint instinktiv verstanden zu haben, welchen Wert es hat, nichts zu verschütten. Jede neue Einsicht hielt sie in sich fest, ließ sie miteinander verschmelzen und langsam über Jahre hinweg marinieren, bis sie eine seltene Reife und Tiefe des Verständnisses für die Mission ihres Sohnes an uns entwickelt hatte. Und sie würde jeden Tropfen dieses Verständnisses brauchen, um die drei Jahre zu ertragen, die sein Lebenswerk auf dieser Erde umfaßte.

Sie würde ihn gehen lassen und auf eine Weise freigeben müssen, wie es nur wenigen Müttern je abverlangt wird. Es würde Zeiten geben, in denen die Erinnerung an diese frühen Prophezeiungen und Vorfälle das einzige war, das ihr die Gewißheit erhielt, daß er Gott sei.

Mir kommt der Gedanke, daß es manchmal, wenn uns ein winziger Einblick in das Reich Gottes geschenkt wird, sei es durch ein Wort oder durch ein Gefühl, ratsam wäre, ihn für eine Weile »in unserem Herzen zu behalten«. Ihn durch unseren Organismus filtern zu lassen, das Erlebnis als ein Kräutlein in einem Bouquet Garni zu betrachten, das unserem Leben unauffällig und langsam Aroma hinzufügen soll, statt schon allein ein Festmahl zu repräsentieren.

Wenn man sofort darüber spricht, werden die Dinge vielleicht einer Prüfung, die nicht beabsichtigt war, und einer oberflächlichen oder abschätzigen Deutung unterzogen. Behalten wir sie aber bei uns und fügen es zu allem anderen hinzu, das während einer bestimmten Zeitspanne geschieht, so gewinnen wir vielleicht ein klareres und tieferes Bild von dem, was Gott uns mitzuteilen versucht.

Gebet

Lieber Vater,

wir wissen, es gibt Zeiten, in denen es richtig ist, die Dinge sofort weiterzusagen, von denen wir glauben, daß du sie zu uns sagst. Doch es gibt andere Zeiten, in denen es wichtig erscheint, sie für uns zu behalten, sie wachsen zu lassen, sie als nur ein Teil des Gesamtbildes zu betrachten, das du in unserem Verständnis entwikkeln möchtest. Hilf uns zu unterscheiden, was wir mit den Dingen tun sollen, die du zu uns sagst, so daß wir uns nötigenfalls davor hüten können, etwas zu verschütten, und dabei in unserem Vertrauen zu dir wachsen können. Amen.

Johannes 2,1–5.7–10

Und am dritten Tage war eine Hochzeit in Kana in Galiläa, und die Mutter Jesu war da.

Jesus aber und seine Jünger waren auch zur Hochzeit geladen.

Und als der Wein ausging, spricht die Mutter Jesu zu ihm: Sie haben keinen Wein mehr.

Jesus spricht zu ihr: Was geht's dich an, Frau, was ich tue? Meine Stunde ist noch nicht gekommen.

Seine Mutter spricht zu den Dienern: Was er euch sagt, das tut. ...

Jesus spricht zu ihnen: Füllt die Wasserkrüge mit Wasser! Und sie füllten sie bis obenan.

Und er spricht zu ihnen: Schöpft nun und bringt's dem Speisemeister! Und sie brachten's ihm.

Als aber der Speisemeister den Wein kostete, der Wasser gewesen war, und nicht wußte, woher er kam – die Diener aber wußten's, die das Wasser geschöpft hatten –, ruft der Speisemeister den Bräutigam und spricht zu ihm: Jedermann gibt zuerst den guten Wein und, wenn sie betrunken werden, den geringeren; du aber hast den guten Wein bis jetzt zurückbehalten.

Markus 3,20–21.31–33

Und er ging in ein Haus. Und da kam abermals das Volk zusammen, so daß sie nicht einmal essen konnten.

Und als es die Seinen hörten, machten sie sich auf und wollten ihn festhalten; denn sie sprachen: Er ist von Sinnen. ...

Und es kamen seine Mutter und seine Brüder und standen draußen, schickten zu ihm und ließen ihn rufen.

Und das Volk saß um ihn. Und sie sprachen zu ihm: Siehe, deine Mutter und deine Brüder und deine Schwestern draußen fragen nach dir.

Und er antwortete ihnen und sprach: Wer ist meine Mutter und meine Brüder?

Was für ein erstaunlicher Kontrast zwischen diesen beiden Geschichten besteht – eine Zeit radikaler Veränderung sowohl im Wesen des Dienstes Jesu als auch in der Reaktion seiner Mutter.

In Kana sehen wir Maria am Ruder, auf sicherem Grund, voller Zutrauen zu ihrer Beziehung zu Jesus. Ich liebe diesen Wortwechsel: »Meine Stunde ist noch nicht gekommen« – »Was er euch sagt, das tut.«

Wie stolz muß sie gewesen sein. Wie sehr muß sie sich auf die kommenden Jahre gefreut haben, in denen sich die Prophezeiungen erfüllen würden, die sie so lange Jahre in ihrem Herzen bewahrt hatte.

Doch schon wenige Monate später hat sich alles verändert. Das glitzernde Rinnsal lebendigen Wassers, das ausreichte, um Wasser in Wein zu verwandeln, ist zu einem reißenden Strom geworden, der alles zerschmettert, was in seiner Bahn wächst, feststehende Felsen aus Regeln und Überlieferungen aus ihrer Verankerung reißt, in unbekannte Gebiete des Denkens und der Beziehungen eindringt und Schmutz und Dunkelheit und Unwissenheit davonspült. Da ist eine Wildheit in dieser unaufhaltsamen Flutwelle, und für Maria muß es schockierend und beängstigend gewesen sein, scheinbar völlig außer Kontrolle.

Statt als ein König geachtet zu werden, muß sie erleben, wie er als verrückt und gar böse verurteilt wird. Seine Brüder schämen sich offensichtlich seinetwegen und machen sich Sorgen, und sie gehen ihre Mutter holen, damit sie ihm den Kopf zurechtsetzt. Wir wissen nicht, wie sie sich dabei fühlte, als sie sich durch die Menge kämpfte. Als sie gezwungen war, ihm durch das Gedränge der Menschen eine Nachricht zu schicken und Fremde zu bitten, ihm zu sagen, er möge herauskommen und ein Wort mit ihr wechseln.

Wir können nur versuchen, uns den Schock vorzustellen, den sie empfand, als seine Antwort kam – die Verwirrung, vielleicht gar Demütigung. Warum mußte es so kommen? Vielleicht war es die einzige Möglichkeit, um das Muster zu durchbrechen. Sie zu zwingen, sich der Wahrheit zu stellen, seine Unabhängigkeit sowohl als ihr Sohn als auch als ihr Erlöser zu akzeptieren. Was wir wissen, ist, daß ihre Welt und in der Tat die Welt, die wir geerbt haben, niemals mehr dieselbe sein sollte.

Wir alle haben unsere vorgefaßten Vorstellungen, wie Gott bestimmte Dinge tun wird. Wir planen unsere Missionen, unsere Zukunft, unsere Familien. Wir wissen, was wir tun würden, wenn wir Gott wären, wie wir die Dinge anpacken würden. Nichts bereitet uns auf die Zeiten in unserem Leben vor, in denen die geistlichen Flutwellen kommen. Dann sind vertraute Orientierungspunkte in Gefahr, davongespült zu werden, und die Landschaft wird plötzlich fremd und furchteinflößend.

In solchen Zeiten haben wir bei Gott immer zwei Wahlmöglichkeiten. Wir können uns an die Ufer zurückziehen, auf trockenen Boden klettern und uns in Sicherheit bringen, aber auch in Einsamkeit. Oder wir können uns in das tosende Wasser des Geistes stürzen und uns davontragen lassen in das größte, beängstigendste Abenteuer, das wir je hatten.

Das lebendige Wasser wird störrische Felsbrocken des Zweifels, der Vorurteile und der Sünde aus der Verankerung reißen, wird den Schlamm aufwühlen, der unsere vergrabenen Erinnerungen überdeckt, und uns in einem nie erträumten Maße waschen und reinigen. Es wird uns in Gebiete tragen, die wir nie zu sehen erwartet haben, und das so schnell, wie wir nie zu reisen beabsichtigten.

Maria hatte diese Wahl.

Ich habe sie.

Sie haben sie auch.

Das einzige, dessen ich mir sicher bin, ist, daß ich nie wieder dieselbe sein werde, wenn ich mich so entscheide.

Gebet

Lieber Vater,

hilf uns, unsere Herzen zu öffnen für das, was du von uns möchtest, was es auch immer kosten mag. Unser Leben so zu öffnen, daß du uns gebrauchen kannst, wie auch immer du es willst. Hilf uns, deinen Weg zu wählen, den Weg des Unerwarteten. Hilf uns, die Ufer loszulassen und uns davonwirbeln zu lassen im schäumenden lebendigen Wasser des Heiligen Geistes und auf seine Leitung und seine Macht zu vertrauen. Amen.

Kein Märchenschluß

Apostelgeschichte 1,12–14. 2,1–4

Da kehrten sie nach Jerusalem zurück von dem Berg, der heißt Ölberg und liegt nahe bei Jerusalem, einen Sabbatweg entfernt.

Und als sie hineinkamen, stiegen sie hinauf in das Obergemach des Hauses, wo sie sich aufzuhalten pflegten: Petrus, Johannes, Jakobus und Andreas, Philippus und Thomas, Bartholomäus und Matthäus, Jakobus, der Sohn des Alphäus, und Simon der Zelot und Judas, der Sohn des Jakobus.

Diese alle waren stets beieinander einmütig im Gebet samt den Frauen und Maria, der Mutter Jesu, und seinen Brüdern. ...

Und als der Pfingsttag gekommen war, waren sie alle an einem Ort beieinander.

Und es geschah plötzlich ein Brausen vom Himmel wie von einem gewaltigen Wind und erfüllte das ganze Haus, in dem sie saßen.

Und es erschienen ihnen Zungen zerteilt, wie von Feuer; und er setzte sich auf einen jeden von ihnen, und sie wurden alle erfüllt von dem heiligen Geist und fingen an, zu predigen in andern Sprachen, wie der Geist ihnen gab auszusprechen.

Wir überspringen all die Osterereignisse, und hier finden wir Maria wieder! Dies ist die wunderbare Auflösung der Geschichte, soweit es sie betrifft. Sie war vom Anfang bis zum Ende dabei, oder vielleicht sollte ich lieber sagen: bis zu einem neuen Anfang! Ihr Sohn ist zu ihrem Herrn geworden. Jetzt ist sie nicht mehr in erster Linie Mutter. Sie ist vor allem anderen eine Jüngerin.

Was also können wir von ihr lernen? Vor allem, wie wichtig es ist, sich nicht beirren zu lassen, beharrlich zu sein, loyal zu sein. Ich kann mich des Gefühls nicht erwehren, daß wir als Gemeinde Jesu ziemlich gierig geworden sind. Zumindest einige von uns. Wie fette kleine Vogelbabys wollen wir geistliche Erfahrungen, und wir wollen sie *jetzt*! Und wenn wir sie nicht bekommen, werden wir »schreien und schreien, bis uns schlecht wird«, wie es bei Violet Elizabeth Bott heißt. Wir erwarten, daß uns eine Auswahl von Geistesgaben als Ausrüstung zugeteilt wird, sobald wir uns den Reihen der Jünger anschließen.

Wir geben unserer Langeweile Ausdruck, wenn die Gemeinde, in der wir sind, diese Forderungen nur schleppend einlöst. Wir stöhnen, wenn die Predigt unsere Aufmerksamkeit nicht gefesselt hat oder wenn der Gottesdienst ein wenig unter Niveau war. Wir wechseln die Gemeinde, wenn es uns zu zäh wird. Bitte denken Sie nicht, ich wollte Sie kritisieren. Ich beziehe mich auf mich selbst. Ich habe das alles selbst mitgemacht! Ich habe nach Vollkommenheit gesucht und schnell die Nase voll gehabt, wenn ich fand, das Leben hätte mich im Stich gelassen.

Nehmen wir zum Beispiel das letzte Osterfest. Wir hatten gehofft, den Kindern aus unserer Samstagsgruppe einen kleinen Einblick vermitteln zu können, warum Ostern so etwas Besonderes ist. Ich half einem ziemlich kunterbunten Haufen Kindern dabei, winzige Gärten herzustellen. Wenn Sie nicht auf den riesigen Haufen Schlamm und Chaos draußen geachtet und sich nur die Reihen der Folienschalen angesehen hätten, die allesamt kleine, grasbewachsene Hügel, winzige Holzkreuze aus gespaltenen Lutscherstielen und diverse Blumen enthielten, dann wären sie, ebenso wie ich, entzückt gewesen.

Sie waren berechtigterweise stolz auf ihre Arbeit, und ich hatte das Gefühl, wir hätten es geschafft, etwas von dem Wunder und der Vollkommenheit des Ostermorgens für sie spürbar werden zu lassen. Wir setzten uns im Kreis hin, um die Geschichte von der Auferstehung zu hören, und während ich sie erzählte, konnte ich mir eine gewisse Selbstgefälligkeit nicht verkneifen.

Plötzlich hörte ich einen Aufschrei, und als ich aufblickte, sah ich zwei meiner kleinen Gärtner mit etwas beschäftigt, das weit von der friedvollen Atmosphäre entfernt war, die ich zu erzeugen gehofft hatte. Knurrend und fauchend vollführten sie drüben an dem Tisch mit den Ostergärten einen erbitterten Ringkampf.

Ich überließ es Maria Magdalena, weiter herumzurätseln, wer dieser verkleidete Gärtner gewesen sei, rannte hinüber und versuchte, sie auseinanderzuzerren. Es war nicht leicht, da offensichtlich eine der wirksamsten Strategien, die sie in der Schule des Lebens gelernt hatten, darin bestand, dicke Haarbüschel zu packen und kräftig daran zu ziehen. Schließlich standen sie, nach Atem ringend, vor mir, und Tränen durchfurchten die Schlammschichten auf ihren Gesichtern.

Jamie war der erste, der empört herausplatzte: »Das ist gemein, Miss. Er hat meine Schnecke geklaut!«

»Er hat was?« Das mußte einer der seltsamsten Gründe sein, aus denen jemals ein Duell ausgefochten wurde!

»Ich hatte eine Schnecke, Miss, in meinem Garten. Er hat sie mir geklaut. Gucken Sie mal, sie ist jetzt in seinem Garten.«

Ich guckte. In der Tat, Jamies Garten war schneckenlos, und in der angrenzenden Folienschale ruhte eine kleine Schnecke. Die Beweislage war eindeutig. Doch selbst Dr. Watson hätte vielleicht die feine Spur silbrigen Schleims bemerkt, die den Pfad zwischen den Folienkanten kreuzte.

»War die Schnecke tot, Jamie?«

»Nein, Miss.«

»Ich glaube sie ist vielleicht von selbst in Clives Garten gekrochen, Jamie.«

»Ja ... weil meiner schöner ist als deiner, darum«, höhnte ein erleichterter Clive.

Bevor Jamie sich gezwungen fühlte, die Vorzüge seines Gartens mit den Fäusten zu verteidigen, zog ich die beiden zurück in den Kreis und schaffte es irgendwie, die Geschichte fortzusetzen. Der Morgen hatte all seinen Glanz verloren! Doch Maria hätte das verstanden. Sie kannte sich aus mit der Wirklichkeit. Sie hatte ihr Leben einfach gelebt, indem sie tat, was sie an jeder Station des Weges für das Richtige hielt.

Manches davon war beängstigend gewesen, manches wunderbar, manches grauenvoll, manches erstaunlich, manches eintönig und manches erschreckend. Sie gab niemals auf, auch wenn es noch so schrecklich wurde, und hier stand sie wieder einmal am Beginn eines neuen Kapitels. Wir wissen nicht, was danach aus ihr wurde. Wir hören nichts Weiteres von ihr, aber es würde mich sehr überraschen, wenn sie nicht auch danach den Jüngern mit ihrer Unterstützung und Loyalität zur Seite gestanden hätte. Sie ist nun einmal so.

Eines ist sicher: Ihr Leben war kein Märchen gewesen, und dies hier ist kein hübsches, sauberes Ende. Das Leben ist eben nicht so. Die neuen Gemeinden würden ihre Probleme haben, die Jünger würden ihre Auseinandersetzungen bekommen, und sie selbst würde durch Höhen und Tiefen gehen. So war es in der Gemeinde Jesu immer und wird es immer sein, denn Freude ohne Schmerz hat Jesus niemals verheißen.

Doch solange es Leute wie Maria gibt, wird es immer die Möglichkeit für Neuanfänge und fortgesetztes Wachstum geben, weil immer jemand da sein wird, der bereit ist, zu dienen, der bereit ist, »ja« zum Leben zu sagen, und wenn damit wunderbare Geschenke des Heiligen Geistes verbunden sind, um so besser.

Gebet

Lieber Vater,

wir danken dir sehr für Maria. Hilf uns, mehr wie sie zu sein. Amen.

Berühmte letzte Worte

Als Jesus seinem Tod entgegenging, fühlte er sich offenbar in der Lage, direkter als zuvor mit seinen Nachfolgern über die Dinge zu sprechen, die ihm auf dem Herzen lagen. Die Bilder sind weniger undurchsichtig, die Implikationen seiner Geschichten werden gründlicher erklärt. Wir werden uns einige davon anschauen, aber ich glaube, selbst diese kleine Auswahl spiegelt wider, wie positiv die Botschaft Jesu ist. Damit meine ich nicht die Macht des positiven Denkens. Ich meine die tiefe innere Zuversicht, zu wissen, daß man durch und durch geliebt und geschätzt ist von einem Vater, der verrückt nach seinen Kindern ist.

Zurücklehnen und entspannen

Johannes 15,1–9

Ich bin der wahre Weinstock, und mein Vater der Weingärtner.

Eine jede Rebe an mir, die keine Frucht bringt, wird er wegnehmen; und eine jede, die Frucht bringt, wird er reinigen, daß sie mehr Frucht bringe.

Ihr seid schon rein um des Wortes willen, das ich zu euch geredet habe.

Bleibt in mir und ich in euch. Wie die Rebe keine Frucht bringen kann aus sich selbst, wenn sie nicht am Weinstock bleibt, so auch ihr nicht, wenn ihr nicht in mir bleibt.

Ich bin der Weinstock, ihr seid die Reben. Wer in mir bleibt und ich in ihm, der bringt viel Frucht; denn ohne mich könnt ihr nichts tun.

Wer nicht in mir bleibt, der wird weggeworfen wie eine Rebe und verdorrt, und man sammelt sie und wirft sie ins Feuer, und sie müssen brennen.

Wenn ihr in mir bleibt und meine Worte in euch bleiben, werdet ihr bitten, was ihr wollt, und es wird euch widerfahren.

Darin wird mein Vater verherrlicht, daß ihr viel Frucht bringt und werdet meine Jünger.

Wie mich mein Vater liebt, so liebe ich euch auch. Bleibt in meiner Liebe!

»Mama, wir haben eine Menge ernsthafter Gespräche geführt, und wir haben alle das Gefühl, daß es für unsere Band jetzt oder nie heißt, und darum glaube ich nicht, daß ich nächstes Jahr zurück an die Universität gehen werde.« Schweigen senkt sich herab. Spannung erfüllt die Luft. Mein neunzehnjähriger Sohn und ich sehen einander an. Was soll ich sagen? Was zum Kuckuck soll ich sagen? Hilfe! (Wo ist Adrian?!) Eindeutig eine »Zurücklehn-Situation«.

Lassen Sie mich erklären. Vor vielen Jahren, während seiner ersten Jahre in der Kinderfürsorge, lernte Adrian eine der fundamentalen Regeln im Umgang mit aggressiven, bedrohlichen Situationen: Verlasse niemals die Sicherheit deiner eigenen Position; begib dich nie auf den Boden des anderen. Lehne dich stets zurück, versuche, entspannt zu wirken, zwinge dich, ruhig zu sprechen, und bete! Nun will ich nicht so tun, als ob uns selbst das während der Teenagerjahre unserer Kinder sehr oft gelungen wäre, aber wenn es uns gelungen ist, dann hat es sehr geholfen, so manche angespannte Situation zu entschärfen.

Dies war eindeutig so eine Gelegenheit. Alles in mir wollte ihn anschreien: »Was ist mit deiner Zukunft? Ist dir das alles egal? Wie kannst du so dumm sein? Was ist mit all den Opfern ...?« und so weiter! Ich lehnte mich zurück und preßte meinen Rücken gegen die Sofakissen. »Das klingt interessant ...«

Zurücklehnen. Diese Art von Verhalten erklärt, warum mir dieses Bild so viel bedeutet. »Ich bin der Weinstock, ihr seid die Reben ... Bleibt in mir ... ohne mich könnt ihr nichts tun.«

Wann immer ich in eine Situation gerate, der ich nicht gewachsen bin (und jemandem wie mir passiert das dauernd), versuche ich mich an diese Worte zu erinnern. Ich stelle mir vor, wie der Vater hinter mir steht, stark, liebevoll und weise, und ich lehne mich in Gedanken zurück, gegen ihn, meine Arme mit seinen verschlungen. Ich fühle seine Stärke und manchmal sogar seine Weisheit und Einsicht in mich hineinfließen, und ich entspanne mich, geborgen in dem Wissen, daß ich auf eine Weise, die ich nie ganz verstehen werde, an seinen Kreislauf, an den Saft seines Weinstocks angeschlossen bin. Es ist mir ein riesiger Trost, daß ich eine seiner Reben bin. Eine Rebe, die schon oft so hart durchgeschüttelt wurde, daß sie beinahe abgeknickt wäre, aber dennoch eine, die immer noch am Weinstock hängt.

Wenn ich in Situationen gerate, die sehr schwierig sind, und versuche, selbst damit fertig zu werden, dann bin ich sehr schnell am Ende meiner begrenzten Ressourcen. Wenn ich aber meine Abhängigkeit von meinem himmlischen Vater eingestehe und daran denke, mich zurückzulehnen und den Saft des Heiligen Geistes durch mich fließen zu lassen, werde ich erfrischt und gestärkt, und manchmal trage ich sogar die eine oder andere Weinbeere.

Gebet

Lieber Vater,

wenn es hart auf hart geht – aus welchem Grund auch immer –, hilf uns, uns zurückzulehnen und deine Nähe und unsere familiäre Bindung an dich zu genießen. Fülle uns mit dem Saft deiner liebevollen Freundlichkeit, damit unsere Arbeit für dich nicht vertrocknet und verwelkt. Amen.

Wandelt im Licht

Johannes 12,31–36

Jesus spricht: Jetzt ergeht das Gericht über diese Welt; nun wird der Fürst dieser Welt ausgestoßen werden. Und ich, wenn ich erhöht werde von der Erde, so will ich alle zu mir ziehen. Das sagte er aber, um anzuzeigen, welchen Todes er sterben würde.

Da antwortete ihm das Volk: Wir haben aus dem Gesetz gehört, daß der Christus in Ewigkeit bleibt; wieso sagst du dann: Der Menschensohn muß erhöht werden? Wer ist dieser Menschensohn?

Da sprach Jesus zu ihnen: Es ist das Licht noch eine kleine Zeit bei euch. Wandelt, solange ihr das Licht habt, damit euch die Finsternis nicht überfalle. Wer in der Finsternis wandelt, der weiß nicht, wo er hingeht. Glaubt an das Licht, solange ihr's habt, damit ihr Kinder des Lichtes werdet. Das redete Jesus und ging weg und verbarg sich vor ihnen.

Monatelang folgte ich demselben, sorgfältig durchdachten Muster. Jeden Abend derselbe Ablauf. Zuerst zog ich meine verkrampften Finger aus ihren Fesseln heraus, und dann, ohne Atem zu holen, entfaltete ich mich aus meiner kauernden Position auf dem Fußboden und kam vorsichtig auf die Beine.

Von da an hing alles von meiner genauen Kenntnis meiner Umgebung ab, während ich mich langsam rückwärts bewegte und unendliche Sorgfalt aufwandte, um keines der vielen Hindernisse zu berühren, die ich hinter mir in der Dunkelheit wußte. Das leiseste Geräusch, das winzigste Quietschen, und alles würde verloren sein. Ich hatte gelernt, mich lautlos durch den Türspalt zu zwängen, die ich heimlich zuvor geöffnet habe, um meine Flucht vorzubereiten.

Dann wartete ich mit klopfendem Herzen auf irgendwelche

Anzeichen dafür, daß der Bewohner des Raumes, den ich gerade verlassen hatte, sich regte, in dem Wissen, daß ich nur zu leicht wieder in Gefangenschaft geraten konnte. Endlich atmete ich leichter und steuerte auf die Freiheit zu.

Bevor Sie mich jetzt für irgendeine unbesungene Heldin in einem wild abenteuerlichen Guerillakrieg halten, lassen Sie mich erklären. Der Bewohner des Zimmers, dessen Erwachen eine solche Katastrophe gewesen wäre, war unser zweijähriger Sohn Matthew, bei Familie und Babysittern gleichermaßen berüchtigt für seine Unfähigkeit, einzuschlafen, ohne Mamas oder Papas Hand zu halten.

Zu der Zeit waren wir sehr beschämt über die lachhafte Lebensweise, zu der uns dieses Bedürfnis zwang. Wir waren sicher, das einzige Ehepaar auf der Welt zu sein, das sich darin abwechselte, stundenlang im Dunkeln zu kauern, endlos Schlaflieder zu singen und sogar das schwere Atmen des Schlafens zu simulieren, bis wir, gähnend, elend und verkrampft, möglicherweise schließlich durch die himmlischen Laute schläfrigen Schnaufens für unsere Geduld belohnt wurden. (Es war einer unserer schönsten Momente, als wir ein Paar aus Birmingham kennenlernten, das zugab, daß seine kleine Tochter keine Ruhe gab, wenn nicht beide Eltern neben ihr lagen!)

Seither haben wir viele junge Eltern kennengelernt, die auf diese Weise zu leiden hatten, und der eine Punkt, über den wir uns alle einig waren, ist, daß der Schlüssel zur erfolgreichen Flucht in der Vertrautheit mit dem Gelände liegt, die man sich während des Tageslichtes aneignen muß! Natürlich ist die genaue Kenntnis der eigenen Umgebung für Leute, die dauerhaft blind werden, noch nützlicher, und viele sehen sie als den Schlüssel zu Unabhängigkeit und Freiheit.

Unabhängigkeit und Freiheit. Das ist genau das, worauf Jesus seine Freunde vorbereiten will – eine Zeit, in der sie sich selbst durchschlagen müssen. In diesen letzten Tagen sehen wir immer wieder, wie er ihren Blick nach vorn richtet, während er sie gleichzeitig ermutigt, aus der Gegenwart mitzunehmen, was sie können. Und wenn sie ihn anschauen, was sehen sie?

Keine lang erträumten Reisen in das damalige Äquivalent von Florida, keine Begleichung von Rechnungen. Nur dieselbe, beharrliche Fürsorge für sie, die sie immer gesehen haben. Dasselbe beständige, sichere Licht, das sie während der letzten drei Jahre so viele Klippen umschiffen ließ. Und er fordert sie auf, genauso zu sein. Söhne des Lichts.

Kürzlich wurde ein liebes Mitglied unserer Gemeinde in die Dunkelheit geschleudert.

Ihr Mann Colin kam eines Tages mit starken Ohrenschmerzen von der Arbeit nach Hause. Am nächsten Morgen wurde er bewußtlos ins Krankenhaus gebracht, und eine Woche später war er tot, ohne noch einmal voll zu Bewußtsein gekommen zu sein.

Als wir uns am Sonntag, einen Tag nach seinem Tod, wie verstörte Schafe in der Kirche versammelten, richtete uns unser Pfarrer folgende Botschaft von unserer Freundin aus. Sie sagte: »Ich möchte euch nur sagen, daß es mir gutgeht und daß es Colin sehr gutgeht.« Nun, natürlich ging es ihr nicht gut – und ihre Trauer wird für immer ein Teil von ihr sein. Doch wir als Gemeinde waren bis in unsere tiefsten Wurzeln bewegt darüber, daß sie mitten in ihrer schwärzesten Stunde an die gedacht hatte, die sich um sie sorgten. Sie sagte später: »Ich habe mir solche Sorgen gemacht, daß dieses Ereignis manche ins Straucheln bringen könnte.«

Es war Edna zur Natur geworden, das Licht widerzuspiegeln, und sie beleuchtete ganz natürlich den Weg derer, die hinter ihr herstolperten.

Gebet

Lieber Vater,

hilf denen unter uns, die zur Zeit nicht in der Dunkelheit sind, die Freude, bei dir im Licht zu sein, voll auszukosten. Hilf uns, das Licht deiner Lehre in uns aufzunehmen, so daß wir, wie dunkel es auch um uns werden mag, immer den Trost deiner Kerze der Hoffnung und Liebe und die Fähigkeit haben, ein Licht zu sein, um den Weg deiner Kinder zu erleuchten. Amen.

Prüfen Sie Ihren Sauerteig!

Matthäus 13,33

Das Himmelreich gleicht einem Sauerteig, den eine Frau nahm und unter einen halben Zentner Mehl mengte, bis es ganz durchsäuert war.

Matthäus 16,5–9.11

Und als die Jünger ans andre Ufer gekommen waren, hatten sie vergessen, Brot mitzunehmen. Jesus aber sprach zu ihnen: Seht zu und hütet euch vor dem Sauerteig der Pharisäer und Sadduzäer!

Da dachten sie bei sich selbst und sprachen: Das wird's sein, daß wir kein Brot mitgenommen haben

Als das Jesus merkte, sprach er zu ihnen: Ihr Kleingläubigen, was bekümmert ihr euch doch, daß ihr kein Brot habt?

Versteht ihr noch nicht? Denkt ihr nicht an die fünf Brote für die fünftausend und wieviel Körbe voll ihr da aufgesammelt habt?

... Wieso versteht ihr denn nicht, daß ich nicht vom Brot zu euch geredet habe? Hütet euch vielmehr vor dem Sauerteig der Pharisäer und Sadduzäer!

Kennen Sie Ingwerbier-Pflanzen? Damit lassen sich die Schafe unter uns von den Lämmern unterscheiden! Sie waren ein wunderbarer, fast mystischer Bestandteil eines jeden Sommers, als ich klein war. Eine Mischung aus Ingwer und Sauerteig bildete die Grundlage des Gebräus. Sobald sich die Größe des Klumpens verdoppelt hatte, konnte man die Hälfte davon weitergeben, so daß ein anderer seine kleine Produktion beginnen konnte.

Ich erinnere mich noch an den Stolz, mit dem ich beobachtete, wie meine Mutter einen Klumpen von dem kräftig riechenden, dunklen, feuchten Schlamm, der die Ingwerbier-Pflanze war, in einen Marmeladentopf füllte, um ihn an eine Nachbarin weiterzugeben. Und ich erinnere mich, welche Fragen mich bewegten. Wie konnte das überhaupt eine Pflanze sein, wo ich doch sehr gut wußte, daß Pflanzen grüne Blätter hatten und im Garten aus der Erde sprossen? Wie konnte es wachsen? Wie konnte aus einem so furchtbar aussehenden Zeug ein so köstliches Getränk werden? Und wo in aller Welt kamen all die Blasen her?

Auch das Ingwerbier selbst war etwas ganz besonderes für mich. Ich sehe die Flaschen mit ihren Glasstopfen immer noch auf den kühlen Steinplatten in der Speisekammer stehen – und höre noch die schreckliche Explosion einer Flasche, die nicht richtig abgedichtet war.

Ist Ihnen klar, daß ich hier von der Zeit vor Coca-Cola spreche? Meine Kinder können gar nicht fassen, wie wir so tragische Zeiten überhaupt überleben konnten! Dieser Coke-Mangel meiner Kindheit bringt es mit sich, daß ich schon für das Wort »Sauerteig« eine besondere Vorliebe habe, und darum ist dieses Bild für das Himmelreich mir das liebste unter den vielen, die Jesus gebrauchte. (Leider habe ich keine ähnlichen Kindheitserinnerungen an Senfkörner; ich neige dazu, sie mit Untertassen voll feuchter Watte zu assoziieren, aus der das Zeug wuchs, das man in die Eier-Sandwiches tat. Kein Vogel wäre je in der Lage gewesen, sich auf einen dieser Zweige zu hocken!)

Vermischt mit diesen Erinnerungen sind diejenigen, die mit dem Brotbacken zu tun haben. Große Klumpen elastischen Teigs auf dem Küchentisch, die in Form zu kneten waren und dann in die Dunkelheit des Trockenregals gestellt wurden, um in aller Heimlichkeit ihren Zauber zu vollführen. Die Blechschüsseln mit ihren leuchtenden Kuppeln und der himmlische Geruch. Das Klopfen auf den Boden, um den hohlen Klang zu hören, der anzeigte, daß die Laibe perfekt durchgebacken waren. Kein Wunder, daß die Immobilienmakler einem immer raten, Brot zu backen, wenn Kaufinteressenten zur Besichtigung kommen! Ja, Sauerteig hatte schon immer eine sehr gute Presse.

Darum finde ich diesen Ratschlag Jesu ziemlich schockierend.

Die Vorstellung eines schlechten Sauerteigs ist abstoßend. Der Gedanke, daß ein Brot gut aussehen, aber in Wirklichkeit sehr gefährlich sein kann, ängstigt das Kind in mir. Aber was für ein Bild, um die Gefahren von ungesunden Lehren zu verdeutlichen. Schlechter Sauerteig, der die Hauptnahrung der Kinder Gottes vergiftet, die wissen, daß sie Brot brauchen, um stark zu werden im Glauben.

Lehren wie die des »sündigen Messias« David Koresh, der seine Anhänger zu ihrem tragischen Selbstmord verführte. Lehren, die Sklaverei und Apartheid guthießen. Lehren, die Leute, die keine Heilung empfangen, als Sünder brandmarken. Lehren, die gut aussehen und vielleicht sogar gut schmecken mögen, die aber in Wirklichkeit das Brot des Todes sind und nicht das Brot des Lebens.

Gebet

Lieber Vater,

wir bitten dich um deinen Schutz vor den Pharisäern von heute. Hilf uns, alle Lehren durch ein Sieb zu geben und die Qualität des Sauerteigs zu prüfen, damit keine falschen Lehren in uns wuchern können und damit wir vor dir süß und gesund duften. Amen.

Vergessen Sie Ihre Zahnbürste?

Johannes 16,5–13; 16–20

Jetzt aber gehe ich hin zu dem, der mich gesandt hat; und niemand von euch fragt mich: Wo gehst du hin?

Doch weil ich das zu euch geredet habe, ist euer Herz voll Trauer.

Aber ich sage euch die Wahrheit: Es ist gut für euch, daß ich weggehe. Denn wenn ich nicht weggehe, kommt der Tröster nicht zu euch. Wenn ich aber gehe, will ich ihn zu euch senden.

Und wenn er kommt, wird er der Welt die Augen auftun über die Sünde und über die Gerechtigkeit und über das Gericht; über die Sünde: daß sie nicht an mich glauben; über die Gerechtigkeit: daß ich zum Vater gehe und ihr mich hinfort nicht seht; über das Gericht: daß der Fürst dieser Welt gerichtet ist.

Ich habe euch noch viel zu sagen; aber ihr könnt es jetzt nicht ertragen. Wenn aber jener, der Geist der Wahrheit, kommen wird, wird er euch in alle Wahrheit leiten. ...

Noch eine kleine Weile, dann werdet ihr mich nicht mehr sehen; und abermals eine kleine Weile, dann werdet ihr mich sehen.

Da sprachen einige seiner Jünger untereinander: Was bedeutet das, was er zu uns sagt: Noch eine kleine Weile, dann werdet ihr mich nicht sehen; und abermals eine kleine Weile, dann werdet ihr mich sehen? ...

Da merkte Jesus, daß sie ihn fragen wollten, und sprach zu ihnen: Danach fragt ihr euch untereinander ...?

Wahrlich, wahrlich, ich sage euch: Ihr werdet weinen und klagen, aber die Welt wird sich freuen; ihr werdet traurig sein, doch eure Traurigkeit soll in Freude verwandelt werden.

Woher soll eine Kaulquappe wissen, wie es ist, ein Frosch zu sein? Wie es ist, zu hüpfen und zu quaken, sich auf einem Felsen zu sonnen und mit der Zunge Fliegen zu fangen? Wenn man sie fragen würde, würde sich die Kaulquappe vermutlich dafür entscheiden, weiter als Kaulquappe zu leben, und sich heftig für die Vorzüge des Lebens im Teich aussprechen. Wie sollten die Jünger verstehen, daß etwas noch Aufregenderes als ihr Nomadenleben mit Jesus möglich war? Natürlich war das ein beängstigender Gedanke.

Kürzlich hatten wir das Vorrecht, in Australien auf einer Wochenendkonferenz einer Organisation namens Crossroads zu sprechen. Diese Organisation setzt sich dafür ein, die Lebensqualität körperlich und geistig behinderter Erwachsener zu verbessern, indem sie ihnen Abenteuer und Anschluß an alle Aspekte des Lebens bietet. Sie haben Gruppenmitglieder auf Reisen durch die ganze Welt mitgenommen, sich allen Schwierigkeiten gestellt, das Unüberwindliche überwunden, Würde verliehen und das Selbstvertrauen sehr gestärkt.

Auf der Konferenz wurde das zwanzigjährige Bestehen gefeiert, und viele der Delegierten waren entweder körperlich oder geistig sehr stark beeinträchtigt. Für einige war es das erste Mal, daß sie aus der zuverlässigen, liebevollen Umgebung zu Hause herauskamen. Weg von den Regeln, die für sie der Weg zu dem kleinen Maß an Unabhängigkeit waren, das sie sich bisher erarbeitet hatten. Für manche von ihnen war es schwer gewesen, zu lernen, wie man sich wäscht und anzieht und sich um die einfachen Anforderungen der Hygiene kümmert, und dieser Lernprozeß hatte über lange Zeit hinweg nachdrückliche, ständige Verstärkung erfordert.

Von zu Hause wegzukommen bedeutete, daß sie ihre erlernten Fähigkeiten in der Praxis anwenden mußten – doch ein verwirrend neuer Tagesablauf machte es schwer, sich starr an das Gelernte zu halten. So kam es zu dem folgenden Wortwechsel, den ein Freund von uns während unseres Vortrags nach dem Frühstück mit anhörte.

»Das ist zu lang.«

»Was ist zu lang?«

»Dieser Vortrag. Er ist zu lang.«

»Ist er nicht. Er ist gut.«

»Nein, er ist zu lang. Schau, schau dir meine Zähne an, sie faulen, siehst du? Schau! Sieh sie dir an! Sie werden alle ausfallen. Sie fallen aus. Siehst du? Siehst du?«

Seine Hand umklammerte seine Zahnbürste, und sein Gesicht war vor Furcht und Panik verzerrt, als er hektisch mit dem Finger auf einen Zahn nach dem anderen zeigte. Er war den Tränen nahe.

Was für eine Angst er gehabt haben muß. Offensichtlich hatte man ihm beigebracht, daß es sehr wichtig sei, sich unmittelbar nach jeder Mahlzeit die Zähne zu putzen, sonst würden sie faulen und ausfallen. Oh, er wußte Bescheid. Er hatte sie nicht geputzt – und sie würden ausfallen!

Diese neue Übergangsphase in seiner Entwicklung zu einem Leben, das ihm bisher ungeahnte Abenteuer bringen würde, war verwirrend und ein bißchen einsam und furchteinflößend, aber offensichtlich wichtig. Sein Respekt vor dem, was er bisher gelernt hatte, würde nicht verschwinden, nur weil er jetzt lernte, daß man Regeln hin und wieder auch brechen konnte, aber hoffentlich würde er entdecken, daß gute Gewohnheiten zwar wichtig sind, aber wirkliche Geborgenheit in Beziehungen zu finden ist, nicht in Regeln. Die nächste Station für ihn? Die Londoner U-Bahn? Der Big Ben? Der Eiffelturm?

Und für die Jünger? Die Ausgießung des Heiligen Geistes, die Entdeckung, daß Jesus so tief in ihren Herzen wohnte, daß er sie nie wieder verlassen würde – und ein Dienst des Heilens und Lehrens und Gründens von Gemeinden, wie sie ihn sich bisher nicht hätten träumen lassen.

Und für uns? Es wird bei jedem von uns anders sein, aber wenn wir teilhaben wollen an dem Abenteuer, das Gott für uns geplant hat, könnte es nützlich sein, uns heute zu überlegen: An welche Zahnbürste klammern wir uns? Wo liegt unsere Geborgenheit? Welche Prinzipien und Traditionen binden uns?

Die Lehre von der Zahnbürste war nicht an und für sich falsch gewesen. Aber sie war nicht die ganze Wahrheit, und in diesem Stadium des Lebens unseres Delegierten mußte sie neu überdacht und mit zusätzlichen Einzelheiten erläutert werden.

Was muß in unserem Leben neu überdacht werden, damit wir weitergehen können, hin zu einem Leben von größerer geistlicher Unabhängigkeit?

Was immer es ist, wir werden – ebenso wie die Jünger – davon überzeugt werden müssen, daß die Wahrheit, wie wir sie kennen, nicht die ganze Wahrheit ist.

Gebet

Lieber Vater,

öffne unsere Herzen und unseren Verstand für die Wahrheit, die ganze Wahrheit und nichts als die Wahrheit. Hilf uns, daß wir uns heute bewußter werden, welche Dinge wir neu durchdenken und worüber wir mehr lernen müssen, um in unserem Lebensabenteuer weiterzugehen. Laß nicht zu, daß unsere Ängste und unsere selbstgemachten Regeln uns im Weg stehen. Lehre uns den nächsten Schritt zu einem unabhängigen Leben mit Jesus, damit wir immer mehr geborgen in dir leben können und du in uns. Amen.

Johannes 17,6–12

Ich habe deinen Namen den Menschen offenbart, die du mir aus der Welt gegeben hast. Sie waren dein, und du hast sie mir gegeben, und sie haben dein Wort bewahrt.

Nun wissen sie, daß alles, was du mir gegeben hast, von dir kommt.

Denn die Worte, die du mir gegeben hast, habe ich ihnen gegeben, und sie haben sie angenommen und wahrhaftig erkannt, daß ich von dir ausgegangen bin, und sie glauben, daß du mich gesandt hast.

Ich bitte für sie und bitte nicht für die Welt, sondern für die, die du mir gegeben hast; denn sie sind dein.

Und alles, was mein ist, das ist dein, und was dein ist, das ist mein; und ich bin in ihnen verherrlicht.

Ich bin nicht mehr in der Welt; sie aber sind in der Welt, und ich komme zu dir. Heiliger Vater, erhalte sie in deinem Namen, den du mir gegeben hast, daß sie eins seien wie wir.

Solange ich bei ihnen war, erhielt ich sie in deinem Namen, den du mir gegeben hast, und ich habe sie bewahrt, und keiner von ihnen ist verloren außer dem Sohn des Verderbens, damit die Schrift erfüllt werde.

Kürzlich tranken wir Kaffee mit einigen Freunden, die in einer nahe gelegen Stadt in der Leitung einer Kirchengemeinde mitarbeiten. Sie waren ziemlich am Boden zerstört von einem Treffen mit den Leitern einer riesigen charismatischen Gemeinde, die kurz zuvor in der Nähe gegründet worden war.

Ich hörte mir die Meinungen an, die sie zum Ausdruck brachten, und die ganze Auseinandersetzung kam mir bekannt vor.

»Die Sache ist die«, sagte einer unserer Freunde, »er verglich unsere Rollen mit dem Unterschied zwischen dem Einkaufszentrum vor der Stadt und dem Laden an der Ecke. Er sagte uns, sie hätten vor, die Leute mit Bussen aus den Ortschaften in der Umgebung abzuholen, und er sehe ihre Rolle darin, eine Riesenauswahl an allem Möglichen zur Verfügung zu stellen, womit die Leute ihre geistlichen Vorräte aufstocken müssen. Doch was sagt das über uns aus?

Ich sehe einfach nicht, wie wir da mithalten können. Wer wird noch zu uns kommen wollen, wenn er gleich in derselben Straße wirklich lebendige Gottesdienste und berühmte Gastredner bekommen kann?«

Natürlich! Genau das war es, wo ich die Argumente schon einmal gehört hatte. Auf einer Protestversammlung der Ladenbesitzer in unserem kleinen Marktstädtchen, als einer der Supermarktriesen vorhatte, am Stadtrand eine Filiale zu errichten.

Dadurch wird die ganze Kundschaft aus der Innenstadt abgezogen, und immer mehr Läden werden eingehen ... Das ganze Leben, die Farbe und die Atmosphäre werden verschwinden, und was wir hier in der Stadt haben, wird langweilig wirken ... Wir können nicht mithalten mit deren Präsentation ... der Auswahl ... den Preisen ... Was wird aus all den Alten, Kranken und Armen, die kein Transportmittel haben und nicht dort hinauskommen?

Dieselben Argumente! Dieselben vielleicht wohlbegründeten Befürchtungen.

Was geschieht nun, wenn wir diese Auseinandersetzung im Licht der Situation unserer Freunde betrachten?

Es gibt ein paar wunderbare, große Gemeinden in der Gegend, mit großartigen Anbetungsbands, phantasievoller Kinderarbeit, dynamischen Jugendgruppen, hervorragenden Predigten und reichlich Gelegenheiten, den Heiligen Geist zu empfangen. Es macht Spaß, sie zu besuchen, ebenso wie in dem riesigen, aufregenden Supermarkt. Es gibt alle möglichen Gründe dafür, zu einer solchen Gemeinde zu gehen, und die Befürchtungen und Vorurteile sind oft unbegründet.

Doch es gibt auch Gefahren. Manchmal besteht eine gewisse

Rücksichtslosigkeit gegenüber den langfristigen Auswirkungen, die ihre Gegenwart auf die Gesellschaft in einer Stadt hat. Manchmal wird das Leben aus den örtlichen Gemeinden herausgezogen, und diejenigen, die ihre Gemeinden verlassen, werden kaum ermutigt, sich weiter auf lokaler Ebene zu engagieren. Das kann den örtlichen Gemeinden sehr schaden und ihnen Kräfte entziehen.

Dann ist da die Frage der Qualität, wie Jesus sie verstehen würde. In beiden Arten von »Supermärkten« ist die Qualität und Auswahl der Waren vorzüglich, und die Verpackungen sind verlockend. Aber zu welchem Preis? Wo sind die unregelmäßig geformten Äpfel und die knorrigen Möhren? Jeder, der einmal in einem Supermarkt gejobbt hat, kennt die Antwort. Sie werden automatisch abgewiesen, weil sie das perfekte Bild stören.

Es gibt Gemeinden, in denen dasselbe geschieht, in denen Leute, die emotional verformt sind, weil sie während ihres Wachstums an Steine stießen, abgelehnt werden und das Gefühl vermittelt bekommen, weniger wertvoll zu sein als jene, deren äußere Erscheinung akzeptabler ist.

Das stellt eine schwerwiegende Vergeudung von Ressourcen dar und kann im Falle einer Gemeinde abscheulich grausam sein. Ich kann dazu nur sagen, daß viele glänzende Äpfel, die ich gekauft habe, innen weich und mehlig waren und daß mir knorrige Gartenmöhren am besten schmecken!

Dann ist da noch die Tatsache, daß es keinen unpersönlicheren Ort gibt als einen Supermarkt mit seiner geistlosen, endlos wiederholten Musik. Der Supermarkt ist nicht der Ort, wo ich in einem Notfall hineile. Er ist nicht der Ort, an dem ich Leuten in die Arme laufe, die ich kenne. Er ist nicht der Ort, wo ich den Geschäftsführer kenne und irgendwelchen Anteil an seinem Leben nehme. Er gehört in keiner Weise zu mir und braucht keinen Input von mir. Läßt sich das in irgendeinem Sinn auf die Gemeindesituation übertragen?

Jesus bringt diejenigen, »die du mir gegeben hast«, vor seinen Vater und gibt ein Muster für das Gemeindeleben vor, dem die Jünger später folgen werden. Eine geborgene Gemeinschaft, in der für die Verletzlichen gesorgt wird, in der die Jungen wachsen können und in der die Bedürfnisse eines jeden Gliedes von größter Bedeutung für die Leiter sind.

Wenn die riesigen Gemeinden all diese Dinge tun, dann werden sie auch einen Blick für die Bedürfnisse der kleinen örtlichen Gemeinden haben und es als Teil ihrer Aufgabe ansehen, ihnen Unterstützung zu geben. Wenn die kleinen örtlichen Gemeinden all diese Dinge tun, dann werden sie es als Teil ihrer Aufgabe ansehen, für diejenigen zu beten, die in den großen Gemeinden arbeiten, und Kontakt zu ihnen zu halten. Sie werden zufrieden erkennen, was sie durch den Kontakt mit diesen lebendigen Gottesdiensten gewinnen können, und sich frei fühlen, ihre jungen Leute zu ermutigen, daran teilzunehmen. Was jedoch nicht funktionieren wird, das ist Argwohn und Zorn auf der einen und Gier und Rücksichtslosigkeit auf der anderen Seite.

Nichts von alledem spielt im Grunde eine Rolle, außer daß wir, wenn wir in den Himmel kommen, sagen können: »Ich habe deinen Namen den Menschen offenbart, die du mir aus der Welt gegeben hast.« Aber haben wir das?

Gebet

Lieber Vater,

bitte zeig mir heute diejenigen, die du mir gegeben hast, damit ich sie liebe und mich um sie kümmere. Bitte vergib mir, wo ich versäumt habe, für sie zu beten, und hilf mir, mehr Verantwortung für ihre Beziehung zu dir zu übernehmen. Amen.

Öffne das Paket

Johannes 12,23-28

Jesus aber antwortete ihnen und sprach: Die Zeit ist gekommen, daß der Menschensohn verherrlicht werde.

Wahrlich, wahrlich, ich sage euch: Wenn das Weizenkorn nicht in die Erde fällt und erstirbt, bleibt es allein; wenn es aber erstirbt, bringt es viel Frucht.

Wer sein Leben lieb hat, der wird's verlieren; und wer sein Leben auf dieser Welt haßt, der wird's erhalten zum ewigen Leben.

Wer mir dienen will, der folge mir nach; und wo ich bin, da soll mein Diener auch sein. Und wer mir dienen wird, den wird mein Vater ehren.

Jetzt ist meine Seele betrübt. Und was soll ich sagen? Vater, hilf mir aus dieser Stunde. Doch darum bin ich in diese Stunde gekommen. Vater, verherrliche deinen Namen!

Im Frühling durfte ich als kleines Kind immer voller Stolz beim Bohnenpflanzen helfen. Ich war Halterin und Öffnerin der Pakkung und Bohnenauswählerin. Mein Vater war Lochmacher und Chefpflanzer. Gemeinsam waren wir dann während der folgenden Wochen Wachstumsinspizienten! Ich weiß noch, wie tief beeindruckt ich von der Größe der Pflanze war, die aus diesem kleinen Ding wachsen konnte, und von der Zahl der Bohnen, die er und ich in dem kleinen Garten, in dem sie sprossen, ernten konnten. Das Wunder des Lebens, das wieder neues Leben hervorbringt, war mir damals so eindrucksvoll wie heute.

In diesen Zusammenhang der Fortpflanzung stellte Jesus die Vorstellung, für das eigene Selbst zu sterben. Ich finde das interessant. Irgendwie hatte ich die Vorstellung, das eigene Leben zu hassen, immer mit Selbstverleugnung und sogar Selbstzerstörung in Verbindung gebracht. Ich fand es verwirrend, daß mein Schöpfer von mir verlangte, daß ich das Leben hassen sollte, das er selbst geschaffen hatte. Doch hier hören wir ihn andeuten, daß der Ruhm darin liegt, das Selbst hinzugeben. Daß die Segnungen sich vervielfachen und daß ein neues, noch kräftigeres Leben erblühen wird, während es unweigerlich unfruchtbar ist, das Leben an sich selbst zu klammern. Doch wenn wir die Unfruchtbarkeit unserer gegenwärtigen Situation anerkennen, wird es dadurch für uns nicht unbedingt leichter, die Kontrolle über unser Leben aufzugeben. Offenbar muß es uns etwas kosten, damit es wert ist, hingegeben zu werden. Wir müssen akzeptieren und damit übereinstimmen, daß die Stunde, in der wir jetzt stehen, genau die ist, die für uns vorgesehen ist, damit Gott verherrlicht werden möge, und das kann schwer sein.

In meinem Leben hat es Zeiten gegeben, in denen mir das sehr schwerfiel. Ihnen geht es bestimmt nicht anders. Zeiten, die sich anfühlen, als ob sie unmöglich ein Teil dessen sein könnten, was ein liebender Vater für mich als eines seiner Kinder beabsichtigt hat.

Ich habe gelernt, daß das erste, was ich in solchen Zeiten tun muß, darin besteht, mir genau anzuschauen, was vor sich geht. Oft muß ich die harte Tatsache akzeptieren, daß die Umstände, die mich umgeben, sich nicht verändern werden. Daß es an mir liegt, damit aufzuhören, gegen die Wände meines Gefängnisses zu trommeln (eine erschöpfende und sinnlose Beschäftigung), und mich der Tatsache zu stellen, daß eine Veränderung in mir selbst unumgänglich ist, wenn ich mich an die neuen Umstände anpassen will.

Eine Freundin von uns meinte kürzlich, ihr sei klar geworden, daß man sich meistens nur entscheiden könne zwischen Dingen, die man nicht will, und Dingen, die man *eigentlich* nicht will. Als ich zum Beispiel Probleme mit dem Job hatte, den Gott für Adrian ausgesucht hat, war ich zwar sehr unglücklich und verwirrt, aber *eigentlich* wollte ich die Arbeit nicht ruinieren, die Gott Adrian zu tun gegeben hatte. Und *eigentlich* wollte ich unsere Beziehung nicht zerstören, und *eigentlich* vermißte ich mein Gefühl der Nähe zu Gott. Und ich *haßte* es, mich schuldig zu fühlen!

Anfangs versuchte ich, mich selbst zu verändern. Mich einfach durch Willenskraft zu zwingen, die Situation zu akzeptieren, ohne das geschlossene Paket meines Lebens loszulassen. Das mißlang gründlich, und ich wurde immer verbitterter und unglücklicher.

Schließlich wandte ich mich wieder meinem Vater im Himmel zu, und in einer Atmosphäre vertrauter Nähe zu meinem Herrn war ich endlich in der Lage, das Paket des Schmerzes zu öffnen, das ich an mich geklammert hatte. Ich konnte sogar die eine oder andere Bohne nehmen und sie ihm geben, damit er sie pflanzte. Mein Paket ist immer noch halbvoll, fürchte ich. (Vielleicht besteht der Himmel darin, zu jubeln, daß es halb leer ist!) Trotzdem ist es aufregend, darauf zu warten, was aus denen wachsen wird, die ich ihm anvertrauen *konnte*.

Vielleicht wird es bei Ihnen eine schwere Lebenskrise sein, die Sie fähig machen wird, die Kontrolle über Ihr Leben abzugeben. Vielleicht ist das auch schon geschehen. Aber wenn es Ihnen, wie mir, immer noch schwerfällt, dann ist vielleicht der erste Schritt für Sie, Ihr Paket zu öffnen!

Gebet

Lieber Vater,

zeig uns, wie wir anfangen können, dir unser Leben zu geben. Sei uns heute nahe, so daß wir in deiner Gegenwart einen Blick auf die Dinge werfen können, die uns zu schaffen machen. Hilf uns, heute eine Bohne in unsere Hände zu nehmen. Hilf uns, unsere Hände zu dir auszustrecken und sie dir zu geben. Hilf uns zu vertrauen, daß du sie genommen hast. Gib uns den Mut, sie nicht wieder zurückzunehmen, das Paket nicht wieder zu schließen, so daß sie endlich ausgesät und mit der Zeit ein nützliches Gewächs für dich hervorbringen kann. Amen.

Johannes 13,36; 14,1–7

Spricht Simon Petrus zu ihm: Herr, wo gehst du hin?

Jesus antwortete ihm: Wo ich hingehe, kannst du mir diesmal nicht folgen; aber du wirst mir später folgen ...

Euer Herz erschrecke nicht! Glaubt an Gott und glaubt an mich! In meines Vaters Hause sind viele Wohnungen. Wenn's nicht so wäre, hätte ich dann zu euch gesagt: Ich gehe hin, euch die Stätte zu bereiten? Und wenn ich hingehe, euch die Stätte zu bereiten, will ich wiederkommen und euch zu mir nehmen, damit ihr seid, wo ich bin. Und wo ich hingehe, den Weg wißt ihr.

Spricht zu ihm Thomas: Herr, wir wissen nicht, wo du hingehst; wie können wir den Weg wissen?

Jesus spricht zu ihm: Ich bin der Weg und die Wahrheit und das Leben; niemand kommt zum Vater denn durch mich. Wenn ihr mich erkannt habt, so werdet ihr auch meinen Vater erkennen. Und von nun an kennt ihr ihn und habt ihn gesehen.

Sie fühlte sich so unglaublich erschöpft. So müde. Geschunden vor Schmerz und Verwirrung, verzweifelt allein. Und es war so dunkel, das Gelände so fremd. Sie klammerte ihre Traurigkeit und Furcht an sich – sie waren alles, was sie hatte.

Sie dachte an ihre Familie. So viel Zorn, so viele Tränen, daß sie sie verlassen mußte. Es war so unfair ihnen gegenüber gewesen. Erklärungen hatten sich als nutzlos erwiesen. Nur ihr Mann hatte ihr wirklich Gutes gewünscht und ihr gesagt, sie solle sich keine Sorgen machen, sie würde ihn bald sehen.

Nun, jetzt gab es kein Zurück mehr. Nie wieder. Nie wieder würde sie die vertrauten Dinge sehen, die ihr so viel bedeutet hatten, die Möbel, die sie und ihr Mann im Laufe der Jahre so liebevoll gesammelt hatten. Nie wieder würde sie verbrannten Toast, Goldlack und Babypuder riechen. Nie wieder die festhalten, berühren, die sie so sehr geliebt hatte. Nie wieder hören, wie der Hund den Briefträger anbellt oder die Milchflaschen klappern, wenn sie vor der Tür abgestellt werden, oder wie die Musik der Kinder hinter ihren geschlossenen Türen hervordröhnt. Daß sie selbst das jetzt vermißte!

So allein.

Die Stimme eines Fremden rief ihren Namen. Ruhig und wirklich und irgendwie vertraut. Wo kam sie her? Wer ...?

Sie begann zu rennen, und Kraft strömte durch ihre Muskeln, die sie für verkümmert gehalten hatte. Die Luft roch nach Frühling und nach Meer und nach Frischgebackenem und nach Zuhause. Der Morgen brach an, und die Vögel erwachten.

Und da stand und wartete er. Die Arme ausgebreitet, wartete er auf sie – auf *sie*.

Lachend und weinend rannte sie – und warf sich in die Geborgenheit seiner Arme.

Alles würde gut werden. Sie war endlich zu Hause.

Und Jesus, den Arm um das frisch eingetroffene Mitglied seiner Familie gelegt, schlenderte mit ihr in den Himmel und stellte sie stolz dem Vater vor, dem sie nie begegnet war, den sie aber sofort erkennen würde.

Das ist die Verheißung. Eine Verheißung eines vorbereiteten Zimmers. Eine Willkommensverheißung. Die Verheißung eines Vaters, den wir erkennen werden, weil wir seinem Sohn begegnet sind.

Aber es ist auch eine Verheißung, daß Jesus denselben Weg gegangen sein wird. Denselben Schritt in die Dunkelheit. Dieselben Gebete, doch die Notwendigkeit dieser Reise wegzunehmen. Dieselbe Einsamkeit. Er hat den Pfad bereits markiert und die Dornen niedergetreten. Er ist der Weg. Wenn wir dem Pfad folgen, auf den er uns geleitet hat, wird er uns entgegenkommen und uns in den Himmel begleiten.

Was für eine Verheißung!

Gebet

Herr, dies ist die schwerste Reise.

Gib denen, die jetzt auf diesem Weg sind, die Gewißheit, daß du bei jedem Schritt bei ihnen bist. Und hilf uns anderen in unserem Zorn und in unseren Tränen. Amen.

»Also hat Gott die Welt geliebt ...«

Wir haben bei unserem Streifzug durch die Bibel den Punkt erreicht, von dem aus wir Jesus bis zu seinem Tod folgen werden. Mein Gebet für uns alle ist es, daß wir die Hand des Vaters halten, während wir uns an alles erinnern, was Jesus für uns durchgemacht hat. Ich schlage das teilweise deswegen vor, weil wir seine Unterstützung brauchen, aber auch, weil dies für uns eine ganz besondere Chance ist, in uns den Gedanken eines verwundbaren Vaters zuzulassen, der um seinen Sohn trauert, doch durch seine Liebe zu uns daran gehindert ist, in den unausweichlichen, grauenhaften Gang der Ereignisse einzugreifen.

Wir haben die Wahl

Johannes 15,12–15

Das ist mein Gebot, daß ihr euch untereinander liebt, wie ich euch liebe.

Niemand hat größere Liebe als die, daß er sein Leben läßt für seine Freunde.

Ihr seid meine Freunde, wenn ihr tut, was ich euch gebiete.

Ich sage hinfort nicht, daß ihr Knechte seid; denn ein Knecht weiß nicht, was sein Herr tut. Euch aber habe ich gesagt, daß ihr Freunde seid; denn alles, was ich von meinem Vater gehört habe, habe ich euch kundgetan.

Wir treten ein in den langen, dunklen Schatten des Kreuzes. Von dem Moment an, als Jesus Jerusalem betrat, war, wie wir wissen, sein Schicksal besiegelt. Er hat seine Wahl getroffen. Er hat »ja« gesagt zu der schwersten Bitte, die jemals an jemanden gestellt wurde. Er selbst hat beschlossen, zu zeigen, daß es das Größte ist, das wir tun können, unser Leben für unsere Freunde hinzugeben.

Wir werden uns nicht zu denen gesellen, die erst am Fuße des Kreuzes eintrafen, als es schon säuberlich dort auf dem Hügel steht. Es ist so leicht für uns, dieses grausige Kapitel im Leben Jesu zu überspringen. In manchen Gemeinden werden wir geradezu dazu ermutigt, uns auf das Happy-End zu konzentrieren. Doch das letzte Kapitel eines Buches zu überspringen, besonderes eines Buches mit einer furchterregenden oder spannenden Handlung, mag vielleicht ungefährlich oder bequem sein, aber es wird uns wenig bedeuten.

Wir müssen uns voll auf die lebendige Hölle jener schrecklichen Woche einlassen. Für eine Weile müssen wir alle Bilder des herrlichen auferstandenen Herrn aus unseren Gedanken verbannen. Hier geht es nicht um einen Schauspieler, der seine Rolle spielt und am Ende seines Arbeitstages in seine Wohnung zurückkehrt und sich zum Abendessen setzt. Hier geht es um die letzten Tage im Leben eines Mannes. Natürlich wissen wir, daß er auch Gott war, aber er hat sich dafür entschieden, so ohnmächtig und verzweifelt zu sein, wie jeder von uns es auch gewesen wäre.

Haben wir den Mut, mit ihm zu gehen? Es scheint nicht zuviel von uns verlangt zu sein, wenn wir bedenken, was er für uns zu tun beschlossen hat. Gehen wir und reihen wir uns in die Menge am Tor Jerusalems ein.

Meditation

Wir gehen in Richtung Jerusalem. Wir sind schweigsam, voller Furcht. Es liegt etwas in der Luft. Eine neue Entschlossenheit in der schweigsamen Gestalt, der wir folgen. Er bleibt stehen. Er blickt nach Jerusalem. Er sagt etwas zu denen, die nahe genug sind, um ihn zu hören. Er scheint zu weinen. Wir haben die Wahl. Wir können mit ihm gehen oder uns einfach abwenden und nach Hause gehen. Nach Hause, wo wir in Sicherheit sind. Wo keine Pharisäer triumphierende Blicke oder geflüsterte Vertraulichkeiten austauschen, wo kein Gestank der Gefahr uns den Atem nimmt. Wir können gehen. Oder wir können folgen. Wir können an der Seite der lieben, vertrauten Person bleiben, die uns so viel Lachen und Freude gebracht hat. Sollen wir folgen? Sollen wir gehen? Wir haben die Wahl. Schließlich sind wir keine Knechte mehr. Wir sind seine Freunde.

Gesucht: ein Esel

Johannes 12,12–19

Als am nächsten Tag die große Menge, die aufs Fest gekommen war, hörte, daß Jesus nach Jerusalem käme, nahmen sie Palmzweige und gingen hinaus ihm entgegen und riefen:

Hosianna!

Gelobt sei, der da kommt in dem Namen des Herrn, der König von Israel!

Jesus aber fand einen jungen Esel und ritt darauf, wie geschrieben steht:

»Fürchte dich nicht, du Tochter Zion! Siehe, dein König kommt und reitet auf einem Eselsfüllen.«

Das verstanden seine Jünger zuerst nicht; doch als Jesus verherrlicht war, da dachten sie daran, daß dies von ihm geschrieben stand und man so mit ihm getan hatte.

Das Volk aber, das bei ihm war, als er Lazarus aus dem Grabe rief und von den Toten auferweckte, rühmte die Tat. Darum ging ihm auch die Menge entgegen, weil sie hörte, er habe dieses Zeichen getan.

Die Pharisäer aber sprachen untereinander: Ihr seht, daß ihr nichts ausrichtet; siehe, alle Welt läuft ihm nach.

Von Kindheit an werden wir gelehrt, daß Jesus gekommen ist, um uns zu retten. Daß er sterben mußte, um uns mit dem Vater zu versöhnen, indem er unsere Sünden auf sich nahm. Doch nicht nur im Tod, sondern auch schon im Leben versuchte er uns zu versöhnen, indem er uns die Wahrheit über den Vater mitteilte, wie und wo immer er konnte. In seinen letzten Tagen der Freiheit sehen wir eine Dringlichkeit, die in der übrigen Zeit seines Dienstes ohne Beispiel ist.

Hier, an dem Tag, den wir heute Palmsonntag nennen, sehen wir, wie er eine große Gelegenheit voll ausnutzt. Er wußte, daß wegen des Passafestes Hunderte von Menschen in Jerusalem sein würden, die von seinem jüngsten Wunder gehört hatten. Er wußte, daß sie in Scharen kommen würden, um den Wundertäter mit eigenen Augen zu sehen (schließlich hatte er unsere menschliche Natur schon immer völlig verstanden). Und er ist fest entschlossen, diese »PR-Gelegenheit« bis ins letzte zu nutzen.

Vor dieser riesigen, Sprechchöre singenden Menge wären Worte ohne Mikrofon nutzlos. Also entscheidet er sich für eine visuelle Veranschaulichung. Kein High-Tech-Spektakel: nur ein kleines Eselsfüllen.

Haben Sie je als Erwachsener auf einem Schaukelpferd gesessen oder sich auf einen Kindergartenstuhl gezwängt? Jeder weiß auch ohne große soziologische Analyse, daß man sich dabei ziemlich lächerlich vorkommt! Warum also hat er das getan – abgesehen davon, daß er den Gelehrten einen kryptischen Hinweis auf seine Identität und der Nachwelt die Gewißheit geben wollte, daß die Schrift sich erfüllt hatte? Der Grund muß wohl in den Worten des betreffenden Abschnittes aus Sacharja zu finden sein. »Fürchte dich nicht, du Tochter Zion! Siehe, dein König kommt und reitet auf einem Eselsfüllen.« Jesus ist offenbar entschlossen, sich – und dadurch den Vater – als verwundbar und zugänglich zu zeigen. Was also ist schiefgegangen? Warum stellen wir ihn auf so vielerlei seltsame Weise dar?

Vor einigen Jahren war ich tief bewegt durch ein Gedicht von Steve Turner mit dem Titel »Wie man Jesus versteckt«. Die Aussage des Gedichtes war, daß wir ihn vor den Massen erfolgreich versteckt haben, nicht indem wir die Bibel wegschließen, so daß die Leute sie nicht lesen können, sondern durch die seltsame Kleidung, Sprache und Verhaltensweise seiner heutigen Repräsentanten.

Kürzlich trafen wir eine Frau, die eine entsetzliche Erfahrung durchgemacht hatte. Man hatte uns erzählt, was ihr passiert war, und wir empfanden großes Mitgefühl mit ihr.

»War es schrecklich für Sie?« fragte ich.

»Nun, eigentlich nicht«, sagte sie mit einem strahlenden Lächeln. »Es war eine Zeit des Wachstums.«

Später fand ich heraus, daß sie niemanden an ihren Schmerz herangelassen hatte, weil sie von Evangelisten dazu erzogen worden war, immer nach Gelegenheiten zu suchen, von den guten Dingen zu erzählen, die Gott in ihrem Leben tat. In ihrem gehorsamen Bestreben, Gott ein gutes Zeugnis auszustellen, hatte sie sich selbst von der Hilfe abgeschnitten, die sie brauchte, und stand nun in Gefahr, daran zu zerbrechen.

Meine Befürchtung ist, daß unser lächerliches Bedürfnis, Jesus durch den – materiellen und emotionalen – Erfolg in unserem eigenen Leben zu repräsentieren, ihn in Wirklichkeit vor denen verbirgt, die ihn brauchen. Nehmen wir an, ich habe mich in eine wirklich schlimme Lage gebracht, und ich bin kein Christ, und ich wohne gleich neben einer Frau, die in all dieser Hinsicht nur Erfolg zu haben scheint. Wie könnte ich ihr je von der schlimmen Situation erzählen, in der ich mich befinde? Sie könnte mich doch nie verstehen: Sie hat ihr Leben ja so gut im Griff. Bestimmt hätte der Gott, dem sie nachfolgt, nichts übrig für eine Versagerin wie mich. Müßte ich nicht eher dazu neigen, bei anderen Sündern oder säkularen Fachleuten Hilfe zu suchen, als bei meiner christlichen Nachbarin?

Wenn ich jedoch wüßte, daß, wie sehr auch *Sie* versagt haben mögen, Gott Sie immer noch liebt und Sie niemals losließ, dann würde ich es vielleicht wagen, zu glauben, daß er mit mir genauso umgehen würde.

Vielleicht müssen wir uns das Äquivalent eines Eselsfüllens suchen, damit die heutigen Töchter (und Söhne) von Zion keine Angst vor ihrem König zu haben brauchen.

Gebet

Lieber Vater,

hilf mir heute, nach Wegen Ausschau zu halten, wie ich deine Liebe denen verkünden kann, die bisher nur die Gerüchte gehört haben. Hilf mir, verwundbar zu sein im Umgang mit denen, die dich noch nicht kennen – damit sie dich in mir sehen können und nicht nur das schlecht gezeichnete Bild von dir, das mein Leben wiedergibt. Hilf mir, von nun an diejenigen, die dich noch nicht kennen, in meinem Leben eine wichtige Rolle spielen zu lassen. Amen.

Hilf uns, Fragen zu stellen

Markus 15,12–16

Pilatus aber fing wiederum an und sprach zu ihnen: Was wollt ihr denn, daß ich tue mit dem, den ihr den König der Juden nennt?

Sie schrien abermals: Kreuzige ihn!

Pilatus aber sprach zu ihnen: Was hat er denn Böses getan?

Aber sie schrien noch viel mehr: Kreuzige ihn!

Pilatus aber wollte dem Volk zu Willen sein und gab ihnen Barabbas los und ließ Jesus geißeln und überantwortete ihn, daß er gekreuzigt werde.

Die Soldaten aber führten ihn hinein in den Palast, das ist ins Prätorium, und riefen die ganze Abteilung zusammen.

Von dem Moment an, als der Richter das Urteil »Du mußt ans Kreuz« sprach, war die Abfolge der Ereignisse vorgezeichnet. Zuerst wurde der verurteilte Mann außer Sicht gebracht.

Wir singen oft »Mit dir will ich gehn, o Herr«. Wenn es Ihnen so geht wie mir, dann stellen Sie sich dabei vermutlich vor, wie Sie in der warmen Nachmittagssonne einen Weg über Land spazieren, Ähren pflücken und dem Meister der Geschichtenerzähler zuhören. Doch mit Jesus in diesen geschlossenen Hof zu gehen und auf die Abteilung der Soldaten zu warten, muß ganz einfach grauenhaft gewesen sein.

Ich frage mich, was die Soldaten wohl sahen, falls sie sich überhaupt die Mühe machten, ihrem Gefangenen ins Gesicht zu sehen. Den Mann, der so männlich war, daß die Nichtreligiösen das Gefühl hatten, ihn auf ein Gläschen in die örtliche Kneipe einzuladen? Den Freund, bei dem Frauen sich frei fühlten, sie selbst zu sein, ohne Gefahr zu laufen, daß sie mißverstanden wurden? Den Erwachsenen, der so vertrauenerweckend war, daß Kinder ihm in die Arme flogen, wann immer sie ihn sahen? Der Mann, dessen Geschichten die Zuhörer so in den Bann zogen, daß die Tempelwächter ohne ihren Gefangenen zu den wütenden Pharisäern zurückkehrten? Ihre einzige Entschuldigung: »Noch nie hat ein Mensch so geredet wie dieser.«

Ich glaube nicht, daß sie irgend etwas davon sahen. Nicht nur, weil Jesus die Machtlosigkeit gewählt hatte, sondern auch wegen der Wirkung, die die Todesstrafe auf diejenigen haben kann, die eng damit zu tun haben. Als sie ihn ansahen, werden sie eine Person gesehen haben, der ihre Identität genommen war, eine Person ohne Rechte, ohne Entscheidungsmöglichkeiten – eher ein Gegenstand als ein menschliches Wesen.

Beängstigend daran ist, daß ich weiß, so sehr ich die Soldaten auch für ihre Reaktion verurteilen möchte, daß auch ich schon Urteile, mit denen Personen belegt wurden, ohne Frage akzeptiert habe. Rufmorde in den Zeitungen können zum Tod einer vielversprechenden Laufbahn, zu emotionalen Torturen, zur Zerstörung von Beziehungen – ja sogar zum Selbstmord führen.

Vielleicht gibt es nichts, was ich dagegen tun könnte, aber was ist mit den Gelegenheiten, wenn ich all das Gute und Wahre, das ich über jemanden weiß, in den hintersten Winkel meines Verstandes drängen lasse, nur um mich an einem deftigen Klatsch zu laben? Oder wenn ich eine erbitterte Darstellung eines Vorfalls akzeptiere, ohne die Tatsachen zu überprüfen?

Jesus machte die römischen Soldaten für ihre Rolle bei seinem Tod nicht verantwortlich. Er sagte: »Vater, vergib ihnen, denn sie wissen nicht, was sie tun.«

Gebet

Lieber Vater,

wenn wir dabeigewesen wären, dann hätte uns vielleicht der Mut gefehlt, für die Wahrheit einzustehen. Hilf uns heute, mit dir in jenen Innenhof zu gehen, uns unserer Angst zu stellen und zu sehen, wie groß deine Angst gewesen sein muß. Es tut uns sehr leid, wo wir nicht genügend in Frage gestellt haben, was wir über jemanden hörten, den wir kennen, wo wir den Gerüchten geglaubt und, schlimmer noch, wo wir sie an andere weitergegeben haben. Was immer wir einem deiner Kinder angetan haben, haben wir Jesus angetan. Vergib uns, Vater. Amen.

Markus 15,17–19

[Sie] zogen ihm einen Purpurmantel an und flochten eine Dornenkrone und setzten sie ihm auf und fingen an, ihn zu grüßen: Gegrüßet seist du, der Juden König! Und sie schlugen ihn mit einem Rohr auf das Haupt und spien ihn an und fielen auf die Knie und huldigten ihm.

Dies war das nächste Stadium für den zum Kreuz Verurteilten. Ich glaube nicht, daß mir das bisher bewußt war. Dies war keine Sonderbehandlung für Jesus. Es kam nicht aus einem besonders wütenden Haß. Es war ganz einfach das »Bonbon« für die Soldaten.

Wir haben das schon erlebt. Während des Holocaust, in Kambodscha, in japanischen Kriegsgefangenenlagern, im früheren Jugoslawien. Zweifellos werden wir es wieder erleben. Wenn sie die Erlaubnis bekommen, zu tun, was immer sie wollen, und wenn sie keine persönliche Verantwortung übernehmen müssen, dann sinken Menschen oft zu Ebenen des Verhaltens hinab, die bestialisch sind, unmenschlich. Der Anstrich der Zivilisation, auf den die Gesellschaft so stolz ist, erweist sich als äußerst dünn.

Ist es von Bedeutung, daß es sich hier um römische Soldaten handelt? Angesehene, uniformtragende Angehörige der erfolgreichsten Zivilisation jener Tage? Meist handelt ein Land gerade dann am grausamsten, wenn es am stärksten seine Macht zeigt. Arroganz ist etwas sehr Gefährliches. Sie scheidet uns in unserem Denken von anderen Menschen. Sie verschafft uns die Gelegenheit, zu glauben, daß wir in unserem erhabenen Status niemandem mehr Rechenschaft schulden. Uniformen können dieselbe Wirkung haben. Im schlimmsten Fall können sie dem Träger ein Gefühl der Macht vermitteln, die ihm vorkommt wie eine Erlaubnis, diejenigen zu mißhandeln, die im Rang unter ihm stehen. Ich bin sicher, daß wir alle schon unsere Erfahrungen mit solchen Mini-Hitlers gemacht haben.

Vielleicht ist das der Grund, warum Jesus beschloß, so zu leben, wie er es tat. Das Beispiel des Dienens, das er gab, läßt kaum Raum für Arroganz. Zu keiner Zeit seines Lebens setzte er sich in seiner Lebensweise, seiner Kleidung oder seiner Sprache von seinen Anhängern ab.

Zu wissen, daß wir einem solchen Gott Rechenschaft schuldig sind, kann uns davor bewahren, in die Falle der Gleichgültigkeit gegenüber anderen zu tappen. Kein Wunder, daß Jesus uns zu beten lehrte: »Und führe uns nicht in Versuchung.« Ich glaube wahrhaftig, daß Verwundbarkeit unsere einzige Sicherung gegen die Versuchung zum Machtmißbrauch ist, sei es am Arbeitsplatz, zu Hause bei der Familie oder in einer Situation wie der der römischen Soldaten.

Markus 15,20

Und als sie ihn verspottet hatten, zogen sie ihm den Purpurmantel aus und zogen ihm seine Kleider an.

Wie abscheulich und widerwärtig mir das ist, was da geschah. Warum? Die johlende Meute oder die körperlichen Foltern unseres Erlösers waren doch sicher viel schlimmer. Aber das hier ist mir noch verhaßter, weil es nach einer Vertuschung stinkt. Mein Mann Adrian ist bei einem Vorstellungsgespräch einmal einem Sozialarbeiter begegnet, der eine Technik entwickelt hatte, Kinder mit einem nassen Handtuch so zu schlagen, daß es keine Spuren hinterließ. Vermutlich dachte er, Adrian würde diese Information bei seiner Arbeit mit gestörten Kindern nützlich finden.

Dann ist da eine Freundin von uns, die über lange Zeit hinweg sexuell mißbraucht wurde – es fing an, als sie acht Jahre alt war. Ihr Onkel sicherte sich ihr Schweigen, indem er drohte, er werde ihren Eltern sagen, sie hätte ihn verführt. Jahre später hörte ich sie schluchzen: »Es war alles meine Schuld.« »Wieso ... wieso war es deine Schuld?« fragte ich – und sie sagte mir: »Er hat es gesagt.«

Tief verankert im Denken dieser Frau ist die Gewißheit, daß sie schuldig ist. Kein erwachsenes Argument kann diese tückischen falschen Samen beseitigen, die dort zum Selbstschutz ihres Peinigers gepflanzt und mit der Erde der Geheimhaltung überdeckt wurden.

Als die Soldaten Jesus seine Kleider wieder anzogen und das zerschundene, zerrissene Fleisch ihres Opfers bedeckten, verwischten sie ihre Spuren genauso, wie es offenbar die Polizei im Fall der Mißhandlungen von Birmingham tat. Das Bedürfnis, seine Spuren zu verwischen, ist ein Schuldeingeständnis und hat keinen Platz in einem Justizsystem, das seinen Namen verdient. Was immer hinter den verschlossenen Türen jener Polizeistation in Birmingham oder im geschlossenen Innenhof des Prätoriums geschah, ist nun Geschichte. Doch die kalte Zielstrebigkeit der Vertuschung ist für mich ebenso schwer zu verzeihen wie die feige Drohung, die meine Freundin von ihrem Onkel bekam.

Gebet

Lieber Vater,

hilf uns, zu hassen, was du haßt, und zu verabscheuen, was du verabscheust. Gib uns Mut, gegen Unrecht aufzustehen und die anzugreifen, die in irgendeiner Weise deine Kleinen ins Straucheln bringen. Lehre uns, genauer auf unser Gewissen zu hören und die Saiten unseres Herzens zu stimmen, damit wir erkennen, wie du die Dinge siehst, die um uns herum vorgehen, und gib uns die Fähigkeit, darauf zu reagieren. Amen.

Einfach dasein

Markus 15,20

Und sie führten ihn hinaus, daß sie ihn kreuzigten.

Das dritte Stadium. Verurteilt, geschlagen, und nun wird ihm das Kreuz auf die Schultern gelegt, und der lange Weg beginnt. Eine spektakuläre Prozession nach allen Schilderungen. An der Spitze ein Zenturio mit einem Plakat, auf dem das Verbrechen bezeichnet ist. Dann vier Soldaten und, in der Mitte, der Brennpunkt der Aufmerksamkeit, der Mann auf dem Weg zu seinem Tod. Dieser hier war mit einer Peitsche aus Lederriemen mit Metallstücken geschlagen worden.

Als ich ungefähr vierzehn war, ging ich mit den Pfadfinderinnen auf eine Jugendherbergstour. An einem heißen Nachmittag schlief ich auf einer grasigen Böschung vor der Jugendherberge ein. Der Sonnenbrand hielt mich die ganze Nacht über wach, und am nächsten Morgen mußte ich meinen Rucksack auf die Schultern setzen und sieben Meilen bis zur nächsten Jugendherberge wandern. Ich werde es nie vergessen! Mein Rucksack, schwer gepackt mit der nötigen Regenkleidung und klappernd vor Kochgeschirr, Campingbesteck und allen möglichen anderen nützlichen Gerätschaften, scheuerte mir bei jedem Zoll des Weges den Rücken auf. Ich fand das damals schlimm genug. Aber das ist bei weitem kein Vergleich.

Der körperliche Schmerz, diese unhandliche, ungemein schwere Last zu schleppen, wurde durch andere Dinge verstärkt. Die Demütigung, verlacht zu werden, und das Wissen um seinen bevorstehenden Tod, das auf jedem Zoll des Weges buchstäblich auf ihm lastete. Ich habe es nie geschafft, die Erinnerung an jene Familien auf den Schlachtfeldern Kambodschas loszuwerden, die erst ihre

Gräber schaufeln und sich dann davor stellen und warten mußten, bis sie in den Rücken geschossen wurden. Genauso muß es sein, wenn man sein eigenes Kreuz tragen muß. Nicht eine Sekunde lang, während er durch die Straßen der Stadt und schließlich zum Tor hinaus und auf den Hügel stolperte, konnte er von der Realität dessen abgelenkt werden, was seine kurze Zukunft enthielt.

Lukas 23,27

Es folgten ihm aber eine große Volksmenge und Frauen, die klagten und beweinten ihn.

Ich weiß, das ist eine ziemlich feministische Betrachtungsweise, aber ich kann den Gedanken nicht abschütteln: »Gott sei Dank für die Frauen.« Nicht, daß ich den Männern Vorwürfe machen will. Der Mut, den Petrus zeigte, als er diesen Hof betrat, war gewaltig. Und ich kenne keinen Menschen, der nicht in Versuchung gewesen wäre, seine Bekanntschaft mit Jesus zu verleugnen, wenn er vor der sehr realen Möglichkeit gestanden hätte, in dieser verwirrenden und beängstigenden Nacht ebenfalls gefangengenommen zu werden. Die Frauen fühlten sich da gewiß sicherer. Das weiß ich. Ich bin nur so froh, daß sie da waren, offen um ihn trauerten und ihm seinen grausamen Weg ein bißchen weniger einsam machten.

Einfach dazusein kostet meistens weniger an Zeit und Einsatz, als an dem Kreuz eines anderen selbst mit anzufassen, aber es könnte uns genausosehr die Verurteilung durch andere eintragen. Wir tauchen alle gern in der Menge unter. Es ist ungefährlicher, zuzustimmen, daß der und der es nicht besser verdient hat, oder den kollektiven Kopf darüber zu schütteln, wie gewisse Leute, die wir erwähnen könnten, ihre Kinder großziehen.

Ich weiß aus persönlicher Erfahrung, wie es ist, eine Zielscheibe gesellschaftlicher Mißbilligung zu sein. Nichts fällt den Leuten schwerer, als die Depressionen und die zornige Verzweiflung zu verstehen, die jede Art von emotionalem Zusammenbruch begleiten. Ich kann mit Worten nicht ausdrücken, wieviel es mir bedeutete, 1984, als Adrian unter einer solchen Krankheit litt, eine kleine Handvoll von Leuten zu haben, von denen ich wußte, daß sie für uns da waren. Die sich offen um uns kümmerten, ihre Unterstützung für uns hörbar zum Ausdruck brachten, uns nie verurteilten oder uns sagten, was wir tun sollten.

Ja, ich bin sehr froh, daß die Frauen da waren.

Gebet

Lieber Vater,

ich kann nicht fassen, daß du uns so sehr liebst, daß du zugelassen hast, daß Jesus so für uns leiden mußte. Können wir dessen wirklich würdig sein? Wir kennen Leute, die leiden. Hilf uns, mit ihnen durch ihre Wüste zu gehen, so viele glühend heiße Meilen es auch sein mögen. Hilf uns, ihre Brandblasen zu versorgen, ihnen etwas von ihrer Last abzunehmen. Doch vor allem hilf uns, niemals das Ausmaß ihres Schmerzes herunterzuspielen. Amen.

Die Last mittragen

Lukas 23,26

Und als sie ihn abführten, ergriffen sie einen Mann, Simon von Kyrene, der vom Feld kam ...

Hatten Sie je ein Kindheitsidol? Ich schon. Nein, kein Popsänger oder Schauspieler. Es war dieser Mann, Simon von Kyrene! Als Kind ging ich auf eine katholische Grundschule. Manches, was ich dort erlebte, kam mir mit meinem protestantischen Hintergrund ziemlich bizarr vor, aber ich liebte die blumenreichen Prozessionen an den Heiligentagen, und natürlich die schulfreien Tage, die damit verbunden waren!

Ein regelmäßiger Aspekt meines Schulalltags war es, die Kapelle zu besuchen, wo es (wie ich mich zu erinnern glaube) der Gipfel der Tollkühnheit war, den Schwamm mit dem Weihwasser auszudrükken und mit unseren nassen Händen unsere Freundinnen zu bespritzen. Dennoch entwickelte ich mit der Zeit eine tiefe Freude daran, mich dort aufzuhalten. Ich liebte die Farben, die Kerzen und die Kombination der schweren Düfte von Blumen und Weihrauch.

Doch am meisten liebte ich die Stationen des Kreuzweges. Was mich immer zuerst anzog, war die Station, wo Jesus unter dem Gewicht des Kreuzes stolpert und auf seine armen Knie fällt. Mit sieben Jahren verstand ich nicht viel von Auspeitschungen und Opfern, aber ich wußte alles über aufgeschürfte Knie, und ich wußte, wie weh es tat, wenn man etwas Schweres trug und dann mit dem ganzen Gewicht auf die Knie fiel. Ich erinnere mich, wie ich mit dem Finger seine Knie berührte, und an die Tränen, in die ich stets auszubrechen drohte, während ich mir hilflos den Schmerz vorstellte. Dann lief ich weiter zum nächsten Bild, und da war dieser Mann, Simon, der ihm half, die Last zu heben.

Finden Sie es nicht auch amüsant, sich vorzustellen, wie manche dieser biblischen »Nebenfiguren« wohl reagiert hätten, wenn sie herausgefunden hätten, wie berühmt sie einmal werden würden? Simon von Kyrene, das Idol eines molligen kleinen Mädchens im späten zwanzigsten Jahrhundert! Was hätte er wohl gesagt?

... und legten das Kreuz auf ihn, daß er's Jesus nachtrüge.

Der arme Simon! Den ganzen Weg von Kyrene in Nordafrika war er gekommen, um am Trubel des Passafestes teilzunehmen. Wahrscheinlich hatte er eine Ewigkeit für diese Reise gespart! Und jetzt ... was für eine Art, einen Festtag zu verbringen. Warum er? Weiter und immer weiter, durch die Straßen von Jerusalem, vorbei an der höhnenden Menge und schließlich zu den Stadttoren hinaus. Natürlich wäre es ungesetzlich gewesen, einen Mann innerhalb der Grenzen der Stadt zu kreuzigen, das wußte er ... Immer weiter stolperte Simon durch die sengende Hitze, und schließlich den Hügel hinauf. Was würden die Leute denken?

Halten wir einen Moment inne und schöpfen wir Atem. Kennen wir jemanden, der kurz davor ist, unter dem Gewicht des Kreuzes zusammenzubrechen, das er ganz allein trägt? Vielleicht ist es eine Krankheit, eine Depression, eine gescheiterte Beziehung oder Arbeitslosigkeit, vielleicht sogar der Verlust eines geliebten Menschen. Wenn wir die Augen offenhalten, werden wir oft jemanden ganz in unserer Nähe finden. Vielleicht haben wir wie Simon das Gefühl, gar keine Wahl gehabt zu haben, als mitzuhelfen, diese Last zu tragen. Vielleicht hat es jemanden getroffen, der uns so nahe steht, daß wir automatisch mit hineingezogen wurden. Vielleicht haben wir gefragt: »Warum ich?« und empfinden Bitterkeit und Groll.

Oder vielleicht haben wir eine Wahl. Wenn ja, müssen wir sorgfältig überlegen, denn jedes Kreuz muß bis auf die Kuppe des Hügels getragen werden. Wenn wir die Last erst einmal geschultert haben, hat es keinen Zweck, sie schon fünf Meter weiter wieder sinken zu lassen. Es nützt auch nichts, zu hoffen, daß es uns Ehre einbringen wird. Das wird es nicht. Und es hat auch keinen Sinn, von einem zum nächsten zu rennen und ihnen die Kreuze abzunehmen – um sie dann fallenzulassen und davonzulaufen, um wieder einem anderen zu helfen.

Kreuzetragen ist niemals leicht, aber es ist der Weg Jesu, und darin liegt Tag für Tag unsere Chance, dicht an seiner Seite auf dem Weg nach Golgatha zu gehen.

Meditation

Kommen Sie und treten Sie an Jesu Seite. Fühlen Sie, wie das Gewicht Ihres Kreuzes die Haut auf Ihren Schultern aufreibt und sich noch tiefer in die Striemen auf Ihrem Rücken eingräbt.

Spüren Sie, wie das unglaubliche Gewicht des Holzes Ihre Beine zum Einknicken und Zittern bringt.

Sie bleiben einen Moment lang stehen, als eine Welle der Übelkeit Sie auf der staubigen Straße schwanken und stolpern läßt. Sie versuchen, zu erkennen, wo Sie sind, doch das Blut und der Schweiß, die Ihnen durchs verfilzte Haar tropfen, nehmen Ihnen die Sicht.

Sie versuchen etwas zu hören, doch durch das Geschrei und das Getrappel der Pferdehufe können Sie nicht verstehen, was irgend jemand sagt. Sie haben das Gefühl, als ob das Ende käme, als ob Sie zusammenbrechen und gleich hier auf der Straße sterben würden. Sie hören ein merkwürdiges, rasselndes Geräusch, und es dauert ein paar Augenblicke, bis Sie merken, daß es der Klang Ihres eigenen Atems ist.

Sie werden vorwärtsgetrieben, doch Sie stolpern und fallen auf die Knie. Sie fühlen sich seltsam distanziert von sich selbst, als ob Sie dem Leiden eines Fremden zusähen.

Schwärze sickert durch Ihr Gehirn. Plötzlich spüren Sie, wie das ganze Kreuz nach vorn kippt, als ob es ein Eigenleben hätte, und dann merken Sie, wie das Gewicht leichter wird. Sie stehen zitternd auf.

Jemand, den Sie nicht sehen können, hilft Ihnen, Ihr Kreuz zu tragen. Sie gehen langsam weiter, nicht länger allein.

Gebet

Lieber Vater,

manche von uns sind belastet und schwer beladen. Komm zu uns, wir flehen dich an. Hilf uns, weiterzugehen. Gib uns gerade genug Kraft, um weiterzumachen. Manche von uns kennen jemanden, der eine Last zu tragen hat, die viel zu schwer für ihn allein ist. Gib uns heute den Mut, sie mit anzuheben. Amen.

Markus 15,22-25

Und sie brachten ihn zu der Stätte Golgatha, das heißt übersetzt: Schädelstätte.

Und sie gaben ihm Myrrhe in Wein zu trinken; aber er nahm's nicht.

Und sie kreuzigten ihn. Und sie teilten seine Kleider und warfen das Los, wer was bekommen solle.

Und es war die dritte Stunde, als sie ihn kreuzigten.

In letzter Zeit ist viel von der immunisierenden Wirkung die Rede gewesen, die all die Tragödien im Fernsehen auf unsere Emotionen haben. Wir können nur eine gewisse Menge ertragen, bevor unser Abwehrsystem in Aktion tritt, um weiteren Schmerz von uns fernzuhalten. Das führt meist zu einem Absterben unserer Fähigkeit zu reagieren, sei es in Form von abgebrühtem Zynismus oder bewußtem Abschalten. Bei manchen Leuten löst ihre Unfähigkeit, die Umstände zu verändern, die sie vor sich sehen, ohnmächtige Verzweiflung aus.

Über den Tod Jesu ist schon so viel gesagt und geschrieben worden, daß unsere Reaktion auf ähnliche Weise beeinträchtigt sein könnte, und wenn ich daran denke, wie er dort hing, überkommt mich Hilflosigkeit.

Ich kann dieses Kapitel aus seinem Leben nicht streichen, genausowenig, wie ich als kleines Mädchen, das jene Stationen des Kreuzweges betrachtete, mit Küssen seine armen Knie wieder heilen konnte.

Doch vielleicht hat Jesus uns einen Weg geschenkt, in seine Tragödie mit einzutreten. Wenn Christus, wie Mutter Teresa glaubt, wirklich in jeder leidenden Seele zu finden ist, dann liegt dort unsere Chance, jene Knie zu verbinden, das Gewicht von jenen blutenden Schultern zu nehmen und ganz am Ende für ihn dazusein.

Es ist eine herrliche Gelegenheit. Ergreifen wir sie!

Gebet

Lieber Vater,

danke für die vielen Gelegenheiten, die wir haben, unserer leidenden Welt zu helfen. Hilf uns, den richtigen Weg zu finden, um etwas zu verändern, und die Gelegenheit zu ergreifen, was auch immer es uns kosten mag. Amen.

Johannes 19,25–28.30.38

Es standen aber bei dem Kreuz Jesu seine Mutter und seiner Mutter Schwester, Maria, die Frau des Klopas, und Maria von Magdala.

Als nun Jesus seine Mutter sah und bei ihr den Jünger, den er lieb hatte, spricht er zu seiner Mutter: Frau, siehe, das ist dein Sohn!

Danach spricht er zu dem Jünger: Siehe, das ist deine Mutter! Und von der Stunde an nahm sie der Jünger zu sich.

... Jesus wußte, daß schon alles vollbracht war, ... und neigte das Haupt und verschied. ...

Danach bat Josef von Arimathäa, der ein Jünger Jesu war, doch heimlich, aus Furcht vor den Juden, den Pilatus, daß er den Leichnam Jesu abnehmen dürfe. Und Pilatus erlaubte es. Da kam er und nahm den Leichnam Jesu ab.

Du warst dort. Standest mit den anderen Frauen dicht beim Kreuz. Treu bis zum letzten Ende. Was hast du empfunden? Du sahst deinen erstgeborenen Sohn dort hängen, geschlagen, verwundet, gedemütigt bis zur Schande. Hast du dich gefragt, ob denn die Prophezeiung wahr sei, die du empfangen hattest? »Er stößt die Gewaltigen vom Thron«? Damit war jetzt kaum noch zu rechnen. Simeons »Schwert«, das durch deine Seele dringen würde, war da schon zutreffender.

Dachtest du zurück an seine Geburt, an die Hirten, an die Könige? Seine ersten unsicheren Schritte, seine ersten Worte? Oh, Maria, was hast du empfunden? Glaubtest du, du hättest versagt? Daß er jetzt außer Gefahr wäre, wenn du nur in der Lage gewesen wärst, dich der anstürmenden Flut entgegenzustemmen? Schaltest du dich selbst dafür, die Zeichen nicht früher erkannt zu haben? Wünschtest du, Josef wäre an deiner Seite, damit du dich an ihn lehnen könntest? Versuchtest du, für deinen sterbenden Sohn stark zu sein, oder weintest du hilflos in den Armen deiner Schwester?

Wie war es für dich, Maria Magdalena dort zu haben? Wart ihr Freundinnen, oder repräsentierte sie für dich die Lebensweise, die deinen Sohn zu diesem furchtbaren Ende gebracht hatte? Wir werden es niemals wissen. Alles, was wir wissen, ist, daß du dort warst, mit den Frauen. Wie Anne aus Jane Austens *Überredungskunst* sagt: »Das einzige Privileg, das ich für mein eigenes Geschlecht beanspruche, ist es, am längsten zu lieben, wenn die Existenz oder wenn die Hoffnung dahin ist.«

Die Rolle der Eltern hat zu allen Zeiten auch darin bestanden, dazusein, wenn unsere Kinder durch ihre schlimmsten Zeiten gehen. Oft ist das alles, was wir tun können. Als Adrian und ich noch mit Heimkindern arbeiteten, sahen wir so viele große, klaffende Löcher in ihrem Innern, die voller Erinnerungen daran hätten sein sollen, geliebt zu werden. Das ist es, was wir in den Kindheitsjahren für unsere eigenen Kinder tun können. Wir können alle Fehler der Welt machen, aber wenn wir sie mit Liebe überschüttet haben, haben wir nicht völlig versagt.

Dann müssen wir sie gehen lassen. Ein schmerzhafter, zerreißender Schritt, mit dem wir uns vermutlich niemals ganz aussöhnen. Wir müssen am Bühnenrand ihres Lebens stehen, ihnen unsere Unterstützung zuraunen, manchmal unsere Eifersucht oder unsere Kritik an ihrem Spiel und an jenen, denen sie die Hauptrollen in ihrem Leben gegeben haben, herunterschlucken. Dann und nur dann haben wir uns das Recht verdient, in ihren schlimmsten Stunden dort zu stehen. Am Kreuz dabeizusein. Danke, Maria. Du stehst mir vor Augen als das beste Vorbild der Elternschaft.

Gebet

Lieber Vater,

danke für das Beispiel der Frau, die du als Mutter deines Sohnes auserwählt hast. Du hast wahrhaftig gewußt, was du tatest! Hilf uns, von ihr zu lernen. Zu lernen, wie wir dasein können für die, die wir lieben, was es auch kosten mag. Amen.

Lebendig von Ewigkeit zu Ewigkeit!

Matthäus 28,1–10

Als aber der Sabbat vorüber war und der erste Tag der Woche anbrach, kamen Maria von Magdala und die andere Maria, um nach dem Grab zu sehen.

Und siehe, es geschah ein großes Erdbeben. Denn der Engel des Herrn kam vom Himmel herab, trat hinzu und wälzte den Stein weg und setzte sich darauf. Seine Gestalt war wie der Blitz, und sein Gewand weiß wie der Schnee. Die Wachen aber erschrcken aus Furcht vor ihm und wurden, als wären sie tot.

Aber der Engel sprach zu den Frauen: Fürchtet euch nicht! Ich weiß, daß ihr Jesus, den Gekreuzigten, sucht. Er ist nicht hier; er ist auferstanden, wie er gesagt hat. Kommt her und seht die Stätte, wo er gelegen hat; und geht eilends hin und sagt seinen Jüngern, daß er auferstanden ist von den Toten. Und siehe, er wird vor euch hingehen nach Galiläa; dort werdet ihr ihn sehen. Siehe, ich habe es euch gesagt.

Und sie gingen eilends weg vom Grab mit Furcht und großer Freude und liefen, um es seinen Jüngern zu verkündigen. Und siehe, da begegnete ihnen Jesus und sprach: Seid gegrüßt! Und sie traten zu ihm und umfaßten seine Füße und fielen vor ihm nieder. Da sprach Jesus zu ihnen: Fürchtet euch nicht! Geht hin und verkündigt es meinen Brüdern, daß sie nach Galiläa gehen: dort werden sie mich sehen.

Heute haben wir eines der herrlichsten Durcheinander im ganzen Neuen Testament. Man hätte denken können, daß die Berichte über diesen Tag aller Tage übereinstimmen müßten! Doch alle Evangelienschreiber haben eine andere Geschichte, einen anderen Schwerpunkt. Wir haben Steine, die weggewälzt werden, oder gar keinen

Stein, wir haben einen Engel oder zwei, mehrere verschiedene Frauen, die die gute Nachricht entweder weitergeben oder nicht, und einen ganzen Haufen Jünger, die sie entweder glauben oder nicht!

Wäre es nicht vernünftiger gewesen, es bei einer Geschichte zu belassen, Gott? Doch was uns das zeigt, ist, daß jeder Anteil daran haben wollte, und ich bin sicher, daß jeder jemanden kannte, der jemanden kannte, der dabei war – und das ist die wunderbare Wahrheit, die sie alle gemeinsam haben –, als Jesus ins Leben zurückkehrte. Aber wissen Sie, wenn wir diese herrliche Wahrheit betrachten, müssen wir sie in ihrem gesamten Zusammenhang sehen. Maria Magdalena wird ihre kostbaren Erinnerungen haben – und ich liebe Jesus so sehr dafür, daß er ausgerechnet einem seiner liebsten gesprungenen Gefäße diese besondere Aufmerksamkeit zuwendet. Petrus und Johannes werden ihre eigenen Geschichten haben. Selbst die römischen Soldaten hatten etwas zu erzählen.

Aber wir sind am besten dran, weil wir alle Berichte haben. Wir haben die rückblickenden Erinnerungen des Petrus zur Zeit des ersten Pfingsten – und wir haben die überwältigende Offenbarung an Johannes, daß der Jesus, der zurückkam, wahrhaftig der auferstandene Herr in all seiner Herrlichkeit ist.

Offenbarung 1,12–18

Und ich wandte mich um, zu sehen nach der Stimme, die mit mir redete. Und als ich mich umwandte, sah ich sieben goldene Leuchter und mitten unter den Leuchtern einen, der war einem Menschensohn gleich, angetan mit einem langen Gewand und gegürtet um die Brust mit einem goldenen Gürtel.

Sein Haupt aber und sein Haar war weiß wie weiße Wolle, wie der Schnee, und seine Augen wie eine Feuerflamme und seine Füße wie Golderz, das im Ofen glüht, und seine Stimme wie großes Wasserrauschen; und er hatte sieben Sterne in seiner rechten Hand, und aus seinem Munde ging ein scharfes zweischneidiges Schwert, und sein Angesicht leuchtete, wie die Sonne scheint in ihrer Macht.

Und als ich ihn sah, fiel ich zu seinen Füßen wie tot; und er legte seine rechte Hand auf mich und sprach zu mir: Fürchte dich nicht!

Ich bin der Erste und der Letzte und der Lebendige. Ich war tot, und siehe, ich bin lebendig von Ewigkeit zu Ewigkeit und habe die Schlüssel des Todes und der Hölle.

Und für mich ist das die beste Wahrheit von allen. Allmächtig ist er, der vor der Tür unseres Herzens steht und anklopft. Er, der in das Haus unseres Lebens kommen möchte, damit wir mit ihm essen und er mit uns. Der auferstandene Herr der Herrlichkeit, dessen Gesicht leuchtet wie die Sonne. Der Heilige Gottes, unser Schöpfer und unser liebster Freund.

Bitte beachten Sie
die folgenden Anzeigen

Weitere Titel von Adrian Plass . . .

Tagebuch eines frommen Chaoten

Paperback, 160 Seiten.
ISBN 3-87067-391-5

Mit diesem Buch wurde Adrian Plass zum christlichen Bestsellerautor. Inhaltsbeschreibungen sind zwecklos – das muß man gelesen haben ...

Die rastlosen Reisen des frommen Chaoten

Paperback, 192 Seiten.
ISBN 3-87067-643-5

Das zweite Tagebuch des Adrian Plass berichtet von den Reisen und Vorträgen des zum christlichen Redner avancierten Buchautors und von seiner skurrilen Heimatgemeinde.

Die steile Himmelsleiter

Paperback, 220 Seiten.
ISBN 3-87067-462-8

Adrians Autobiographie mit unwiderstehlichem Humor und entwaffnender Ehrlichkeit.

Ansichten aus Wolkenkuckucksheim

Paperback, 192 Seiten.
ISBN 3-87067-475-X

Adrian beschreibt mit gewohntem Witz das Auf und Ab des Christseins, das zum größten Teil aus dem Sich-wieder-auf-rappeln besteht ...

Ein Außerirdischer im Kirchenschiff

Paperback, 180 Seiten.
ISBN 3 -87067-511-X

Eine himmlische Begegnung der dritten Art hat die Gemeinde von St. Wilfried's, als sie in ihrer Kirche einen Außerirdischen vorfindet.

Die theatralischen Tonbänder des Leonard Thynn

Paperback, 144 Seiten.
ISBN 3-87067-508-X

Adrians Gemeinde will beim Theaterfestival mitmachen: Daniel in der Löwengrube. Na ja, wir erleben David doch etwas anders als gewohnt ...

Warum es kein Verbrechen war, Onkel Reginald zu töten

Paperback, 192 Seiten.
ISBN 3-87067-555-1

Adrian erzählt gleichnishafte Geschichten mit tiefgründigem Humor. Während der Leser an der Haustür unterhalten wird, schlüpft die Wahrheit durch ein Seitenfenster ins Zimmer.

O Herr, laß mich (k)ein Kohlkopf sein!

Paperback, 160 Seiten.
ISBN 3-87067-641-8

Humorvoll und dennoch mit Plass'schem Ernst und Tiefgang serviert der fromme Chaot witzige Geschichten, Sketche und Verse quer durch Gottes Gemüsegarten.

. . . und noch mehr:

Streß-Familie Robinson

Paperback, 208 Seiten.
ISBN 3-87067-609-4

Die Robinsons sind eine „ganz normale Familie". Familienmitglied h.c. Elizabeth Reynolds gewährt dem Leser einen Einblick ins „traute Familienglück".

Mr. Harpers Traum vom Leben

Paperback, 220 Seiten.
ISBN 3-87067-678-7

Der junge und unerfahrene David Harper wird Hausvater in einem Heim für milieugestörte Kinder. Ein bewegender Plass-Roman mit autobiographischen Zügen.

Und der Grashalm sprach

Paperback, 192 Seiten.
ISBN 3-87067-695-7

Neue Kurzgeschichten von Adrian Plass. Eine beeindruckende und bewegende Lektüre – nicht nur für Väter und Söhne.

Ein Haus voller Robinsons

Gebunden, 240 Seiten.
ISBN 3-87067-777-5

Die Robinsons sind wieder da. In ihrem Haus voller Liebe, Krach und Streß bringt Kathys 50. Geburtstag alle zum rotieren. Eine Familiensaga mit allerhand Turbulenzen.

Wenn ich einmal im Himmel bin . . .

Gebunden mit Schutzumschlag, 96 Seiten.
ISBN 3-87067-719-8

Adrians Gedichte erzählen vom Leben, vom Lachen und Weinen, von Höhen und Tiefen, Schuld und Vergebung und von Gott, mit dem Adrian einst im Himmel Drachen steigen lassen möchte.

Stürmische Zeiten

Gebunden mit Lesebändchen, 574 Seiten.
ISBN 3-87067-741-4

Jetzt kommt frischer Wind in die „Stille Zeit". In seinem zweiten Andachtsbuch gewinnt Adrian erstaunliche Einsichten und versorgt seine Leser mit kraftvollen, hilfreichen, herausfordernden und befreienden Impulsen für jeden neuen Tag.

Ich setze auf die Hoffnung

Gebunden, 48 Seiten.
ISBN 3-87067-764-3

In einfühlsamen, poetischen und ehrlichen Texten führt Adrian die Worte der Bibel um das Geschehen auf Golgatha ganz ungewohnt und eindrücklich vor Augen. Ein ungewöhnlicher Geschenk- und Meditationsband.

Adrians Extrablatt

A4-Paperback, 144 Seiten.
ISBN 3-87067-763-5

Ein Feuerwerk des Humors: 12 Ausgaben eines fingierten Gemeindebriefs. Urkomisch, inspirierend und zum Haare raufen. Ein Extrablatt der Extraklasse.